ESTHÉTIQUE ET TECHNOSCIENCE
Pour la culture techno-esthétique

PHILOSOPHIE ET LANGAGE

Jean-Claude Chirollet

esthétique et technoscience
Pour la culture techno-esthétique

MARDAGA

© 1994, Pierre Mardaga, éditeur
Rue Saint-Vincent 12 - 4020 Liège
D. 1994-0024-16

A la mémoire d'Abraham A. Moles.

Introduction
L'art et la culture techno-scientifique

1. LE CONFLIT DE L'ART ET DE L'ESTHÉTIQUE

Depuis l'époque où HEGEL affirmait que l'art porte en soi sa limitation spirituelle et historique, étant destiné à être remplacé par la philosophie dans le devenir de la conscience de soi de l'Esprit absolu, philosophes et artistes n'ont cessé de diagnostiquer l'imminence de la «mort de l'art», et certains, moins optimistes sans doute que d'autres, n'ont pratiquement pas hésité à en constater le décès déjà bien ancien.

Mais à quelle date doit-on raisonnablement faire remonter cet événement malheureux ? La logique demanderait, pour trancher cette funèbre question, que l'on puisse délimiter avec précision l'état d'un art épanoui et «physiologiquement» accompli, par rapport à l'état d'un art moribond ou même déjà dépassé. Résoudre cette interrogation n'est pas simple, dans une mouvance d'idées, de théories, de contre-théories et de pratiques très différentes les unes des autres, depuis le début de ce siècle, et les dernières décennies artistiques ne procurent aucune réponse qui soit de nature à apaiser les angoisses et les incertitudes à l'égard de cette question.

De doutes en rejets, l'art occidental postérieur au deuxième conflit mondial en est venu à douter qu'il puisse encore avoir une quelconque réalité : tout est art, ou rien n'est art, ce sont des propositions équivalentes qui ont sans doute moins jeté le trouble dans la gent artistique médiatisée que parmi le public potentiel des galeries et des musées d'art. Avec pour résultat principal que personne, ou presque, ne comprend ce qu'est l'art ni quelle est la spécificité du travail artistique, à supposer qu'il s'agisse, d'ailleurs, d'un travail au sens habituel.

Afin de tenter de réintroduire un certain sens à l'intérieur de ces doutes désespérés et de ces errements esthétiques, il faut remonter aux premiers symptômes historiques et philosophiques de cet état d'esprit, c'est-à-dire à l'hégélianisme. La philosophie esthétique conçue et enseignée par HEGEL de 1818 à 1829 (publiée en 1835), consacre définitivement l'esthétique comme la discipline rationnelle qui étudie la beauté *des œuvres d'art* et d'elles seules, à l'exclusion de tout autre type de beauté présente dans les formes de la nature. L'esthétique devient la science du beau artistique, manifestation libre de l'esprit supérieur à la nature. Il en résultait donc, dans la pensée hégélienne, une évidente supériorité du beau artistique sur le beau naturel, car «*le spirituel seul est vrai*» écrit HEGEL en introduction de ses cours d'esthétique.

La vérité du spirituel dont parlait HEGEL impliquait la reconnaissance de l'autonomie de l'activité artistique comme activité pleinement libre et rationnelle, au même titre que la pensée scientifique ou religieuse. Car l'art est une forme de la manifestation de l'infini (la raison universelle) dans le fini (les œuvres singulières). Cette pensée constitue le véritable commencement de l'esthétique au sens moderne du terme, opposée à l'esthétique normative classique qui prescrivait *a priori*, depuis PLATON, ce que devait être le beau considéré en général et d'après le modèle offert par la Nature. Il s'agissait bien sûr d'une nature très idéalisée, rectifiée par les concepts puisés dans la géométrie des figures et des volumes étudiés par le mathématicien.

Un tel privilège accordé à l'art, et donc à la science qui en fait son objet, aurait eu de quoi susciter l'envie de toutes les autres formes d'activités humaines, si HEGEL n'avait constaté, en contre-partie, qu'à son époque l'art ne suscitait plus autant la considération supérieure qu'il suscitait auparavant, au Moyen Age ou à la Renaissance par exemple. Bien qu'admiré, l'art n'épuise pas les aspirations élevées de l'esprit humain ; personne ne lui reconnaît plus la capacité exceptionnelle de remplir à la fois le cœur, l'esprit et la raison de l'homme.

La meilleure preuve que l'art porte en lui-même ses limites, c'est que l'attitude des historiens et des philosophes à l'égard de l'art est devenue terriblement *analytique* : nous aimons disséquer conceptuellement les œuvres d'art comme le chirurgien dissèque un cadavre, soit pour en dévoiler les règles de composition, soit pour révéler leurs filiations et évolutions stylistiques et historiques, soit encore pour étudier les techniques et le savoir-faire dont elles sont le résultat. Le potentiel *métaphysique* et *poétique* dont une œuvre d'art est porteuse demeure généralement ignoré ou méprisé des amateurs d'art autant que des connaisseurs professionnels. Aimer l'art signifie d'abord le connaître par la raison, ensuite l'apprécier subjectivement comme la matière d'un plaisir sensoriel, mais plus du tout entrer en symbiose spirituelle avec l'œuvre, comme au Moyen Age lorsqu'un fidèle pouvait prier devant la représentation du Christ, de la Vierge ou des apôtres.

Ce constat discuté par HEGEL au début du XIXe siècle, dans ses leçons d'esthétique, a déplacé profondément et de façon irréversible jusqu'à nos jours le champ de l'intérêt cultuel, religieux ou commémoratif porté à l'art, pour le retourner en direction de l'esthétique comprise à la fois comme réflexion philosophique *sur* l'art et comme théorie ayant pour objet la pratique des arts (la création concrète, technique, des œuvres d'art) ainsi que la connaissance que l'on peut en avoir, d'un point de vue psychologique ou sociologique. L'esthétique moderne représente cet «*après*» de l'art, qui en constitue, selon HEGEL, la réflexion intellectuelle et par conséquent le dépassement, car les œuvres d'art ne peuvent plus être pensées qu'à travers leurs relations à l'histoire humaine.

Faut-il voir dans cette esthétisation théorique de l'art un déclin, voire une mort de l'art, à la manière de quelques auteurs qui ont ainsi tiré parti de la pensée hégélienne ? Toutes les prophéties de déclins artistiques relèvent d'une pure et simple idéologie de la prétendue décadence socioculturelle au nom de soi-disant valeurs ancestrales ou éternelles méprisées ou oubliées par les peuples. Ainsi Oswald SPENGLER pronostiquait-il, entre 1916 et 1920, le déclin généralisé de l'Occident et, en particulier, de son art jugé moribond. Selon lui, les nouvelles formes avant-gardistes d'expression artistique n'étaient que du bluff, d'ignobles tromperies, car l'art «vrai» s'érige toujours sur le sens des valeurs éternelles, idéalistes, incarnées dans la force positive de la jeunesse des civilisations hégémoniques. La distinction entre un art «authentique» et un art «dégénéré» s'affirmait dans toute son intolérance réactionnaire et prémonitoire.

De même, selon la critique marxiste d'inspiration communiste, l'art qualifié de «bourgeois» était considéré comme voué au déclin le plus total, n'étant pas au service de la représentation des causes populaires. Un marxiste révolutionnaire russe comme Georges PLEKHANOV pensait, à la fin du XIXe siècle, que les arts devaient se vouer à la défense des intérêts du peuple et des ouvriers, et dénoncer la dangereuse idéologie bourgeoise de l'art pour l'art, inapte à contribuer à la libération politique et économique des peuples. L'art pour la vie doit prendre la relève du mysticisme décadent de l'art pour l'art, estimait-il alors, car le premier sera l'un des moteurs de la voie du progrès matérialiste...

Il apparaît par conséquent qu'à certains moments de l'histoire culturelle, l'art entre en conflit avec l'esthétique, celle-ci assumant le dépassement positif de la prétendue dégénérescence du premier. Un tel conflit témoigne, à l'évidence, plutôt d'un malaise de la conscience esthétique des artistes que d'un malaise de l'art lui-même. Car l'esthétique se nourrit de l'art, elle ne saurait s'en passer, et le monde des objets d'art est inépuisable. Les diverses esthétiques du XXe siècle ne témoignent pas de la déperdition des œuvres d'art ou de l'activité artistique, mais au contraire elles témoignent de l'abondance et de l'extrême diversité des œuvres et de la pratique artistique. Si les artistes en sont venus à nier l'art et jusqu'à leur appartenance au monde de l'art, dans la deuxième moitié du siècle, ce n'est pas à cause de l'absence de projet créateur, mais inversement à cause du foisonnement des pratiques artistiques les plus hétérogènes.

L'esthétique n'est donc pas en conflit avec l'art, mais en situation de complémentarité intellectuelle. Elle s'édifie à partir de l'univers des créations, tout autant qu'elle impulse un esprit de recherche novateur au domaine de l'art. L'art n'est nullement «dépassé» par l'esthétique qui n'est pas, non plus, subordonnée aux pratiques artistiques. Il convient donc d'enterrer la division hégélienne qui faisait de l'esthétique «*l'après*» de l'art, car cette division ne possède plus aucun sens.

2. ESTHÉTIQUE ET TECHNOLOGIES NUMÉRIQUES

Des rapports nouveaux se sont créés entre l'art et l'esthétique, depuis que la science et la technologie ont noué des relations étroites avec la pratique artistique, mais aussi avec l'étude théorique des objets artistiques eux-mêmes : la notion d'*objet* artistique, plus large que la notion classique d'œuvre d'art, est généralisante, mais cela correspond très bien à l'emprise technoscientifique moderne de l'intelligence sur le champ artistique contemporain.

La technologie de l'information généralisée ou «informatique», se situe au centre stratégique des nouveaux rapports entretenus par l'art avec l'esthétique. Le terme «information» désigne, depuis le milieu des années 1940, tout type de signal quantifiable et transportable à travers les canaux électriques ou optiques. La théorie générale de l'information, formulée par les Américains SHANNON et WEAVER dans leur célèbre ouvrage *The Mathematical Theory of Communication* (paru en 1948), déjà annoncée par HARTLEY vers 1925 (le «hartley» est l'ancêtre de l'unité binaire d'information correspondant à l'alternative oui/non, et communément dénommée «bit», abréviation de «binary digit»), se voit transformée par WIENER en théorie de la communication appliquée à la technologie des machines et des robots programmables, vers 1947-48 également (le mot «cybernétique» date de 1947, dans l'ouvrage du même nom écrit par WIENER). Il s'agissait pour WIENER de faire une théorie de tous les mécanismes capables de rétroaction et d'autorégulation, parmi lesquels il faut compter non seulement les machines informatiques mais aussi les organismes animaux.

La mathématisation des signaux par l'intermédiaire des machines de traitement de l'information, constitue depuis lors tout signal, optique ou sonore, en *message* informationnel. L'informatique traite des messages, toutes catégories de messages, mais sous la forme unique et universelle des nombres à deux états, les nombres binaires composés de séquences d'états 0 et d'états 1. Ce sont ces 0 et ces 1 qui forment désormais la matière élémentaire obligée du traitement informationnel des messages en tout genre. Y compris, bien sûr, des messages artistiques, réfractaires par tradition et par principe à la numérisation du résultat de l'activité artistique, c'est-à-dire l'œuvre, unique et hautement improbable par nature.

La pensée artistique autant que ses produits concrets que sont les objets d'art, se voient pour ainsi dire piégés par la technoscience, c'est-à-dire le processus indéfiniment amplifié de rationalisation et de mathématisation qui définit et transforme le champ des technologies nouvelles, toutes fondées sur la science générale de l'information numérique. Car aucune technologie n'existe aujourd'hui qui ne soit amarrée indéfectiblement aux concepts de la théorie informationnelle dont l'application la plus évidente réside dans les ordinateurs de calcul numérique. L'art contemporain est entré de plain-pied à l'intérieur de l'alchimie digitale qui transforme images, textes et sons, en «messages» binaires, en séquences ordonnées d'unités 0/1 qui leur servent de code universel. C'est précisément ce que SHANNON appelait, d'un terme paradoxal, une «*idéalisation*» mathématique — par discrétisation binaire — des composantes physiques d'un message (les signaux électromagnétiques ou électroacoustiques continus).

Le développement de la conception algorithmique des formes artistiques, sonores ou visuelles, est à la source d'une culture esthétique médiatisée intégralement par la théorie mathématique et informatique des *modèles*. Créer un champ sonore musical par synthèse électroacoustique, ou des espaces visuels fixes ou mobiles sur des écrans infographiques, relève toujours d'une modélisation abstraite de la forme. Des équations mathématiques modélisent des formes, et l'informatisation de ces modèles algébriques impose à son tour une modélisation au deuxième degré, engendrée par un processus de discrétisation binaire des informations morphologiques qui ont été programmées.

Les arts de la synthèse informationnelle (dont l'informatique est l'opérateur) possèdent même des prolongements dans le domaine de la sculpture informatisée des matériaux chimiques, puisque la sculpture au laser est télécommandée par l'ordinateur. Des trois dimensions simulées sur l'écran vidéographique, il est possible de passer aux trois dimensions grandeur nature, selon un identique processus de discrétisation régulière de l'information continue fournie à l'ordinateur comme modèle de référence. Une *esthétique du calcul* s'impose donc peu à peu dans la mentalité artistique contemporaine, et nous n'hésiterons pas à lui reconnaître une vertu authentiquement rénovatrice pour la pratique artistique autant que pour l'idée souvent fausse que se font de l'art les gens que l'on appelle les «non spécialistes», un «spécialiste» de l'art étant probablement un historien des arts ou bien un artiste... Mais un artiste amateur est-il lui-même un spécialiste de l'art...? Le professionnalisme artistique est aussi susceptible de se révéler comme un travers dangereux pour l'art. Jean DUBUFFET n'a jamais fait l'amalgame à cet égard, en rejetant tout net le professionnalisme officiel de l'art qui asphyxie la création.

Mais la nouvelle culture esthétique du calcul — que nous nommerons plus brièvement «*esthétique digitale*» — se révèle la source d'une étrange mésentente philosophique entre partisans de l'art «naturel», fruit de l'inspiration et du savoir-faire artisanal, et les adeptes de l'art technoscientifique. Les premiers prétendent que l'art n'a rien à gagner à se frotter à l'algorithmique, à l'image de synthèse et encore moins au calcul des formes musicales ou visuelles. Ils craignent la «mathématique» sous-jacente à ce nouvel «anti-art», et d'ailleurs ils ignorent également presque tout de la pratique et de la science informatique. Surtout, ils redoutent une sorte d'atteinte à la liberté et à l'originalité de l'expression personnelle. En bref, les détracteurs de l'art digital refusent tout crédit à l'idée qu'une esthétique valable puisse en être le fondement ou l'intention. La sensibilité ne se mesure ni ne se calcule.

Les seconds, adeptes (souvent néophytes d'ailleurs) de la création informatisée, relativisent les méthodes traditionnelles jugées restrictives car trop peu combinatoires, limitées en réserve de possibilités morphogénétiques. L'art digital offre, à leurs yeux, un véritable réservoir de formes impossibles à imaginer autrement. Il est d'ailleurs exact qu'une quantité illimitée de formes représentant, par exemple, des objets en trois dimensions à partir d'équations complexes, ou des images fractales bi ou tridimensionnelles, sont uniquement générables par simulation infographique. L'ordinateur peut tracer des figures complètement inimaginables, dont les équations possèdent plusieurs paramètres fonctionnels. Comme, de surcroît, la palette chromatique électronique peut être très étendue et très fine, le rapport forme-couleur est intimement présent dans l'esthétique infographique et le cinéma de synthèse. Enfin, la technologie de l'information autorise toutes les explorations, tous les essais, toutes les expérimentations créatives. Un raisonnement analogue s'est bien sûr fait jour dans le domaine de la néo-esthétique musicale informatisée.

3. CULTURE ESTHÉTIQUE ET TECHNOSCIENCE

Les procédés et méthodes d'approche de l'art sont bouleversés par la science de l'information autant que par la technologie du stockage et du traitement numérique de l'information, quel que soit le type d'information envisagé : information alphanumérique (textes, nombres, symboles), sonore (musicale ou vocale) ou iconique au sens large, qu'il s'agisse de traiter une image déjà existante (photographie en couleurs, illustration de revue, dessin) ou bien de la synthétiser intégralement par calcul des points élémentaires ou «pixels». Dans tous les cas, l'information est ramenée à des séquences ordonnées de bits représentant la quantification des formes acoustiques et visuelles échantillonnées (couleurs, graphismes, lettres et symboles conventionnels).

Sous l'angle de la *quantification*, l'information est mesurable, elle est plus ou moins importante selon le type de «message» numérisé ; on conçoit aisément qu'un texte écrit en caractères latins, noir sur blanc, demande moins d'information numérique pour son codage informatique que la reproduction d'un tableau ou des nuances sonores d'un concerto. Le texte écrit typographiquement en caractères noirs sur une page blanche, requiert seulement une quantification à deux niveaux au moment de sa scannérisation, le système de lecture devant seulement distinguer le sombre du clair. Par contre, la scannérisation d'une diapositive en couleurs, représentant un tableau par exemple, demande une sélection trichrome très fine pour respecter les nuances de l'original. D'où un codage binaire, beaucoup plus fin que pour le texte noir/blanc, des trois couleurs fondamentales en chaque point analysé de l'image (par exemple, un codage sur huit bits pour chaque couleur fondamentale, soit 256 niveaux respectivement dans le rouge, le bleu et le vert). Des exigences analogues s'imposent, bien sûr, à propos du codage binaire des informations sonores dans une mémoire de masse opto-électronique.

Il serait illusoire et dangereux pour la culture esthétique contemporaine de prétendre scinder la culture en deux domaines qui ne communiqueraient pas : d'un côté la culture traditionnelle, dite qualitative ou intuitive, liée aux habitudes de vie et de pensée consacrées par l'ethnologie passéiste, de l'autre, la soi-disant «pseudo-culture» des médias électroniques, de l'informatique et du numérique. Ce clivage ne peut qu'être considéré comme arbitraire et surtout, il témoigne d'une faible voire inexistante capacité d'intégration culturelle des champs nouveaux de la connaissance scientifique et de la technologie dans lesquels nous vivons, agissons et — quoi qu'en disent leurs détracteurs — grâce auxquels nous réapprenons à penser au moyen de représentations intellectuelles rénovées et de modèles théoriques qui stimulent positivement la conscience de notre environnement devenu désormais mondial.

Les détracteurs de la culture technoscientifique avancent des arguments selon lesquels une authentique culture serait radicalement incompatible avec la technoscience, sous prétexte qu'elle «algébriserait» tous les langages, et qu'elle ferait passer à la moulinette de l'informatisation tout le domaine des relations humaines concrètes ainsi que leur expression sensible et psycho-affective. D'autre part, un argument négatif de taille selon ces détracteurs, serait celui de l'incapacité d'intégrer de manière cohérente l'immense variété des informations en tout genre qui prolifèrent et s'accumulent dans les réserves informationnelles que sont les banques de données d'informations textuelles, iconiques et sonores. Le trop-plein informationnel ne saurait produire qu'un effet de neutralisation de l'information pour le sujet psychologiquement submergé, incapable de comprendre et d'absorber toute cette information envahissante dont il ne sait plus que faire.

En somme, d'une part la technoscience créerait une telle abondance d'information, que cette dernière en deviendrait très largement inutile et inutilisable, non intégrable constructivement dans l'expérience individuelle et le savoir des êtres humains, d'autre part le langage de la technoscience étant essentiellement un langage logico-mathématique, à vocation universelle, il représenterait exactement le contraire absolu de la culture, par nature singulière, liée aux traditions, au sens de la vie humaine au sein des sociétés les plus diverses, et tissée de relations concrètes d'individus à individus. C'est en substance le contenu de l'argumentation développée à l'encontre d'une culture technoscientifique, par Jacques ELLUL dans *Le Bluff technologique* (éd. Hachette, Paris, 1988). L'auteur n'hésite pas à prétendre qu'il existe une contradiction absolue et irrémédiable entre la culture et la technoscience, et qu'une culture technoscientifique est un non-sens et une impossibilité radicale, du fait que le langage universel de l'algèbre informatique crée une mainmise universalisante sur toutes les autres formes d'expressions et de langages socio-culturels : «*Le fait de l'universel technicien exclut la possibilité d'une culture*», écrit J. ELLUL (*op. cit.*, p. 178).

La technoscience et les services liés à l'information qu'elle propose ne sont, certes, pas toujours bien maîtrisés par les utilisateurs de techniques de diffusion de l'information (minitel, télévision, réseaux informationnels et banques de données). Il est plus qu'évident que la surabondance d'information ne permet pas l'intégration rationnelle cohérente de tous les messages variés et hétérogènes qui sont proposés, quotidiennement, à l'homme social qui est à la fois un auditeur, un lecteur et un spectateur. D'autre part, la technologie de l'information constitue un formidable laminoir logique (la logique booléenne à deux états) et algorithmique des formes de langage traditionnelles (écriture manuelle ou typographique, images fixes ou dynamiques, sonorités). Si l'on veut appeler cela une «algébrisation» informatique des contenus de sens, on peut alors employer ce terme de façon plutôt imagée que littérale.

Nous pensons cependant que la perspective d'une telle «algébrisation» ne doit pas être regardée comme un épouvantail anti-culturel par nature, mais au contraire comme l'occasion de *l'émergence de nouvelles formes originales de culture*. Sans rien renier de ce qui fait l'enracinement traditionnel de la personnalité culturelle d'un individu et de la société dans laquelle il vit, la technoscience prolonge et à certains égards amplifie ses capacités d'appréhension et de compréhension de son environnement socio-culturel. Il est évident que la radio et la télévision, malgré le flux excessif d'informations qu'elles diffusent en permanence, — et, surtout, *en dépit* des pseudo-informations ponctuelles et micro-événementielles quasi insignifiantes qu'elles distribuent généreusement — rendent possible comme jamais auparavant une authentique information sur des sujets très variés... pour peu que soit effectuée une réflexion sur les contenus informationnels et sur leur portée relative au sein d'un ensemble forcément mosaïque et hétérogène d'informations. Il paraît également indispensable de confronter plusieurs sources d'information, afin de se faire une idée quelquefois contradictoire, mais active et critique, sur la diversité des sujets évoqués par les médias.

Est-ce toujours possible de la part des « receveurs » d'information (appelés souvent, de manière péjorative, « consommateurs »)? Certes non. Mais c'est précisément à quoi doit s'attacher le développement d'une vraie culture technoscientifique, qui replacerait les sciences et les technologies, dans leur rapport réciproque d'implication, dans le sein des préoccupations intellectuelles et des intérêts culturels des citoyens. Notons simplement que l'entreprise est difficile, car elle doit passer d'abord par l'institution scolaire dont la tâche ne devrait pas se limiter à *utiliser* les instruments scientifiques et les techniques, mais devrait susciter une *réflexion* sur leur développement historique et leur usage. Les mass media doivent aussi s'efforcer de réaliser un tel projet.

Il est vrai aussi que toute information saisie par la technoscience de l'information réduit les contenus culturels : l'art autant que la science, la politique ou les modes de vie, à des données abstraites et formalisées, traitables par des ordinateurs. Les connaissances ainsi traduites sont représentées informatiquement par la symbolique numérique universelle des mémoires électroniques. Faut-il pour autant s'en affliger? Ce serait refuser de prendre en compte les *effets positifs* possibles de ce mode de représentation formalisée dont l'un des avantages, et non des moindres, réside dans la virtualité d'une *connaissance comparative* très étendue des contenus informationnels. On est en droit, certes, d'arguer que la véritable connaissance est utile et surtout forme un ensemble cohérent avec la totalité de l'expérience cognitive d'un être humain, ce que rend précisément impossible la luxuriance d'information. Pourtant, il ne faut pas rejeter l'information, sous prétexte que son récepteur potentiel est insuffisamment formé pour l'intégrer à sa culture et à sa personnalité, et partiellement incapable de la sélectionner et de la hiérarchiser dans son univers intellectuel et sensoriel propre.

Depuis que l'art, pratique et domaine culturels *qualitatifs* par excellence, est progressivement intégré dans le champ informationnel défini par la technoscience, il s'avère des plus urgent de réfléchir sur l'apport positif et bénéfique que l'esthétique est susceptible d'en retirer. Contre la tentation de trancher nettement l'art en deux camps ennemis ou s'ignorant mutuellement, le camp des pratiques artisanales, empiristes et subjectivistes, d'une part, le camp des pratiques algorithmiques, informationnelles et objectivistes, d'autre part, il importe de faire comprendre principalement deux idées-forces tendant à les rendre conviviaux et non rivaux.

En premier lieu, il n'est pas exact de penser que l'art doit se cantonner dans le domaine de la subjectivité impalpable et du pur qualitatif dont aucune méthode ou technique rationnelles ne sauraient rendre compte. Ce n'est, d'ailleurs, pas vrai historiquement, puisque chaque époque de l'histoire des arts s'est trouvée confrontée à des questionnements sur l'usage de techniques et de procédés intellectuels nouveaux. Lorsque les artistes de la Renaissance mirent systématiquement en application les règles mathématiques de la géométrie euclidienne (en passant par bien des détours et des compromis), ils s'astreignirent alors à respecter des codes spatiaux de représentation de l'espace extrêmement rigoureux, même si de tels codes leur ont également offert l'occasion de jeux métamorphiques, non moins rigoureux d'ailleurs, sur la représentation des objets dans l'espace. Le problème de la construction d'un espace pictural géométriquement euclidien, ou bien, au contraire, d'espaces non euclidiens, ou les deux simultanément, fut l'une des préoccupations majeures des peintres depuis la Renaissance jusqu'à nos jours. Or, il s'agit là d'une question concernant la rationalisation de la représentation de l'espace visuel. Le subjectif artistique s'y trouve intimement mêlé à l'objectif constructif.

On peut évoquer aussi, par exemple, qu'en matière de technique chromatique, la découverte des lois de la vision des couleurs, au XIXe siècle, ne fut pas sans influence sur les peintres impressionnistes et néo-impressionnistes. Thomas YOUNG formula au début du XIXe siècle la théorie de la synthèse soustractive et additive des couleurs du spectre visible. Selon ce physiologiste, la rétine doit posséder trois sortes de récepteurs sensibles, respectivement, au rouge, au vert et au bleu-indigo, ces trois couleurs du spectre en proportions variables produisant la vision de toutes les nuances chromatiques, par superposition. Les lois de la synthèse additive et de la synthèse soustractive des couleurs ont représenté, au XIXe siècle, pour des peintres comme CÉZANNE, GAUGUIN, MONET, SEURAT ou SIGNAC, ce que le premier d'entre eux appelait «une logique colorée» dont ils ont fait en partie l'objet de leurs recherches plastiques.

De même, la théorie du contraste simultané des couleurs, formulée par le chimiste Eugène CHEVREUL en 1839, fut l'un des moteurs de la recherche des contrastes et de la fusion objective à distance, des teintes réunies en proportions variables, dans l'œuvre des peintres pointillistes. Un peintre comme SEURAT en fit d'ailleurs son thème de recherche favori, appliqué à la structure chromatique et compositionnelle rigoureuse de ses œuvres. En 1912, Robert DELAUNAY provoqua en peinture, à sa façon, des réactions optiques en joignant la circularité des formes au contraste simultané, prolongeant en ce domaine les études rationnelles des artistes autant que des physiologistes. On n'en finirait plus d'évoquer les courants de convergence entre la science, l'art et la technique, depuis la période de la Renaissance, mais sans aucun doute les lois de la vision ont été l'un des chevaux de bataille des peintres soucieux de mettre en application certains principes scientifiques dans leurs créations.

Le second argument en faveur d'une convivialité entre principes de l'esthétique «traditionnelle» et ceux de l'esthétique technoscientifique, repose sur le respect des méthodes de pensée esthétique et d'action artistique fondées sur le principe suivant lequel la science et la technologie du traitement numérique de l'information (ce terme étant pris aussi bien dans son acception informatique que dans son acception large : la connaissance cohérente et raisonnée) sont capables *d'améliorer notre connaissance des arts, autant que de rénover la conscience des démarches et des intentions* qui animent les créateurs, qu'ils se disent purement artistes, artistes-ingénieurs ou artistes-informaticiens.

Notre propos ne sera pas de distinguer entre ces catégories artificielles, pas plus que nous ne privilégierons un type de connaissance esthétique par rapport à un autre. Nous nous attacherons plutôt à *définir les méthodes et concepts d'une démarche scientifique en esthétique et ceux d'une pratique technoscientifique prétendant au statut artistique*. Dans le dédale des concepts de la technoscience en mouvement, les méthodes et les modèles de pensée et de création demeurent tout compte fait relativement simples, si l'on accepte de faire l'effort salutaire de distinguer le transitoire, forcément caduc à plus ou moins long terme — le matériel, le «hardware» —, et l'essentiel ou le permanent — le conceptuel, le «software» —, qui relève de la logique et de la conception des techniques appliquées.

C'est à ce niveau d'universalité que nous présenterons, avant tout, le sens d'une culture esthétique technoscientifique, formatrice pour l'esprit et la sensibilité de l'homme vivant parmi les technologies inévitables de l'information. Car il est indiscutable que si la culture est par nature *ethnique*, avec ce que peut contenir de sous-entendus éthiques particuliers (collectifs et personnels) cet adjectif, elle n'en participe pas moins de plus en plus, par la force des concepts et des applications de la technoscience, d'une forme inéluctable de *supra-culture universelle* dont, malheureusement pour leur développement et leur indépendance, un trop grand nombre de populations sont encore privées.

L'esthétique représente sans doute le bastion le plus résistant face aux avancées de la technoscience. Non pas que les artistes se privent d'en faire usage, plus ou moins intelligemment d'ailleurs, mais à cause de l'idée tenace d'après laquelle le «hardware», le matériel technique, devrait être considéré à titre de simple accessoire dont il ne serait pas vraiment nécessaire de connaître les principes et modèles de fonctionnement. C'est tout le contraire en réalité, car faire un usage aveugle de la technique, c'est forcément se livrer et se vouer à celle-ci, pieds et poings liés! Au pire, c'est s'en remettre aux «spécialistes».

Enfin, l'esthétique traditionnelle était fondée sur la croyance en l'immédiateté du sens et de la «vérité» intuitive. La seule méditation sur l'apparence des œuvres était susceptible de procéder au dévoilement du sens, et par conséquent toute *médiation technique ou de nature logico-informationnelle* ne pouvait qu'être perçue comme une intruse. Le qualitatif ne saurait, d'après cette conception restrictive, passer dans les griffes du quantitatif et des méthodes de la pensée rationnelle médiatisante, et donc distanciatrice.

Or, la technoscience concrétise pourtant au possible ces médiations distanciatrices, entraînant avec elle une esthétique novatrice, *une esthétique des médiations technoscientifiques*. En prenant de la distance par rapport aux choses, nous sommes disposés à les comprendre de façon plus objective, en les intégrant avec plus de cohérence et d'unité dans le champ de notre expérience cognitive. C'est la voie d'une réelle culture esthétique technoscientifique, en consonance avec «l'autre» forme de culture, car dans son prolongement. Mais ce qui motive en profondeur l'avènement d'une culture esthétique née de la réflexion focalisée sur le rapport des sciences et des technologies de l'information, c'est l'entreprise totalement inédite *d'idéalisation de l'objet artistique autant que de la conception esthétique*, à laquelle se livre la technoscience dans son rapport aux arts.

Ce processus rationnel d'idéalisation ne manque pas de suggérer, voire de provoquer, une nouvelle philosophie esthétique, de nature à réconcilier, peut-être, les plus réservés à l'égard de la technoscience, avec ses répercussions psychologiques et culturelles. Cet ouvrage se propose, précisément, de mettre en valeur les raisons de l'édification d'une véritable culture technoscientifique, susceptible d'orienter nos modes de compréhension de la pratique artistique et de ses objets (de ses intentions autant que des œuvres qui en résultent). Afin de discerner l'essentiel de l'accessoire dans l'exposition des questions techniques et scientifiques liées aux rapports de l'art, de la science et de la technologie, nous nous attacherons avant tout à présenter les principes fondateurs de la technoscience, nécessaires pour mieux dominer le maquis sans cesse accru des innovations industrielles en ce domaine, et pour mieux comprendre les principes et implications philosophiques, donc culturels, qui en découlent.

Une philosophie positive de la culture technoscientifique, en particulier appliquée aux arts, n'est en rien équivalente à un éloge inconditionnel de la technoscience. Elle suppose plutôt une prise en compte des méthodes et concepts spécifiques de la technoscience, pour une réflexion sur les apports théoriques et pratiques de ces méthodes et concepts nouveaux, à l'intérieur du «champ artistique», notion très extensive et englobante, redéfinie par l'interrelation de l'art et de la technoscience depuis la seconde moitié du xxe siècle.

Synthèse iconique
Modélisation. Simulation

1. DE L'ART PICTURAL À LA TECHNO-ESTHÉTIQUE

1.1. Palette électronique contre Palette chimique

La technoscience de l'image de synthèse *à prétention artistique néopicturale* remonte seulement à la fin des années 1960, et les créateurs japonais et américains, en ce domaine, ont souvent fait figure de pionniers. Il est important de souligner cette prétention artistique spécifiquement néo-picturale, car bien sûr les dessins créés sur écran d'ordinateur et imprimés sur du papier ordinaire, réduits parfois à des signes en noir et blanc formant d'assez pauvres configurations, ou bien à des structures en couleurs peu variées à dominante géométrique, existaient depuis plus de dix ans avant ces années-là. Les ordinateurs délivraient alors surtout des formes et des signes très minimalistes, comme des configurations de chiffres, de lettres et de symboles abstraits combinés, associés dans des configurations d'ensemble plutôt abstraites. L'intention artistique *évoluée*, non plus principalement technico-expérimentale et démonstrative, apparut lorsque les possibilités techniques de l'infovidéographie s'amplifièrent au point de simuler les effets de la peinture traditionnelle.

Depuis les années 1980, l'usage de la palette (tablette) graphique dotée d'une grille conductrice de signaux, reliée à un stylet transistorisé, ou celui du crayon optique d'écran vidéo, d'une part, et l'usage des logiciels de création d'images entièrement numériques d'autre part, accélèrent le besoin des artistes modernistes de faire naître une véritable culture techno-esthétique digne de rivaliser avec la peinture et les arts graphiques traditionnels. Les premiers concernés furent bien sûr les designers spécialisés en art graphique publicitaire, mais très vite des artistes moins « spécialisés » s'intéressèrent de manière pratique à l'usage de l'infovidéographie qui impliquait de nouveaux comportements artistiques. En particulier, le couplage de l'écran vidéographique et de l'ordinateur suppose une attitude artistique de la part de l'utilisateur, capable d'accepter une *distanciation théorique* par rapport à l'« objet » de la création informatisée.

Un infovidéographiste ne manipule pas la substance de sa création visuelle comme un peintre manipule les pigments, les peintures, les supports graphiques matériels et les pinceaux. Le crayon opto-électronique et le stylet sont en quelque sorte des instruments graphiques *universels*, puisqu'ils permettent de choisir, à partir de la palette ou de l'écran vidéo, n'importe quelle forme de texture simulée (bois, verre, pierre, marbre, etc.), n'importe quelle combinaison de couleurs, de qualités de lumière, et de styles ou gestes graphiques, dans les limites techniques proposées par le système de création. Crayon optique et stylet rendent donc facile le geste créatif spontané et indéfiniment rectifiable : l'impulsion première est toujours annulable ou modifiable presque dans l'instant.

Un tel sens de l'instantanéité créatrice est pourtant générateur d'une *conscience de prise de distance* par rapport aux formes visualisées sur l'écran vidéographique. En premier lieu, l'artiste « dessine » par simulation sur la tablette, mais voit apparaître le dessin sur l'écran, ou bien, s'il pointe directement le crayon optique sur l'écran, il capte et transmet des signaux *photo-électriques*, dont il ne maîtrise pas l'intensité ou la fréquence. En second lieu, le stylo électronique est une forme abstraite en elle-même, résultant d'un concept technologique de fonctionnalité ergonomique. Sa forme est étudiée pour l'ensemble des utilisateurs potentiels de la palette infographique. Il n'offre pas de souplesse d'application manuelle, musculaire et tactile, fonction de la graphomotricité individuelle des utilisateurs. Il est théoriquement assimilable à tout lecteur optique-numérique, comme ceux qui servent à identifier de manière automatique les codes à barres imprimés sur les produits commerciaux et industriels.

Or, les instruments traditionnels, artisanaux, tels que les pinceaux, les craies, les fusains, les mines de plomb, les plumes, associés à la diversité des pigments, des encres, des peintures, des médiums variés tels que l'huile, l'essence de térébenthine, l'eau, laissaient une grande latitude d'usage personnalisé. Le choix des dosages de matières et des méthodes pratiques destinées à les associer, ainsi que celui des instruments graphiques plus ou moins souples et diversement maniables, donnent à l'artiste une conscience appliquée, physique, de l'instrument et du matériau. Par exemple, l'utilisation de la plume et de l'encre de Chine fait éprouver à la main et au bras, mais aussi à tous les muscles du corps qui concourent au geste graphique, y compris ceux qui gouvernent les mouvements oculaires, les nuances continues, liées, du mouvement qui imprime au bec de la plume des pressions modulées et des mouvements d'amplitude variable.

Rien de tel avec l'instrument opto-électronique : lecteur automatique (photo-transistorisé) d'informations lumino-chromatiques sur écran ou transmetteur/enregistreur de signaux électromagnétiques numérisés, il décode sans peine l'information digitalisée du *logiciel graphique*. Les formes qui apparaissent sur l'écran, bien que résultant d'un choix esthétique tout à fait singulier, sont en quelque sorte virtuellement prédéterminées par les composants électroniques de la machine à traiter l'information artistique. La comparaison du stylo graphique et du lecteur optique de *codes à barres* qui capte les différences de réflectance des barres noires et blanches plus ou moins espacées, s'avère à cet égard pertinente : l'instrument est dans les deux cas un capteur photo-électrique à fonctionnement binaire, et il demeure neutre, standard et universellement applicable, dans les limites physiques fixées par le système informatique qui le relie au logiciel et à la mémoire codée de l'ordinateur.

Il est évident que cette caractéristique commune génère une nouvelle forme de conscience esthétique à l'égard du geste artistique, devenu médiatisé et d'une certaine façon préprogrammé, même si la variété des effets possibles est en fait très importante d'un point de vue combinatoire. Le geste artistique *s'inscrit à l'intérieur des capacités du système électronique*, et se plie aux manières d'usage ainsi qu'à la forme et à la matière plastique rigide du «crayon» photo-électronique. Il en résulte nécessairement une distanciation physique mais aussi intellectuelle à l'égard de l'objet artistique, dont les formes ne peuvent être exécutées que par l'intermédiaire du système abstrait (bien que d'utilisation immédiate) que forment, pour l'artiste, l'ensemble des éléments : tablette digitale + crayon optique + logiciel informatique + écran vidéographique.

La palette électronique (en termes anglo-saxons : «*paint-box*», c'est-à-dire littéralement «boîte à peinture»!) recrée, sous des formes analogues, les divers modes de tracés de l'art classique : imitation du lavis, de l'aquarelle, de la gouache, de la peinture acrylique ou de la peinture à l'huile, de la technique de l'aérographe, celle du graphisme gras ou sec à la mine de plomb, à la craie, au fusain, au pastel, et autres techniques artisanales, comme les effets de transparence, de flou progressif et de réflectance des surfaces. Simulant les techniques traditionnelles et les gestes que permettaient ces techniques, mais véritable ardoise à effacer indéfiniment le tracé, la palette électronique relie l'œil, la main (devenue simple accessoire du système), *l'intention artistique* et les composantes numériques préprogrammées du système infographique. Nombreux sont les artistes qui ont trouvé dans cette subtile association apparemment très hétéroclite, une source nouvelle de liberté créatrice. L'ancienne palette chimique (le mot «ancienne» ne signifiant pas le moins du monde que la peinture faite avec des couleurs chimiques et des pinceaux soit périmée) était pour eux trop lente, elle générait trop d'inertie, car il était impossible de prévisualiser rapidement et globalement les effets esthétiques.

C'est d'ailleurs cette possibilité de prévisualisation très spontanée qui fait la force de l'art infographique avec ses outils logiciels. La *notion d'esquisse* acquiert une grande importance : toutes les esquisses successives, obtenues spontanément par le geste opto-électronique, détiennent une *valeur exploratoire* dont les répercussions esthétiques sur l'œuvre «achevée» (la dernière étape définie par le créateur) sont expérimentalement vérifiées, au cours d'un cheminement par essais successifs de création de formes indéfiniment modifiées. La transformation prime sur l'achèvement, sur ce qui est traditionnellement considéré comme une clôture esthétique, par exemple le tableau encadré et exposé. L'art devient consciemment une expérimentation patiente mais relativement rapide, dans la mesure où «l'assistance» informatique réagit dans l'instant, soit pour ajouter, soit pour retrancher, soit encore pour métamorphoser. Les logiciels infographiques jouent le rôle de générateurs d'idées beaucoup plus que celui d'assistants.

En fait, le créateur d'images est amené à penser très spontanément son œuvre comme un *travail exploratoire et expérimental*. Faut-il s'en plaindre ? Ce serait sanctifier, à coup sûr, le mythe du génie créateur qui ne serait pas vraiment maître des «idées» esthétiques qui l'habiteraient par la grâce divine, mystique ou tout simplement par la grâce de la si mystérieuse inspiration esthétique... L'infographiste a les mains beaucoup plus libres que le peintre ou le dessinateur à la mine de plomb, dans la mesure où il exploite des possibilités technologiques facilitantes. Les logiciels intégrés et le crayon optique rendent ses gestes plus aisés que ne peuvent le faire les pinceaux et les pigments (encore que ces derniers soient livrés chimiquement tout faits pour une utilisation facile et immédiate), et de cette aisance techno-esthétique nouvelle, il est susceptible de renforcer le potentiel sensible autant que rationnel qui le motive.

Ayant les mains plus libres, il libère par la même occasion son esprit inventif. Cette libération fut saluée par un grand nombre d'artistes aux méthodes artisanales traditionnelles, qui ont apprécié la valeur positive, vivifiante, de l'esquisse indéfiniment métamorphosée et surtout, toujours disponible pour des reprises ultérieures, puisque l'image est numérisée si elle est conservée. A partir d'un travail de base, numérisé et stocké en mémoire électronique, des milliers de travaux transformateurs peuvent être envisagés. Les possibles sont plus valorisants, dans une pareille perspective, que l'état fini terminal, supposé parvenu jusqu'à son destin définitif. La palette infographique réalise donc *expérimentalement* par transformations en chaîne, le vieux mythe de l'idéalité du possible qui soi-disant préexisterait de manière nécessaire dans l'esprit de son metteur en œuvre qui ose parfois à peine s'affirmer comme son auteur personnel.

Un exemple typique de cette très platonicienne théorie du possible préexistant est représenté de manière quasi caricaturale à travers ces propos d'Albert DÜRER datant de 1512 : «*Un bon peintre est en effet rempli de figures en lui-même, et s'il était possible de vivre éternellement, il aurait toujours quelque chose à déverser en ses œuvres de ces idées intérieures dont parle PLATON*».

DÜRER pensait que Dieu était à l'origine de cette profusion inextinguible d'idées artistiques, de possibles illimités, qui peuplent la tête de l'artiste ; sa vision de la création artistique était fondée sur une vision théologique du monde, de l'homme et de ses œuvres. Il faut remarquer avant tout que sa philosophie de la possibilité prend sa source dans le thème métaphysique de la préexistence éternelle des idées. Les possibles préexistent et coexistent éternellement, seule la faible durée de la vie humaine rend leur expression très limitée, partielle. Dans son *Traité des Proportions* de 1528, il déplorait qu'un grand artiste ne parvînt point à créer plus de quelques modèles artistiques tout au long de sa vie, ceci non pas à cause de la faiblesse de son esprit — qui est assurément riche et puissant — mais à cause de la limitation de la durée de la vie humaine ; l'homme n'est pas éternel comme son divin créateur.

Mais la puissance de la créativité artistique est pour DÜRER virtuellement infinie, aussi défend-il vigoureusement cette infinie capacité : «*Car innombrables sont les idées qui viennent aux artistes, et leur esprit est plein de figures qu'il leur serait possible d'exécuter. C'est pourquoi, s'il était accordé de vivre des centaines d'années à un homme habile à pratiquer cet art et naturellement prédisposé, il pourrait, grâce au pouvoir que Dieu donne à l'homme, dessiner et exécuter tous les jours de nouvelles figures humaines ou d'autres créatures qu'on n'aurait jamais vues auparavant et auxquelles personne n'aurait encore pensé.* »

Il transparaît ainsi avec évidence que l'infographie du tracé spontané, mais indéfiniment rectifiable et transformable, renverse en quelque sorte le mythe rétrograde des possibles artistiques, conçus comme antérieurs à leur expérimentation concrète. Le possible n'est plus situé en arrière de ses exemplifications concrètes, mais plutôt en avant de celles-ci. Il s'agit d'un possible constructif et non d'un possible idéalement préformé. La palette électronique met littéralement l'artiste à l'épreuve, et lui permet de prendre progressivement conscience de ses rêves autant que de ses capacités techniques d'expression. Elle est, en somme, un *révélateur d'imaginaire* par essais et effacements successifs du geste, si bien que l'apport psychologique majeur de l'infographie consiste sans doute dans la conscience de l'objet artistique comme émergence, fugitive et précaire, de l'adéquation plus ou moins réussie et approximée entre le geste et l'intention esthétique.

De même que la *révélation photochimique* de l'image latente d'un film argentique produit une image plus ou moins détaillée et nuancée, selon la qualité et le temps du bain de révélation, la *révélation infographique spontanée* crée des imaginaires, devenus objectifs sur l'écran vidéo, dont la conformité à l'intention créatrice est indémontrable autrement que par l'expérience constructive du geste indéfiniment repris et rectifié. Il n'existe pas à proprement parler d'image finale ou terminale ; toutes les images ne sont que des étapes au long du processus objectivé de modification et de mutation complète ou partielle de la mémoire numérique d'image immédiatement antérieure à celle qui se restructure à travers le geste nouveau de l'artiste. La palette infographique fait émerger de nouveaux possibles par le travail stratifié sur les traces précaires (couleurs, textures, épaisseur du trait, technique picturale, transparences, reflets, flou, contrastes, etc.) du geste opto-électronique.

Pas plus que dans le cas de la palette chimique traditionnelle, l'impression de facilité et de rapidité dans les changements d'effets stylistiques n'est un gage de superficialité esthétique. Dans les deux cas, il s'agit bien toujours d'un travail expérimental, plus ou moins compliqué techniquement, sur des morphologies visuelles, quel que soit l'appui technique du geste graphique. En ce domaine il n'existe pas de critère d'évaluation esthétique proprement dit, qui serait proportionnel à l'aisance ou à la difficulté techniques du geste. Mais la « matière » infographique est une pseudo-matière, elle ne présente pas l'inertie des matériaux chimiques, ni celle des instruments artisanaux d'application de ces matériaux. Un stylo transducteur d'énergie électrique en énergie photonique, couplé à un système infovidéographique dans lequel *les images sont de l'énergie modulée, quantifiée et codée en langage binaire*, n'engendre pas d'œuvre sculptée dans un matériau, au sens classique de l'activité artistique.

Il serait pourtant faux et passéiste de considérer que cette origine technoscientifique de l'œuvre infographique est soi-disant sans lien avec la véritable (?) créativité artistique. Matériau traditionnel ou système de traitement de l'information iconique, le geste créateur se cherche à travers les possibilités matérielles d'une technique à la mesure de chaque praticien de l'art. Le sens des possibles est toujours à l'horizon de la démarche technique, avec en prime, dans le système de la palette électronique, une conscience critique permanente et *instantanée* de la dynamique morphologique de l'œuvre en gestation. L'idée et la technologie progressent de concert, l'une rétroagissant sur l'autre alternativement, car il est bien connu que les cadres d'une technique de création sont faits pour être contournés ou détournés au profit de l'intention esthétique. D'ailleurs, se résoudre à mettre à profit les ressources techniques d'un médium d'expression plastique n'est pas à considérer comme un handicap, mais tout au contraire comme une nouvelle source de créativité.

C'est bien là ce qui a été compris par les utilisateurs de la palette électronique dès qu'elle fut inventée, avec des capacités, certes, plus limitées au départ qu'aujourd'hui. Le dessin publicitaire en a d'ailleurs beaucoup bénéficié, car l'imitation du graphisme classique et de ses effets de style devint une possibilité d'expression «néo-rétro» relativement aisée : un modernisme de l'expression graphique classique, en quelque sorte. Les perfectionnements ultérieurs, en finesse chromatique en particulier, rendirent du même coup envisageable un réalisme visuel d'aspect très pictural ou photographique. Le mariage du réalisme visuel et de l'abstraction géométrico-chromatique (traitements d'images en couleurs fictives, irréalistes, et schématisme des formes) est également apparu comme l'une des possibilités puissantes de *ce nouvel esprit esthétique combinatoire, facilité par la palette électronique*.

D'aucuns arguent, à cet égard, de conceptions hétéroclites, et de pratiques artistiques elles-mêmes hétérogènes, dénuées d'unité ou de pôle directionnel... Cette opinion repose, à vrai dire, sur une idée monolithique de l'art, selon laquelle seule serait «artistique» une pratique préalablement unifiée par la cohérence d'un style historiquement répertorié, défini par ses règles et ses canons technico-esthétiques. L'art électronique ouvre les vannes de l'imaginaire combinatoire, comme d'ailleurs d'autres artistes plus traditionnels dans leurs méthodes ont également su le faire (évoquons, par exemple, les artistes cubistes et dadaïstes qui pratiquèrent l'art du collage, et ceux du Pop'Art, avec la «*combine-painting*»). La spécificité de la palette infographique réside, à cet égard, dans la surmultiplication spontanée, réversible et indéfiniment remise sur le métier, des styles morphographiques et des formes figuratives, abstraites ou hybrides. La mémorisation numérique des informations iconiques autorise la recomposition continuelle des images : par l'intermédiaire de la mémoire transformée, l'image achevée — tout au moins considérée comme telle — représente en fait, pour son créateur, l'aboutissement d'un compromis entre les possibilités physiques de la machine et les possibles idéaux qu'il cherchait à réaliser. Mais ces possibles idéaux font eux-mêmes partie intégrante du système informationnel qui fait interagir le cerveau humain et le système informatique. L'art de la palette synthétique est plus modeste, dans la reconnaissance de ses origines, que l'art métaphysique ou purement subjectiviste, mais non moins ambitieux et clairvoyant dans ses intentions esthétiques.

Palette électronique ou palette chimique, l'art reste et demeure, selon l'expression célèbre de Léonard de VINCI, une «*chose mentale*» dont l'infographie spontanée, avec ses repentirs ad libitum, renforce le caractère constructif et expérimental, ainsi que le potentiel novateur et souvent imprévisible. D'autre part, du fait qu'il n'est pas nécessaire de savoir programmer pour créer, la part de la recherche pragmatique s'en trouve renforcée, ainsi que celle du recyclage immédiat des informations iconiques synthétisées en temps réel. Etant une étape sur un devenir, modifiable au gré de l'inspiration du moment, chaque image gagne à la fois une instantanéité évanescente, provisoire, et une permanence numérique sous forme d'enregistrement digital. De telle sorte que la permanence digitale des formes rend possible leur transformation immédiate. La tablette graphique réalise un nouveau genre de palimpseste, dont les traces anciennes s'effacent et se déforment à volonté, mais dont la durabilité peut éventuellement être également assurée par la conservation numérique des esquisses successives, dans les atomes des mémoires de masse.

Mais la tablette infographique constitue aussi un nouveau mode de création par la *reprise métamorphosante* des formes traditionnelles de documents qu'elle permet d'analyser et de néo-synthétiser grâce au processus de numérisation. Elle instaure une esthétique systématique de la *série illimitée* des apparences iconiques. D'autre part, les œuvres ainsi créées, faisant partie d'une chaîne, impliquent également des types variés et complémentaires de supports de présentation qui leur confèrent une permanence visuelle irréductible à celle qu'autorise le support pictural traditionnel. La question de la permanence visuelle, *analogique*, de l'œuvre numérisée réduite à un tableau de nombres, engendre une interrogation de style original sur l'identité de l'œuvre artistique informatisée.

1.2. Recyclage esthétique des formes et des supports

La palette électronique est un dispositif multifonctionnel qui autorise aussi bien la synthèse immédiate et spontanée de formes inventées par l'artiste, que le traitement d'images préexistantes, préalablement numérisées et codées en langage binaire dans les supports électromagnétiques ou optiques-numériques. Toute image mise en mémoire acquiert par le traitement digital des informations formes-couleurs qu'elle contient, *une réalité polymorphe potentielle quasi infinie*. Elle entre dans un recyclage esthétique permanent, dont les traces successives peuvent être conservées en mémoire pour d'éventuels usages ultérieurs, par recombinaison morphographique.

Deux formes de saisie électronique d'images de base sont possibles : le codage numérique direct, au moyen d'écrans à transferts de charges électriques de *caméras vidéo* (écrans à grilles électroniques composées de cellules photosensibles, dits «*écrans DTC*» : *Dispositifs à Tranferts de Charges*, appelés en anglais : écrans «CCD» pour «Charge Coupled Device»), captant des scènes et objets concrets filmés en direct, et le codage numérique de tout type de *documents visuels déjà constitués*, tels que des films cinématographiques ou vidéographiques, des négatifs photographiques ou des photographies sur papier, des diapositives en couleurs, des reproductions d'images imprimées, pouvant inclure du texte et du graphisme autant que des images photographiques.

En tant qu'elle permet avec facilité le recyclage indéfini d'une image de départ, photographie négative ou positive, image imprimée ou, plus directement, image vidéographique enregistrée selon le mode analogique ou numérique (caméra digitale à capteurs DTC), l'infographie *constitue une technologie universelle de la transposition des formes*. Elle libère et renforce la constructivité de l'imagination, grâce à *l'adaptabilité du langage binaire des logiciels* intégrés au système informatique. La synthèse numérique exécutée à partir de documents préexistants réalise un style de création tout à fait original par rapport à la création artisanale traditionnelle. En effet, en contraignant l'imagination à s'ancrer tout d'abord dans un complexe de formes visuelles préalables, elle l'entraîne dans une recherche novatrice qui se démarque de l'état initial du document visuel, tout en s'exerçant à conserver certains détails ou traits particuliers qui lui appartiennent.

La synthèse à partir d'images analogiques préalables rénove le thème classique de la «*citation*» picturale et graphique, qu'ont pratiquée certains peintres, contemporains en particulier, dans leurs œuvres d'art. On se souvient, par exemple, de PICASSO reprenant certaines figures des œuvres de VÉLAZQUEZ (*Les Ménines*), de MANET (*Le Déjeuner sur l'herbe*) ou, entre autres, de POUSSIN (*Les Bacchanales*) ou GRÜNEWALD (*Crucifixion*), pour les parodier ou les réadapter à ses œuvres personnelles. La reprise transformatrice des œuvres d'art fut très souvent un motif d'innovation esthétique pour l'art traditionnel. Or, l'infovidéographie directe, c'est-à-dire dénuée du souci de composer explicitement des programmes infovidéographiques de la part de l'infographiste qui utilise un photostyle directement sur l'écran, ou sur une tablette graphique, rend la «citation» immédiatement opérationnelle.

L'image de l'œuvre d'art choisie est présentée sous une forme analogique : c'est généralement une reproduction photographique, ou bien une diapositive. En tant qu'image d'œuvre, il s'agit déjà *d'un document*, et non plus d'une œuvre, digitalisé au moyen d'un scanner. L'infographie repose sur une technologie d'échantillonnage (forcément discontinu), de quantification des informations morphologiques (quantification des niveaux ou seuils discontinus de luminosité réfléchie), et de codage binaire de ces informations quantifiées, mises sous cette forme en mémoire d'ordinateur. Cet appareil technologique constitue alors le document scannérisé en document au second degré : un «document de document» en quelque sorte.

Les quantifications chromatiques les plus fines sur palette infographique reposent ordinairement sur des mots de huit bits par couleur «primaire», respectivement dans le rouge, le vert et le bleu, soit une quantification chromatique par couleur «primaire» (en synthèse additive des couleurs) égale à 2 élevé à la puissance 8 (256 niveaux). Par conséquent, pour chaque point du document visuel analysé électroniquement, un mot de 24 bits (3×8 bits) est nécessaire. Un tel système d'analyse chromatique procure déjà un grand nombre de nuances, soit 16 777 210 teintes différentes (256 élevé à la puissance 3). Bien que très satisfaisant, ce système demeure cependant en retrait par rapport aux qualités de systèmes beaucoup plus performants d'analyse et de synthèse de la couleur, très exigeants en capacité de mémoire et de rapidité de calcul, et produisant des images de qualité analogue à celle des meilleures émulsions photochimiques utilisées en cinématographie ou en photographie inversible (par exemple, codage sur 12 bits par couleur «primaire», soit un mot de 3 x 12 bits par point analysé du document).

Si le système infographique permet donc d'actualiser un très séduisant et *luxuriant réalisme des nuances chromatiques* exprimées dans leur richesse combinatoire de valeurs et de teintes, il permet inversement de réduire l'étendue des couleurs à quelques teintes et à quelques-unes de leurs combinaisons choisies à des fins esthétiques particulières. Au réalisme extrême, favorisé par les systèmes les plus sophistiqués, peut à volonté s'opposer ou, mieux encore, s'associer en une subtile combinaison, le géométrisme et le schématisme chromatique. Il découle de ces utilisations potentielles antithétiques, ainsi que de leurs multiples *intermédiaires*, une aisance renforcée et originale dans l'art de la reprise transformatrice des images d'œuvres d'art. Les «citations» artistiques par saisie digitale des documents artistiques traditionnels ont d'ailleurs été assez rapidement l'une des préoccupations de certains infographistes de la palette électronique.

Des tableaux «au troisième degré» naissent de la recomposition partielle ou intégrale d'une photographie en couleurs ou en noir et blanc d'une œuvre picturale, le «second degré» étant déjà ce photo-document de l'œuvre. Une photographie, par l'étendue de couleurs et des valeurs qu'elle traduit, tout autant que par son facteur de contraste et sa dimension réduite, constitue déjà une sorte d'interprétation visuelle de l'original. Mais la palette graphique réinterprète le photo-document lui-même, lui extorque, comme par magie électronique, des charmes chromatiques qu'il ne possédait qu'en puissance.

L'infographiste peut jouer sur les couleurs du document de base, mais il peut simultanément *en extraire des parties et les agrandir*, voire créer un néo-tableau en ne choisissant qu'un fragment de l'image photographique, sélectionné pour lui-même, jugé comme étant caractéristique de l'œuvre de référence. Les déformations, les anamorphoses, les renversements de perspective ou les déplacements de fragments d'image sont autant de ressources de la palette numérique. Car l'image digitalisée est en mémoire d'ordinateur *un tableau de nombres* qui correspondent aux points bien ordonnés de l'image numérisée. A chaque point d'image sur l'écran correspond un point mathématique en mémoire digitale, avec les coordonnées et les informations chromatiques correspondant à ce point élémentaire. Il suffit donc de déterminer les changements informationnels afférents à ces points mathématiques, pour faire varier les détails de l'image, ce qui n'est qu'une question de codage binaire arbitrairement modifié en mémoire numérique.

Qu'une photographie digitalisée soit à l'origine en noir et blanc ne constitue pas un handicap pour sa réinterprétation électronique, bien au contraire, car la liberté d'imagination de l'artiste en sera souvent d'autant plus stimulée. Le traitement des formes en couleurs artificielles fait surgir du document photographique monochromatique des myriades de «*tableaux possibles*», inimaginables par l'auteur de l'œuvre originale. Les essais successifs sur la tablette électronique ou sur l'écran vidéo, au moyen du photostyle, expriment en fait des possibles quasi instantanés dont l'expérience esthétique ne pouvait être prévue d'avance. L'imprévisible naît, littéralement, du réel numérisé et par la souplesse plastique de la *numérisation des formes*. En noir et blanc ou en couleurs, l'image primitive recelait des métamorphoses virtuelles complètement ignorées avant que l'infographiste n'ait retravaillé ses constituants morphologiques.

L'art de la «citation» artistique s'exerce donc sans ambages par l'intermédiaire de l'infographie, en particulier dans l'imagerie publicitaire qui peut très aisément s'emparer d'images d'œuvres célèbres pour les associer à des images de produits commerciaux. Evidemment, ces associations pourraient être parfois jugées sacrilèges aux yeux les plus respectueux pour l'art traditionnel... Mais ne doit-on pas y voir plutôt une nouvelle forme de considération positive portée aux arts, et, à la limite, comme une sorte de renouement avec la tradition citationniste chère aux artistes les plus célèbres ?

L'infographie interactive ne tue pas l'art, elle lui procure, au contraire, des ailes, en le rendant accessible sous d'autres apparences que celles que nous lui connaissons. C'est sous l'angle d'une sorte de résurrection esthétique des images mentales que nous nous faisons des œuvres d'art, traduites et métamorphosées en langage binaire, que la palette numérique apporte son soutien à la créativité artistique. Non seulement le foisonnement des «citations» d'œuvres — même sous les auspices, non exclusifs, de la publicité — entraîne une revivification de ces images spéciales créées par les artistes, que sont les tableaux et les dessins d'art, mais encore il procure des objets visuels imprévus qui attendaient d'être *révélés* selon de nouvelles configurations et de nouvelles apparences.

L'infographie démontre à l'évidence que l'art est sans doute fait pour endosser de nombreux avatars, d'inattendues apparences, à la mesure des techniques qui s'en saisissent, photographie en couleurs ou ordinateur graphique. Qu'une technologie comme la palette infographique se propose de transcrire *ad libitum* des images artistiques consacrées par la culture esthétique sacralisante, ne constitue pas en soi un déni esthétique.

Cela revient au contraire à s'inscrire dans la culture en mosaïque qu'explorent et célèbrent de nombreux artistes depuis le début du XXe siècle. Le «post-modernisme» (terme très contestable dans son usage, employé dans les années 1960-1970, par les sociologues et les critiques d'art) réhabilite fortement l'art de la «citation» et de *l'hétéroclite*; il représente une réaction contre l'unité mythique et élitiste de l'art classique, sa prétention à unifier le style autant que le sens. Il est une expression — certes diffuse autant qu'ambiguë — de *l'hybridation* des formes d'expression et des styles historiques.

Les *simulationnistes* américains et européens à partir de la fin des années 1970, se réapproprient les figures de l'art traditionnel (art photographique et pictural) en les combinant par détournement esthétique dans des configurations inédites, ou bien en recherchant la «copie conforme». Ainsi, Sherrie LÉVINE rephotographie-t-elle des images du photographe Edward WESTON, et fait-elle des copies très précises d'œuvres de MONDRIAN. Les styles historiques se voient recyclés, comme par exemple le «Néo-Géo» (pour néo-géométrique) américain de Peter HALLEY, Ashley BICKERTON et Meyer VAISMAN. Tous les styles de n'importe quelle époque peuvent même cohabiter, et s'associer avec les thèmes contemporains extra-artistiques : Jeff WALL, artiste canadien, fait souvent référence aux chefs-d'œuvre de l'art classique occidental dans ses *compositions photographiques*. Les exemples de «citations» sont souvent directs, ils se veulent de véritables simulations appropriatives, bien que nettement démarquées de l'art traditionnel, dans la variété des genres et des figures. La composition photographique forme d'ailleurs un puissant «mélangeur» de styles, de figures et de tendances esthétiques par les combinaisons plastiques qu'elle facilite (superpositions, juxtapositions, collages et images composites, agrandissements, images fusionnées, répétées, masquage, etc.).

La polyfonctionnalité plastique, propre à la photographie, se trouve fortement multipliée par l'infographie interactive : c'est pourquoi des artistes de la palette graphique ont pu en tirer parti pour créer des *images composites* comprenant des évocations inédites d'œuvres d'art classiques. Ces dernières entrent ainsi très rapidement dans des cycles de recomposition plastique qui les «socialisent» à l'intérieur de nouveaux champs techno-esthétiques. Il ne s'agit pas d'iconoclasme, mais plutôt de reconnaître à l'œuvre d'origine une signification de *matrice génératrice*. Certes, les originaux n'étaient certainement pas faits pour ça dans l'esprit de leurs créateurs, sauf dans celui de bon nombre de contemporains qui ont explicitement créé des œuvres-matrices destinées à devenir des motifs d'interprétation multiple. VASARELY, par exemple, imagina concrètement des *prototypes* de formes plastiques sur ordinateur ou tout simplement sous forme graphique ou photographique, destinés à être librement interprétés par n'importe quel moyen technologique.

L'œuvre de base peut être une configuration picturale ou graphique précisément définie quant à ses couleurs et ses formes linéaires ; réassumée plastiquement par la photographie, son format autant que ses teintes sont alors susceptibles de modification. Ainsi, une diapositive de cette œuvre-matrice artisanale pourra être projetée sur écran, puis repeinte librement à partir de cette projection. Ou bien, en supposant que l'artiste fasse usage de machines à scannériser la photographie, la diapositive deviendra un *tableau de nombres* en mémoire d'image, puis éventuellement elle sera codée en langage binaire sur une disquette informatique ou sur un compact-disque optique-numérique décodable par un rayonnement laser et un système transducteur à cellules photosensibles.

Comme tableau de nombres, évidemment, elle offrira toutes les possibilités illimitées de réinterprétation chromatique et formelle. Couleurs, valeurs, formats et structures d'ensemble ou de détail offrent une grande malléabilité plastique, grâce aux modifications numériques du codage binaire. Du stade de la diapositive, l'artiste peut donc passer à celui de l'écran vidéo, puis de celui-ci, après travail sur les paramètres iconiques, à une forme d'impression qui lui convient : papier thermique ou ordinaire, par l'intermédiaire d'une imprimante à laser ou à jet d'encre. Mais il peut également impressionner un film photographique habituel, ou du papier photosensible, ou un nouveau film pour diapositive. *Le recyclage ne connaît pas de fin* : de la dernière impression iconique, de nouvelles traductions photographiques ou infographiques sont susceptibles de naître avec de la nouveauté morphologique et chromatique continuelle.

VASARELY a maintes fois expliqué que l'essentiel du travail de création artistique réside dans l'invention de prototypes esthétiques, généralement de petit format : «*Le chef-d'œuvre n'est plus concentration de toutes les qualités en* un *objet final, mais création d'un* prototype-départ, *comportant des qualités spécifiques, transmissibles en diverses fonctions ou en re-créations quantitatives*» (extrait des Notes Brutes, éd. Denoël, 1972, p. 73).

La spécificité esthétique de VASARELY fut de comprendre que la technoscience de l'information était en mesure de capter toute forme de travail artistique, en tant qu'elle se ramène à des unités morphographiques précisément décrites de formes et de couleurs (ce qu'il appelle des «unités forme-couleur»). La réduction binaire des formes et des couleurs entre aisément dans les mémoires informatiques, rendant prolixe leurs recréations en série et leur recombinaison illimitée. Toujours dans le même recueil de réflexions précédemment cité, il vante les mérites créatifs mais aussi, plus globalement, culturels, de la codification universalisante de cet art radicalement informationnel : «*L'unité forme-couleur grâce à ses constantes, entrera dans le domaine des sciences. /.../ elle deviendra l'instrument de la pré-éducation et du conditionnement esthétique des jeunes. /.../ Répondant à l'interrogatoire binaire, l'unité forme-couleur est, par excellence, la matière des* mémoires électroniques» (*op. cit.*, p. 89).

La palette infographique développe donc une néo-picturalité qui ne rechigne pas à assumer tous les exemples anciens ou actuels de picturalité artisanale, formant ce que l'on nomme conventionnellement, les «monuments» de l'histoire de l'art. Mais toute forme d'image de départ devient un nouveau motif de picturalité électronique originale. Un portrait (celui de l'artiste infographiste lui-même, éventuellement) numérisé en direct par une caméra vidéo, devient un sujet artistique immédiat. Retravaillé sur le *mode analogique* par l'artiste qui utilise le stylo électronique comme on utilise un crayon à mine de plomb, (lequel artiste peut d'ailleurs ignorer tout de l'électronique), ce portrait vidéographique est une *matrice iconique digitale* de départ servant les desseins transformateurs, métamorphiques, de l'infovidéographiste. Toutes les étapes du dynamisme transformateur seront numérisées, puis effacées partiellement, passant d'état en état morphographique, par modulations successives. Le préfixe grec «*dia*» signifiant le passage et la transition, on peut parler, à propos de ces modulations formelles en chaîne d'un *processus diamorphique*.

L'informatique graphique enseigne, en effet, que l'art est toujours de nature *transitionnelle*, procédant par expériences raisonnées et rectifiées; le passage y est plus souvent plus important et révélateur, au plan psycho-esthétique, que le résultat. La *diamorphose* par laquelle une image de base devient quasi magiquement une série (potentiellement infinie) d'images transformées, manifeste le caractère dynamique de l'invention artistique. Ce qui compte en art, c'est plus la transition que l'état achevé. Le peintre Paul KLEE disait à sa manière que «*l'œuvre d'art est une voie*» et non un arrêt. La numérisation de l'image fait de la première étape toute une série virtuelle d'étapes sur un devenir riche d'imprévus esthétiques. En infographie, l'artiste travaille directement sur des matrices digitales d'images en recomposition *potentielle* permanente. L'image de départ est déjà riche et pleine de myriades d'images recombinées.

Certes, le peintre traditionnel travaille lui-même sur des voies parfois bifurquantes qui se biffent l'une l'autre au cours de son travail créateur. Mais quand il a gommé les effets de ses tâtonnements, de ses erreurs ou de ses revirements esthétiques, il ne subsiste sur la toile que des superpositions, des grattages ou des amalgames abolissant ou endommageant la mémoire de la trace. Rien de tel avec l'infovidéographie interactive : le « grattage » électronique peut n'être pas oublié pour autant, grâce à sa mémorisation numérique possible qui rend toute étape apte à être comparée à toute autre. La diamorphose est visionnable, en simultané, par comparaison des étapes passées sur le même écran vidéo. L'interactivité entre les logiciels graphiques et l'utilisateur offre une malléabilité néo-picturale impossible à concevoir sans l'outil informatique. Surtout, ce dernier aide à faire prendre conscience de l'importance des transitions artistiques, car il permet d'essayer très spontanément des configurations morphochromatiques neuves.

Le recyclage des formes est donc quasi illimité, mais n'implique pas nécessairement un effacement de la mémoire numérique des transitions, à des fins de réutilisation ultérieure. D'autre part, l'enregistrement binaire magnétique ou optique-numérique des informations formes/couleurs rend universellement transposable l'image recyclée. A partir de la matrice numérique qui recèle les paramètres de l'image — cette mémoire informatique est appelée «*bit map*» en anglais —, celle-ci passe à volonté d'une forme analogique à une autre : d'abord, elle est visualisable comme assemblage ordonné de pixels trichromatiques sur l'écran lumineux. La *discontinuité* de l'image est inhérente à la constitution de l'écran, correspondant, par exemple, à une résolution de 1 024 x 1 024 points élémentaires, considérée habituellement comme procurant une bonne définition d'image. Mais elle demeure invisible à partir d'une distance suffisante de l'œil à l'écran phosphorescent.

L'image d'un téléviseur résulte en effet de l'émission de lumière par des substances appelées «*phosphores*» — du grec « lumineux » — quand elles sont bombardées par le faisceau d'électrons à presque trois cent mille kilomètres à l'heure. Ces « phosphores » ou *luminophores* circulaires tapissent la face intérieure de l'écran à tube cathodique. Les électrons frappent avec une énergie violente, à travers un masque perforé servant de guide, ces luminophores constitués de corps physico-chimiques spécifiques pour illuminer chaque couleur fondamentale, entrant dans la synthèse additive de la lumière (sensibilité dans le rouge, le vert et le bleu : «RVB»). L'écran est donc fait de points élémentaires ou «pixels» constitués chacun par un triplet serré de micro-pastilles physico-chimiques «RVB» disposées en triangle équilatéral.

D'autres sortes d'écrans, toujours *discontinus*, reposent sur le principe de la mosaïque à cristaux liquides ou à plasma, toujours selon le principe de la synthèse trichromatique de la lumière. Le mini-téléviseur de poche en couleurs, avec écran plat à cristaux liquides, existe depuis 1982. Ce type d'écran est également constitué d'une *mosaïque de filtres colorés «RVB»* en triplet, superposés à une couche de cristaux liquides, elle-même en contact avec un tapis serré de *micro-transistors* conducteurs d'électrons quand un champ électrique leur est appliqué sous l'effet de l'illumination d'un micro-tube fluorescent (*effet photo-électrique*). Les cristaux électrisés donnent naissance à l'image en couleurs. Point par point, l'écran est illuminé proportionnellement aux tensions électriques fournies par chaque micro-transistor, lesquelles correspondent aux variations d'intensité lumineuse provenant du sujet vidéographié. Les cristaux liquides, intermédiaires entre l'écran trichromatique sur lequel se forme l'image d'une part, et le tapis de transistors appariés exactement aux filtres «RVB» d'autre part, jouent le rôle de «garde-barrière» automatique de la lumière provenant d'un micro-tube fluorescent disposé à l'arrière du tapis de transistors. Les molécules de cristaux modulent, selon leur orientation spatiale induite par les tensions électriques reçues, la quantité de lumière exprimée par électroluminescence.

D'autres systèmes technologiques de création d'images vidéographiques sont possibles; tous ont ceci en commun de diviser l'image en parcelles élémentaires, de la rendre discontinue, car il n'existe pas de moyen de créer du pur continu. La matière physique est elle-même fondamentalement discontinue; la géométrie analytique recrée le continu à partir de processus algébrico-géométriques discontinus. La technologie de l'image infographique se matérialise dans la discontinuité de la trame iconique, et participe de la *discrétisation* des paramètres géométrico-chromatiques qui définissent la matrice numérique de l'image. Ce caractère discontinu est le reflet de notre conception quantique de la nature et de nos processus-mêmes de pensée, vus par la théorie scientifique généralisée de l'information, déjà annoncée d'une manière mathématico-philosophique par LEIBNIZ au tout début du XVIII siècle, alors qu'il proposait de ramener les actes réflexifs de la pensée rationnelle à un calcul de type binaire.

La discontinuité de la trame des pixels élémentaires de l'écran ne porte cependant aucun préjudice à la continuité apparente de l'image créée par ce moyen, quel que soit le degré de résolution de la trame iconique, avec, en perspective, des systèmes infovidéographiques de toujours plus «*haute définition*», simulant parfaitement la définition des meilleurs films cinématographiques ou photographiques. C'est cette discontinuité fondamentale, numérique et physique, qui rend à l'image sa plasticité de transposition et de transduction. A partir de la mémoire d'image matricielle, l'infographiste passe sans difficulté de l'écran à pixels trichromatiques à l'impression directe, analogique, sur papier photochimique ou sur papier thermique par exemple.

Les métamorphoses de l'image numérique concernent également ses supports : le système universel du codage/décodage binaire, transposant le digital en analogique, et réciproquement, au moyen de transducteurs appropriés (ces transducteurs sont appelés, en langage informatique, des «*modems*» : Modulateurs/Démodulateurs), offre aux œuvres infographiques une capacité sans précédent de transposition. Tous les supports permettant de recevoir une image analogique sont envisageables. La continuité apparente de l'image photographique ou celle du papier ordinaire, redevient possible à partir de l'enregistrement numérique discontinu des informations morphochromatiques, et, à partir de là, tous les formats d'agrandissement de l'image recréée analogiquement sont imaginables. L'œuvre ne dispose pas d'un seul support d'expression artistique, mais d'une multiplicité.

Comme celui des formes, le recyclage des supports est illimité. D'ailleurs, il y a interaction entre le changement de support et la néo-forme ainsi présentée. Une peinture sur toile ou sur bois en photographie n'est plus une peinture, et ses caractéristiques chromatiques apparentes changent. De même, une image sur écran vidéo n'est plus la même, en dimensions et en propriétés morphochromatiques, que lorsqu'elle est présentée en format réduit sur papier photochimique ou sous forme d'impression quadrichrome sur papier. C'est d'une certaine manière «la même» image sous des variations matérielles qui la rendent étrangère à elle-même. Le pouvoir spécifique de l'informatique graphique, c'est de surmultiplier les variations concomitantes du support et de la forme, et de valoriser la techno-esthétique du *rapport d'implication entre forme et support*.

Les artistes américains du Pop'Art des années 1960 avaient donné magistralement l'exemple de ce rapport d'implication techno-esthétique. Mêlant dessin, peinture, photographie, photocopie, sérigraphie, et autres techniques de reproduction, dans des relations de transpositions et de combinaisons, ils ont montré que l'œuvre de départ n'est jamais qu'un tremplin pour des reprises techniques diverses, selon des formats et des associations plastiques variées. Qu'est-ce qu'une œuvre d'art? Un projet pour des variations de formes et de supports. L'œuvre se voyait ainsi *idéalisée* par les pouvoirs magico-techniques des médiums de transposition illimitée. La palette infographique rend précisément très opérationnelle cette philosophie de la reprise indéfinie, du recyclage *ad libitum*, des formes conçues comme matrices de travail techno-esthétique. Sous l'œuvre-prototype, saisie numériquement en un tableau de nombres, sourd une potentialité inouïe de morphologies artistiques imprévues à l'origine.

Il faut enfin souligner que l'infographie du crayon optique et de la tablette digitale à grille conductrice, se révèle non seulement apte à générer une techno-esthétique parfaitement originale, mais aussi capable de stimuler l'inspiration artistique des artistes les plus conventionnels. Les points du dessin, directement numérisés par l'application du stylet sur la tablette ou du crayon sur l'écran, surgissent souvent comme d'énigmatiques apparitions vouées à de successives réinterprétations esthétiques sur l'écran vidéo, pour celui qui désire en faire une esquisse préparatoire en vue d'une œuvre picturale ou graphique de type artisanal. L'art «fait feu de tout bois», il n'est pas rivé à tel ou tel mode d'application d'une technique à l'exclusion de toute autre. Ce serait une bien pauvre conception de l'activité artistique, qui a pourtant fait preuve, au cours de son histoire déjà longue, de beaucoup d'audace dans l'utilisation des ressources techniques et scientifiques de toute époque.

La néo-picturalité infovidéographique engendre, plus profondément, une conception neuve de l'objet artistique : celui-ci serait-il voué à rester dressé sur son piédestal inaccessible, dans son unicité intangible et son mystère culturel, pour ne pas dire *cultuel*? Car notre époque possède une certaine propension à faire des œuvres artistiques de véritables objets de culte, à la mesure du prix des ventes aux enchères publiques de certains monuments de l'art.

L'infographie met en évidence beaucoup plus nettement *le travail expérimental* sur les données graphiques numérisées, donc réexprimées en langage codé universel, que la perfection soi-disant finale ou téléologique du produit artistique. L'objet d'art y apparaît comme un objet mi-analogique, mi-digital, et ce second aspect lui confère une réelle plasticité digne d'être reconnue comme le signe d'une vraie complémentarité des facultés humaines essentielles que sont la raison théorique, indéfiniment rectifiée, et la sensibilité parfois ineffable, l'une et l'autre faculté formant *le revers et l'avers interactifs* d'une identique préoccupation psychologique de créer des mondes imaginaires. L'infographie, par son aspect interactif, signifie autant une *«mentalisation» idéalisante* des aspirations de la sensibilité, qu'une sensibilisation esthétique des expériences et des calculs appliqués de la raison polymorphe, renforcée de manière authentiquement inventive par les structures logiques du système technologique de numérisation et de transduction des informations esthétiques. L'inventivité n'est nullement bridée par le système, puisqu'au contraire ce dernier lui propose, par des moyens extrêmement adaptatifs, un *polymorphisme* résultant de choix nombreux de styles, de techniques d'expression et de diffusion matérielle de l'œuvre, par le truchement d'un recyclage indéfini du geste artistique.

L'art techno-scientifique est essentiellement un art du *mixage des techniques* qui se complètent pour créer des objets artistiques hybrides. Il est incontestable que tout processus de digitalisation de l'information implique de nouveaux potentiels esthétiques. Les maîtres de l'image photographique composite résultant d'une synthèse transformatrice d'un ou plusieurs clichés de départ, se sont empressés, comme l'a fait Ryszard HOROWITZ, de mettre à profit les ressources esthétiques de la photonumérisation. Diapositives ou négatifs digitalisés avec un scanner, enregistrés en mémoire d'ordinateur graphique, puis *visualisation transformatrice* de ces images sur écran de haute définition : superposition de plusieurs images, zooms et changements d'échelles de grandeurs des figures d'origine, détourage, colorisation artificielle, action sur le contraste, la luminosité et la texture, déplacements ou remplacements d'éléments et autres transmutations logicielles quasi illimitées : l'art de la photonumérisation réinvente les images photographiques.

L'invention de la *photographie magnétique*, en 1981, et celle de la photographie entièrement numérique, en 1992 (un prototype d'appareil électronique doté de microprocesseurs a été inventé par la firme allemande AGFA GEVAERT dès 1980), sont les symboles d'une révolution esthétique informationnelle de l'art photographique. En photographie *magnétique* ou *digitale*, l'image visuelle captée par l'objectif est analysée point par point par des cellules photo-électriques (écrans «CCD» à transferts de charges) effectuant une quantification électronique des signaux lumineux RVB qui sont ensuite *codés* soit *en mode analogique continu* sur disquette magnétique (photovidéo magnétique), soit *en mode numérique discontinu* sur carte à mémoire binaire, dotée de microprocesseurs digitaux (photo numérique). Dans le second cas, l'image est directement stockée dans les circuits électroniques sous forme de *valeurs numériques discrètes* : elle est convertie en données informatiques binaires (les séquences 0/1). Directement codée sous forme de signaux vidéo sur disquette magnétique ou de signaux numériques modulaires, l'image est aussi directement décodable sur écran infographique ou sur papier d'imprimante à laser. La post-numérisation de l'épreuve photo-argentique devenant superflue, le travail de transmutation esthétique est rendu *immé-*

diat par modification numérique sélective de l'information binaire. On peut alors transposer cette image artificielle, composée de signaux digitaux, *sur un film photographique habituel*, au moyen d'une sorte de bélinographe à rayon laser, impressionnant ponctuellement la surface sensible, par reconversion de l'information digitale en information analogique. Aussi, *la double convertibilité : digital/analogique*, est-elle un puissant facteur de reconversion de l'imaginaire artistique.

2. LE CONCEPT DE MODÉLISATION INFORMATIONNELLE

2.1. De la mesure au modèle théorique

En informatique graphique tout comme dans les arts graphiques traditionnels, de nature manuelle et artisanale, l'intention artistique passe par une définition, plus ou moins précise, des *informations morphologiques* qui seront dessinées, peintes ou sculptées. Le dessin *« assisté par ordinateur »* (D.A.O.), et plus généralement tout type de « conception assistée par ordinateur » (C.A.O.), requièrent des formulations conceptuelles *chiffrées*, relatives aux rapports géométriques des formes constitutives d'une image plane ou d'un objet tridimensionnel. Plus l'objet tridimensionnel ou l'image plane sont complexes, plus la quantité d'information morphologique à prendre en compte est, en conséquence, importante.

Définir les paramètres relationnels constitutifs d'un volume ou ceux qui concernent une représentation plane de celui-ci, c'est passer d'une vision stéréométrique à une vision planimétrique de l'objet, avec les réductions morphographiques et perspectivistes que cette transposition implique. L'information qui décrit, par exemple, *la coupe longitudinale ou transversale* d'un objet tel qu'une amphore romaine, est à certains égards la même que celle qui décrit l'objet par ses dimensions stéréométriques réelles, mais elle est cependant partiellement différente de cette dernière, puisque *la représentation géométrale* occulte tout l'aspect volumique concret ainsi que la multiplicité des perspectives qu'il est possible d'avoir de l'objet, sans parler de la matérialité spécifique, qualitative, de cet objet.

Toute conceptualisation infographique de formes calculées par ordinateur repose sur une précision du sens de la mesure des rapports d'éléments formels. Qu'il s'agisse d'un simple dessin noir et blanc de nature figurative ou abstraite, ou bien de figures en couleurs constitutives de tout un environnement matériel ou paysager, avec des successions de plans, des figures humaines et animales, des représentations d'objets naturels ou artificiels, des édifices architecturaux, des perspectives variées (face, profil, trois quarts, plongée, contre-plongée, etc.), l'essentiel de l'information morphographique réside dans les *rapports topologiques* entre les formes «élémentaires», c'est-à-dire, en fait, entre les segments linéaires et les surfaces planes, obtenus par analyse schématique de la complexité d'une scène imaginaire conçue comme un tout homogène.

La rigueur toute rationnelle manifestée par l'usage méthodique de la mesure des rapports numériques et géométriques de formes, constitue donc la base ou, mieux, *la clef architectonique*, de la modélisation spatiale des formes artistiques, de quelque nature qu'elles soient, purement abstraites ou figuratives. C'est également la clef structurale de toute création industrielle d'objets fonctionnels et architecturaux. Les plans architecturaux en offrent l'un des exemples les plus typiques, au même titre que les dessins industriels précédant la fabrication en série des objets électromécaniques ou mobiliers. L'essence *du rapport de correspondance* existant entre l'objet et sa représentation épurée, schématique, ramenée à une cotation chiffrée aussi précise que possible, à une certaine échelle de réduction sur la feuille de papier, peut être caractérisée comme une projection idéalisatrice mais *totalisante* de l'objet, dans la mesure où l'intégralité des rapports structuraux de l'objet sont exprimés schématiquement en une formule simplifiée, résumante.

Cette formule idéalisatrice et totalisante de l'objet en est, par nature, l'expression synthétique, fondamentale dans le processus de synthèse informatique des formes bi ou tridimensionnelles. La méthodologie de la *synthèse numérique* par ordinateur suppose toujours le passage par l'étape de la réduction morphologique des surfaces et des volumes à de multiples *paramètres géométrico-arithmétiques*, nécessaires pour aboutir à la modélisation formelle des objets visuels. Les opérations mathématiques destinées à révéler *l'essence logique de la forme* peuvent évidemment demander aussi bien de compliqués et laborieux calculs numériques, par approximation numérique indéfinie, que de plus simples ou élémentaires agencements de segments graphiques cotés, relevant plus de l'esquisse rapide ou de l'essai prévisionnel improvisé, que de la réalisation d'un prototype en tout point achevé et rigoureusement modélisé dans ses moindres détails.

Il s'avère informatiquement indispensable de passer alors par des *langages de programmation* évolués, spécialisés dans le calcul séquentiel de la forme, mais l'étape préalable de représentation schématique demeure le pivot de toute modélisation formelle. S'agit-il d'une caractéristique spécifique de la modélisation informatique appliquée aux arts graphi-

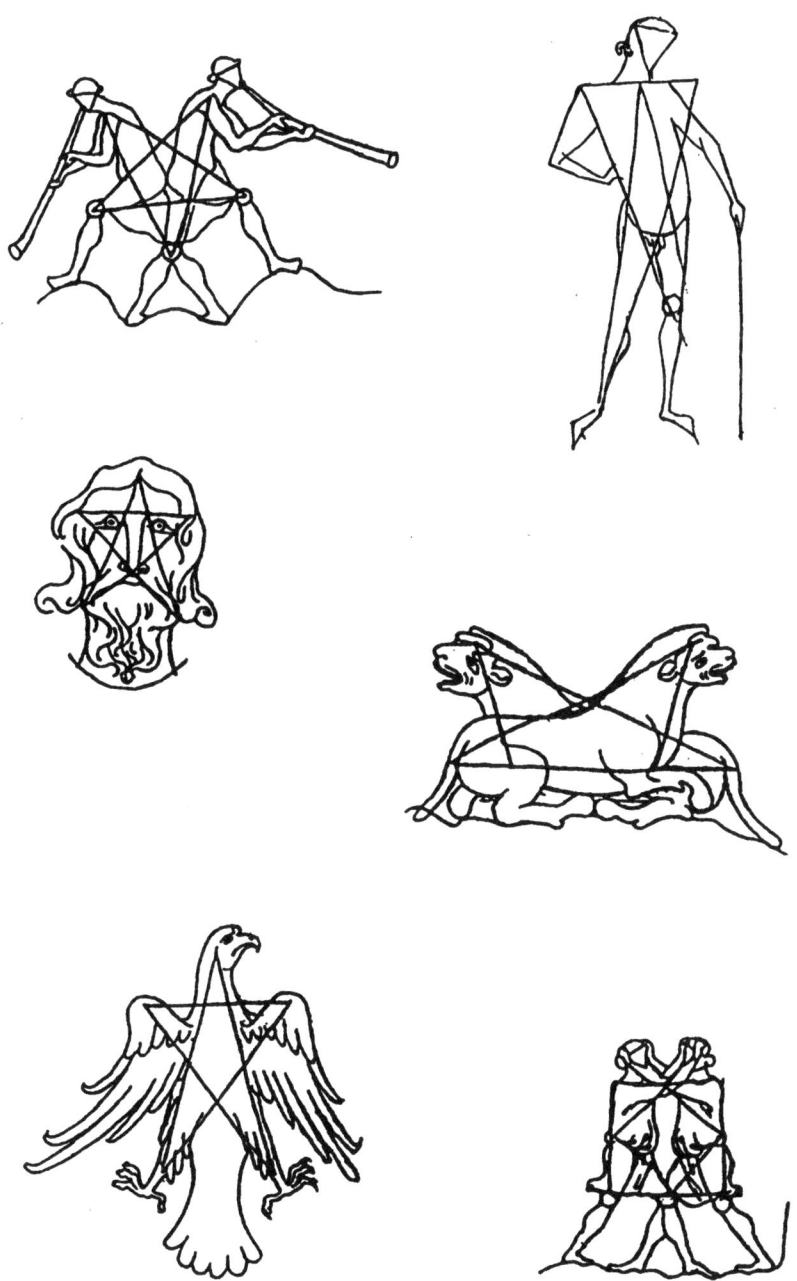

Planche I — Villard de Honnecourt, Recherches harmoniques (XIIIe siècle)

ques ? Certes non, les artistes de toute époque ayant toujours conçu la nécessité de l'indispensable détour par la schématisation et *la mesure des rapports de proportion* entre segments ou entités graphiques. Créer des modèles théoriques de la forme exige souvent, de la part des artistes, une véritable théorie appliquée de la proportionnalité mathématique des grandeurs. Même lorsque le schématisme de la géométrisation demeure très grossier ou très approximatif, à la limite du simplisme caricatural, la préoccupation de la mesure s'affirme avec force pour mieux cerner l'essentiel d'un visage, d'un corps d'homme, de femme ou d'enfant, la silhouette d'un animal, le profil ou la façade d'un bâtiment.

Sans remonter à la préhistoire et aux dessins des grottes de Lascaux (qui n'en démontrent pas moins un souci de proportionnalité géométrique à travers les représentations de corps animaux), il est facile de choisir dans l'histoire des arts plastiques quelques artistes qui furent très soucieux d'adopter des systèmes de mesure de formes en vue de modéliser leur objet graphique. L'un d'entre eux, très représentatif de ce souci durant le Moyen Age, est le dessinateur et architecte VILLARD de HONNECOURT, au XIIIe siècle. Celui-ci pratiqua avec ferveur ce qu'il nommait *« l'art de géométrie »*, c'est-à-dire l'art très rationnel de repérer les critères topographiques essentiels de la structuration d'une figure quelconque, qu'il s'agisse d'un visage vu de face ou de profil, de détails anatomiques, d'un groupe de personnages, de corps d'animaux, de façades et d'ornements d'architecture.

Les manuscrits de VILLARD de HONNECOURT présentent, à cet égard, de solides recherches de tracés régulateurs, scrupuleusement étayés sur des rapports géométrico-arithmétiques capables de stimuler la créativité normée autant que *la mémoire pratique* du dessin et de la construction architecturale. Car ces compositions graphiques avaient un but à la fois esthétique et mnémotechnique : rechercher de justes proportions mathématiques et, simultanément, mémoriser aisément la manière d'en effectuer la synthèse. Autrement dit, VILLARD de HONNECOURT défendait une conception anti-empirique de l'art, par la recherche de modèles universels, rendant leur application pratique, dans chaque cas singulier imaginable, aussi facile que possible pour tout architecte, ouvrier maçon ou artiste dessinateur [cf. planche I].

Les formes qu'il dessine dans les planches de son manuscrit, intitulé précisément *L'art de géométrie*, s'inscrivent à l'intérieur de cercles, de triangles, de pentagrammes étoilés, de rectangles et de carrés, ainsi que leurs combinaisons et intersections réglées par des axes de symétrie et des lignes de partage directionnel variées. Il avait le souci de la partition régulière, méthodiquement arrimée sur l'analyse des lignes de force d'une figure plane. Le sens de l'harmonie rythmique se révèle vigoureusement dans ces tracés qui veulent traduire l'essentiel d'une forme, afin d'en pratiquer *la synthèse* avec sûreté et maîtrise technique. Si la règle et le compas sont suffisants pour démontrer l'harmonie visible des formes dessinées, VILLARD de HONNECOURT n'y a pas recours systématiquement, beaucoup de ses tracés étant effectués visiblement à main levée, par une sorte d'intuition immédiate de l'harmonie géométrique. Certaines figures démontrent plus nettement, cependant, l'utilisation de schémas de subdivisions arithmétiques au moyen de la règle et du compas.

«*L'Art de géométrie*» de VILLARD de HONNECOURT préfigure donc explicitement au XIIIe siècle, sans grande ressource mathématique, ce que peut être le processus de la synthèse de la forme à partir de ses constituants essentiels permettant de la tracer avec maîtrise et de la reconnaître sans ambiguïté. Une figure inscrite dans des structures géométriques régulières devient potentiellement synthétisable au moyen de formes-types simples dont l'assemblage et la combinaison produisent des formes complexes globales qui sont autant de modèles d'une réalité figurative imaginaire. La géométrie appliquée de VILLARD de HONNECOURT suggère déjà l'idée de *primitives de description informationnelle,* telle qu'elle est mise en œuvre dans l'infographie numérique. Un dessin analytique de personnage debout ou de visage frontal, résultant d'un procédé constructif planimétrique, est réducteur d'information esthétique (les multiples particularités qualitatives de la figure) tout autant qu'il s'avère un formidable révélateur de caractères et de signes morphologiques choisis pour leur valeur esthétique fondamentale. La mémoire des formes s'appuie d'abord sur de tels critères essentiels, structuraux, et le calcul des images sur ordinateur procède, principalement, d'une analyse fragmentaire des constituants de la forme. La synthèse de la forme résulte, dans tous les cas, par le passé tout comme aujourd'hui, d'un sens rigoureux de *l'idéalisation abstraite des principes primitifs d'une scène visuelle.*

Nombreux furent les artistes qui, depuis l'époque de VILLARD de HONNECOURT, ont insisté sur l'importance des mesures et des calculs de proportions pour la créativité artistique. Durant la Renaissance, en particulier, les recherches mathématiques sur la construction de l'espace figuré ont fourni des motifs de réflexion et d'expérience plastique très substantiels, souvent étayés sur la pure rationalité des nombres et des figures abstraites de la géométrie euclidienne, mais également souvent mêlés à une symbolique mystique et ésotérique, très éloignée de toute rationalité liée à une recherche de modélisation des formes et des espaces. Car l'étude systématique des tracés régulateurs et des rapports de proportionnalité qui leur sont attachés, ne vise qu'à proposer des représentations idéales de modèles structuraux. L'étude des mesures de l'espace, celle des objets et des corps vivants qui l'occupent, rejoint nécessairement la préoccupation intellectuelle fondamentale en art, de créer des synthèses artificielles de formes inventées par l'esprit créateur.

Or, toute synthèse suppose préalablement des processus analytiques de décomposition en unités élémentaires, aptes à se recombiner en blocs soudés par des liens numériques explicitement formulables. Les rapports spatiaux inhérents à la forme relèvent toujours, avec ou sans l'appui du calcul informatique, d'une mathématique explicitement formalisée ou, sinon, au moins virtuellement, des interrelations morphologiques. Comme d'autre part l'analyse stéréométrique se résout dans le plan en analyse planimétrique, l'art et la science de la synthèse artistique conduisent l'artiste à schématiser l'information esthétique sous son apparence théorique la plus simple, donc la plus efficace au cours de l'entreprise de reconstitution synthétique de l'ensemble de la figure.

Synthétiser la représentation de l'espace tridimensionnel fut la préoccupation scientifique et artistique majeure des artistes renaissants. La géométrie euclidienne fournissait la base de cette synthèse, appelée «*construction légitime*» au XVe siècle, dans la mesure où elle offrait les cadres formels de la position respective des objets dans l'espace réaliste simulé. L'historien Erwin PANOFSKY qualifia cette modélisation synthétique de l'espace du nom d'«espace-système», pour opposer ce type d'espace à celui des peintres du Moyen Age dit «*espace-agrégat*», dont la construction ne manifestait pas le désir d'unification proportionnelle des plans visuels, mais plutôt une intention narrative exprimée par des juxtapositions symboliques de figures religieuses et profanes. BRUNELLESCHI et ALBERTI furent les deux artisans principaux de l'«espace-système» dans l'Italie renaissante du premier quart du XVe siècle, immédiatement relayés dans cette entreprise par d'autres artistes férus de perspective scientifique comme Piero della FRANCESCA, UCCELLO, DONATELLO (dans le domaine de la sculpture) ou, en France par exemple, Jean PÉLERIN VIATOR dont les recherches perspectivistes de la deuxième moitié du XVe siècle aboutirent au premier traité de perspective imprimé, publié à Toul en 1505.

L'histoire des théories et des pratiques de la «*construction légitime*» (c'est-à-dire selon les lois de la géométrie euclidienne) est européenne; elle s'est développée avec de multiples orientations et transformations liées aux artistes et aux pays auxquels ils appartenaient, entre la fin du

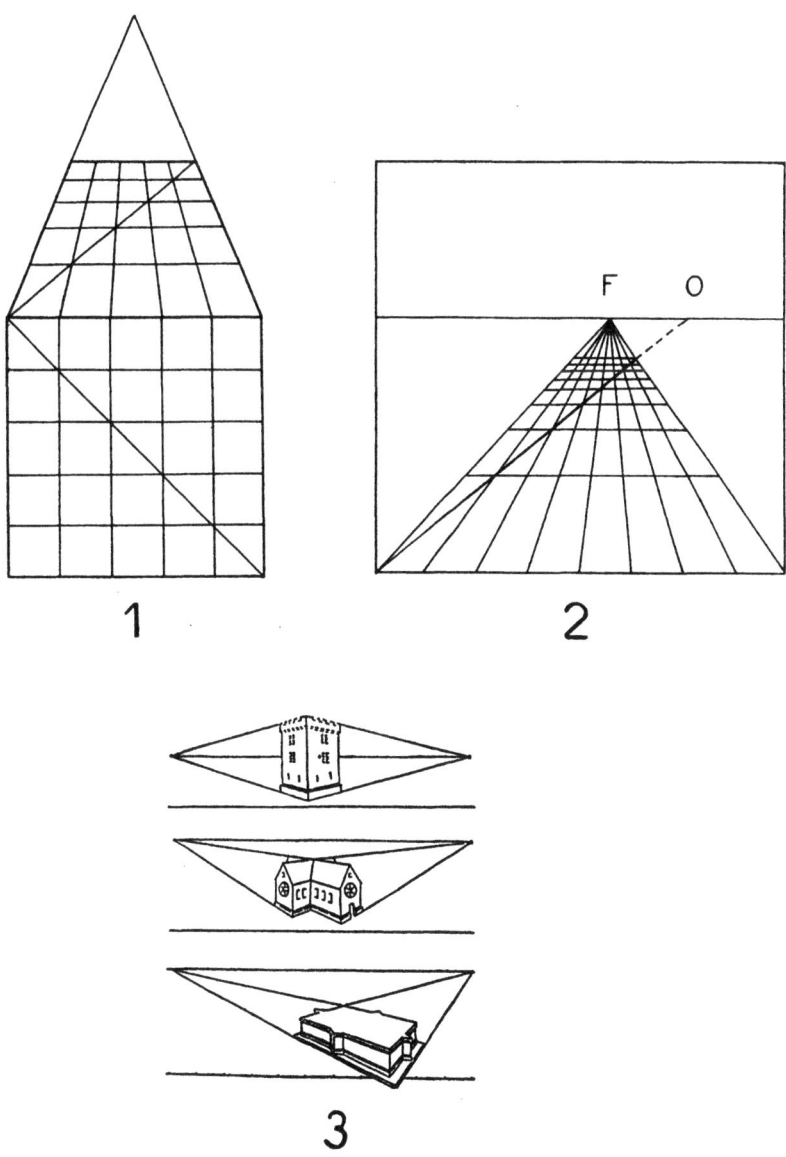

Planche II — 1. Perspective en raccourci d'un carré, d'après Piero della Francesca (xve siècle). 2. Perspective «légitime», selon Alberti (xve siècle). 3. Constructions perspectives selon la méthode bifocale. Jean Pèlerin Viator (1505).

quatorzième siècle et le premier tiers du seizième siècle. Résumons simplement les caractéristiques essentielles de cet espace simulé comme relevant d'une modélisation spatiale fondée sur une théorie des proportions mathématiques. L'espace est conçu par ALBERTI comme un *cube scénographique abstrait*, géométriquement homogène, donc unifié, dans lequel tous les points reliant imaginairement les objets entre eux détiendraient une justification logique mathématiquement rigoureuse. L'espace fictif de la représentation artistique correspond, dans ce système spatial cohérent, à un espace réel qui est celui que l'on peut observer à travers une fenêtre, car le tableau devient «*une fenêtre ouverte sur le monde*», selon la pensée d'ALBERTI et de ses émules, étant conçu d'ailleurs comme le plan idéal qui coupe perpendiculairement la pyramide imaginaire formée par les rayons visuels issus de l'œil du spectateur. Le point de vue est donc forcément monoculaire, afin d'assurer une parfaite cohérence topographique à la scène visuelle simulée sur le tableau.

Rappelons enfin brièvement que la «*construction légitime*» imposait que les lignes droites de l'espace «réel» de référence demeurassent rectilignes sur le tableau, et que les lignes parallèles entre elles concourussent uniformément vers un point de fuite unique situé sur la ligne d'horizon placée à hauteur d'yeux d'un spectateur fictif. Ce point de fuite est mathématiquement situé *à l'infini* : il s'agit là d'une convention d'ordre géométrique, indispensable pour modéliser de façon théoriquement cohérente les relations spatiales existant entre les objets. La simulation de l'espace euclidien passait alors, très généralement, par la construction de carrelages mis en perspective linéaire par rapport au point de fuite principal. La pratique de la perspective linéaire conduisit un religieux et artiste tel que Jean PÉLERIN VIATOR à proposer des espaces synthétiques avec des points de fuite projetés selon *la méthode bifocale*, ainsi qu'à traduire des perspectives angulaires ou plongeantes.

Dans tous les cas, la synthèse artificielle de l'espace (la perspective était d'ailleurs appelée aussi «*perspective artificielle*», pour l'opposer à celle que procure la vision humaine réelle, binoculaire) réalise une systématisation logique de l'image, fondée sur des conventions géométriques diverses selon les époques et les auteurs. La «*construction légitime*» procède d'*algorithmes* rationnels de composition, auxquels préside une théorie mathématique, plus ou moins explicitement affirmée, de la proportionnalité des éléments de l'espace fictif. En cela, elle n'est pas différente dans ses méthodes de celles dont il est fait usage au moyen des logiciels informatiques de création d'images de synthèse tridimensionnelles [cf. planche II].

La définition rationnelle des composants élémentaires de la figure artistique est renforcée dans l'informatique graphique tout autant qu'elle pouvait l'être, également, par Léonard de VINCI, dans ses dessins anatomiques d'animaux et de corps humains. La quête systématique des rapports de proportion représente le travail préliminaire obligé pour toute création artistique puisant ses bases dans la science de la mesure. Léonard de VINCI ne concevait pas l'art pictural sans une rigoureuse modélisation des parties de chaque objet visuel, animaux, bras, pied, jambe ou visage humains, paysages, machines ou édifices d'architecture. Il est à cet égard très révélateur qu'il ait collaboré artistiquement avec le moine et mathématicien pythagoricien Luca PACIOLI, dont fut publié en 1509, à Venise, le traité *De la Divine Proportion* écrit en 1498. Léonard de VINCI créa les illustrations de ce traité tout entier attaché aux applications de la célèbre «section d'or», qui est une recherche de proportions jugées harmonieuses, d'après lesquelles doivent être tracées les formes artistiques, dans les arts graphiques tout comme en architecture.

Le nombre d'or, dont l'expression mathématique est celle désignée par la lettre grecque $\Phi = (1 + \sqrt{5})/2$, est un nombre irrationnel, pouvant entrer en composition dans une infinité de figures planes ou à trois dimensions, ainsi que le montre Luca PACIOLI, aidé artistiquement par Léonard de VINCI qui illustra le traité par des dessins de lettres, de visages, de solides géométriques et d'architecture, mis en conformité avec le nombre d'or. Luca PACIOLI, surnommé, dit-on, «*le moine ivre de beauté*», présente des démonstrations géométrico-arithmétiques souvent empreintes d'un profond mysticisme sous-jacent, alimenté à la plus pure tradition pythagoricienne des nombres régisseurs des lois d'organisation du monde. Pythagorisme mis à part — bien que philosophiquement important — Luca PACIOLI représente la tradition renaissante capitale de la recherche intellectuelle des structures fondamentales, voire fondatrices, du monde visuel traduit par les arts plastiques. Le sens de la mesure y est essentiel, afin de rendre possible la modélisation des phénomènes. Un artiste savant se double nécessairement d'un esthéticien des proportions numériques des figures planes et des volumes. Planimétrie et stéréométrie relèvent toutes deux de l'exigence rationnelle de l'activité géométrique, fondée sur de rigoureux calculs de proportionnalité.

Mais, selon le point de vue religieux et métaphysique du moine franciscain, le géomètre ne fait que redécouvrir par la mathématique les principes supérieurs d'organisation divine du monde. Aussi écrit-il, en préliminaire à la théorie architecturale de son fameux traité : «*Nous parlerons d'abord des proportions de l'homme en ce qui concerne son corps et ses membres, parce que toutes les mesures et leurs dénominations dérivent du corps humain, dans lequel toutes les sortes de proportions et proportionnalités se retrouvent, créées par le doigt du Très Haut, au moyen des lois mystérieuses de la nature»* [cf. planche III].

Nous ne saurions enfin quitter cette première partie du seizième siècle sans évoquer l'exceptionnelle correspondance entre la science de la mesure et l'esthétique figurative, établie magistralement en Allemagne par Albert DÜRER. Cet artiste né en 1471 fut un peintre, un dessinateur et un graveur de premier plan, dont toute la pratique artistique repose sur un enseignement hyper-rigoureux de la théorie de la mesure et des proportions. Deux ouvrages célèbres magnifient cet amour et cet art de la proportionnalité : l'*Instruction sur la manière de mesurer*, daté de 1525, et le *Traité des proportions humaines*, publié en 1528 à Nuremberg, année de sa mort. Ce dernier traité est d'ailleurs indissociable du premier qui en permet une bonne compréhension méthodologique, ainsi qu'il le rappelle lui-même.

Féru de théorie perspectiviste et de science métrologique, qu'il combine de manière complémentaire, DÜRER recherche les *principes logiques essentiels* de l'optimalité morphographique exprimée à travers le dessin, la gravure et la peinture du corps humain. Il travaille en art à la manière d'un géomètre, c'est-à-dire en effectuant de véritables *démonstrations* reposant sur un solide savoir planimétrique et stéréométrique, la stéréométrie revenant d'ailleurs à mesurer et combiner des surfaces planes, sur un plan de projection de dessins cotés. La modélisation des formes passe par une rationalisation des cotes de proportionnalité : l'art se situe aux antipodes de l'instinct expressionniste et du primitivisme gestuel. La règle, le compas, le niveau, sont les instruments indispensables du créateur, ainsi bien sûr que l'arithmétique et la géométrie des rapports de proportion, qui forment la partie logico-symbolique primordiale sur laquelle s'appuie l'art de représenter les formes humaines ou les objets de l'espace tridimensionnel concret, tout comme chez Luca PACIOLI ou Léonard de VINCI.

Mais, à la différence de Luca PACIOLI, Albert DÜRER procède à des observations beaucoup plus réalistes, ancrées dans la nature polymorphe et infiniment variée dans chacun des spécimens qui la composent. L'observation des êtres de la nature demeure pourtant toujours particulière ; or, l'artiste est en quête *du modèle idéal*, capable de *synthétiser* les caractéristiques typiques qui appartiennent à une multiplicité d'êtres différents. Dépeindre un jeune enfant, un jeune homme, un adulte ou un vieillard, ce n'est pas dépeindre tel ou tel être humain singulier, mais au contraire ce qui fait universellement l'enfance, l'adolescence, la maturité

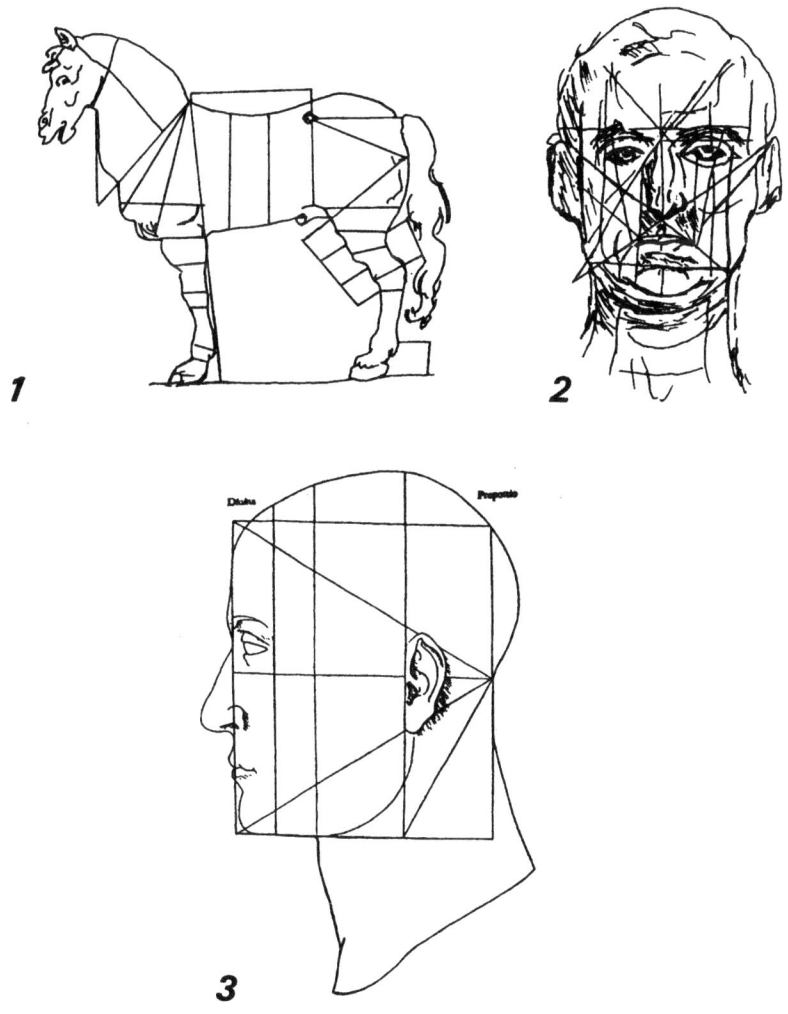

Planche III — 1. Léonard de Vinci (1452-1519). Etude des proportions d'un cheval. 2. Léonard de Vinci. Etude des proportions du visage humain. 3. Luca Pacioli (vers 1445-1514). Recherche du Nombre d'Or dans les proportions du visage (*Divina Proportione*, 1498, publié en 1509).

ou la vieillesse. Les canons de proportion apparaissent, à cet égard, essentiels pour parvenir à cette généralisation morphologique. Certes, la peinture d'un être singulier constitue bien souvent l'intention du peintre portraitiste, mais la singularité participe immanquablement d'une universalité morphologique essentielle qui la transcende et lui donne sens. C'est la raison esthétique pour laquelle DÜRER entreprend de fonder scientifiquement une théorie générale des proportions humaines.

Les exemples offerts par la nature demandent une transposition idéalisatrice, donc, par principe, abstractive. La seule solution artistique demeure donc pour DÜRER dans l'usage méthodique de la mesure et de la démonstration géométrique des bons rapports de formes : «*Il me semble impossible que quelqu'un puisse se dire capable de montrer la meilleure mesure de la figure humaine. Car l'erreur est attachée à notre faculté de connaître et l'obscurité est si solidement établie en nous que, même en cherchant à tâtons, nous errons. Mais celui qui appuie son œuvre sur une démonstration géométrique et montre une vérité bien fondée, tout le monde doit le croire. /.../ Car l'art se trouve véritablement dans la nature : celui qui peut l'en extraire par son dessin, il le possède. Si tu t'en empares, il t'évitera de commettre beaucoup de fautes dans ton œuvre. Et par la géométrie, tu peux appuyer sur une démonstration beaucoup de ce que tu as fait*» (extrait du Livre III du *Traité des proportions humaines*).

Les constructions planimétriques ou stéréométriques de DÜRER prouvent qu'il avait compris toute l'importance de la quantification de l'information morphologique pour la création artistique non rivée à la seule habileté manuelle approximative, ou au seul savoir-faire empirique. DÜRER a pensé avant tout la relation plutôt que l'élémentaire ou la juxtaposition, et ses constructions, souvent chiffrées, démontrent un intérêt demeuré essentiel aujourd'hui en informatique graphique, celui pour *l'articulation fonctionnelle* des segments anatomiques. Certaines de ses planches montrent des corps animés de mouvements articulés de flexion, extension ou rotation, au niveau des bras, des jambes, du tronc, du bassin et du cou. Il adopte, à cet effet, un style graphique très «cubiste», à seule fin de mieux schématiser les mouvements fonctionnels principaux de l'anatomie humaine. Cercles et arcs de cercles, rectangles, carrés, trapèzes, triangles et parallélogrammes, mais aussi des figures tridimensionnelles (cubes, parallélépipèdes, prismes, cylindres, troncs de cônes), servent à ses démonstrations planimétriques ou stéréométriques de l'articulation fonctionnelle des membres corporels.

DÜRER démontre très fréquemment la nécessité de coter les longueurs relatives des segments anatomiques de ses figures du corps humain, afin de réaliser la meilleure composition artistique possible. L'arithmétique corporelle reflète implicitement, selon sa conception religieuse de la nature, l'existence d'un codage numérique inné des formes naturelles, mais il s'agit bien sûr d'une nature «rectifiée», revue et corrigée par les lois de la raison calculatrice. Le travail de modélisation des formes procède invariablement de l'usage de la règle, du compas et, bien sûr, des calculs arithmétiques de grandeurs et d'ouvertures d'angles : ainsi seulement, dit DÜRER dans l'*Instruction sur la manière de mesurer*, l'artiste peut-il «*avoir devant les yeux l'authentique vérité*», et non une connaissance seulement empirique des arts.

Nous sommes par conséquent, eu égard aux écrits théoriques et aux modèles graphiques d'Albert DÜRER, fondés à reconnaître dans son œuvre une véritable philosophie de l'abstraction systématique de l'information esthétique, par le recours aux processus de *linéarisation des formes tridimensionnelles* — ce qui constitue en fait un codage conventionnel des morphologies —, d'*échantillonnage des valeurs cotées* des segments anatomiques, et de *quantification des rapports morphométriques*. Telle est l'essence de la théorie de la mesure, qui apparaît à DÜRER comme une science universelle, et pas seulement applicable aux beaux-arts. Aussi écrit-il dans un texte de présentation de cette théorie, datant de 1512 : «*Une bonne mesure donne une bonne forme, et non seulement en peinture, mais aussi pour toutes les autres œuvres de valeur qui peuvent être produites*».

En effet, dans ce même court manuscrit de 1512, DÜRER exprime l'idée selon laquelle «*l'utile fait partie de la beauté*», généralisant sa théorie de la mesure à diverses professions artisanales, dont les beaux-arts font implicitement partie à cette époque. Il est indispensable à quiconque désire étudier les proportions de connaître les méthodes métrologiques, ainsi que de savoir représenter tout volume selon son dessin géométral dans le plan et en élévation, «*selon la méthode que les tailleurs de pierre pratiquent tous les jours*», précise-t-il dans la dédicace du *Traité des proportions humaines* de 1528.

L'art de la mesure est d'ailleurs praticable dans le cadre de diverses activités artisanales autres que celle des tailleurs de pierre : outre les peintres et les dessinateurs, elle est utile aux sculpteurs, aux orfèvres, aux menuisiers, aux charpentiers, «et à tous ceux qui se servent de la mesure» (dédicace de l'*Instruction sur la manière de mesurer*), c'est-à-dire par exemple les architectes, les jardiniers-paysagistes, les tailleurs de vêtements, les potiers, etc., et — ce qui représente une anticipation sociologique à l'époque de DÜRER — les praticiens de *l'anthropométrie* biomédicale ou judiciaire. DÜRER n'a-t-il pas d'ailleurs lui-même pratiqué l'anthropométrie artistique tout au long du développement de son œuvre, et ses dessins de *déformations géométriques systématiques* de visages humains, selon des grilles de compression et d'étirement des traits du visage, ne proposent-ils pas une véritable modélisation des types morphologiques que l'on peut rencontrer dans la réalité ? Il s'agit là d'un exemple d'exploitation très intéressant quant à sa portée scientifique, de la théorie de la proportionnalité [cf. planche IV].

En préfiguration des méthodes et des concepts propres à l'informatique graphique, les évocations historiques qui ont été analysées n'ont d'autre signification que d'établir une espèce de continuité artistique et intellectuelle dans ce qui fait l'étape essentielle de la création synthétique digitale : *la modélisation de l'information esthétique*. Créer rationnellement une image figurative ou abstraite, aussi simple ou complexe soit-elle, requiert d'abord d'effectuer un repérage systématique et régulier (*échantillonnage*) de mesures significatives sur des écarts, des distances, des longueurs relatives, des rapports topologiques pertinents (*sélection et quantification de l'information*). Le *codage final* de cette information morphologique consiste alors dans le processus de linéarisation planimétrique ou stéréométrique des formes tridimensionnelles imaginées par l'artiste : c'est l'étape de la visualisation du modèle. On ne procède globalement pas autrement en création d'images sur ordinateur.

2.2. Principes et langages de modélisation

Le but essentiel de la création de modèles infographiques consiste à déterminer sans ambiguïté les rapports morphographiques caractéristiques qui définissent *la représentation* d'une forme en trois dimensions dans le plan, et donc en premier lieu sur un écran vidéographique relié à un système de gestion de l'information numérisée. L'infographiste manipule toujours des nombres représentatifs des formes visualisables sur l'écran ou sur un support terminal d'impression, par l'intermédiaire d'une imprimante à encre ou à laser, dans la plupart des cas. Toute information morphographique se ramène donc inexorablement à *des séquences groupées de bits 0/1* mises en mémoire d'ordinateur, et par conséquent indéfiniment retraitables à volonté au moyen du clavier alphanumérique de codage des données.

Au regard de la matrice numérique binaire physiquement homogène, résultant du codage informatique, la représentation modélisante résulte, quant à elle, de l'utilisation d'un *langage de description des formes* qui peut être de deux natures distinctes bien que complémentaires au plan

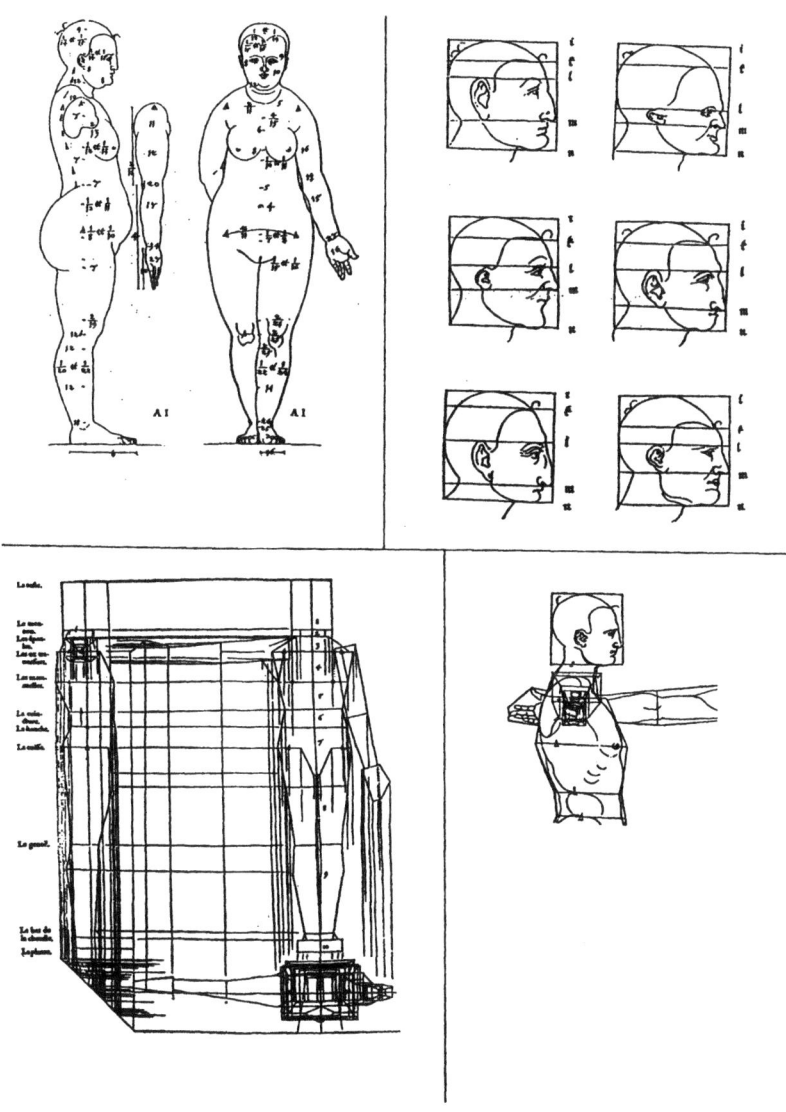

Planche IV — Albert Dürer. Etudes de proportions anatomiques (vers 1525-1528).

informationnel. D'une part, les objets peuvent être décrits et représentés par l'intermédiaire *d'équations mathématiques* plus ou moins complexes, rendant possible une simulation visuelle précise ou approximative, selon le niveau de complexité des formes à décrire. Il s'agit d'équations paramétriques de profils, de surfaces, de volumes, permettant éventuellement d'animer les formes décrites.

D'autre part, si les formes à décrire ne se moulent pas facilement à l'intérieur d'un modèle équationnel déjà expérimenté, elles seront alors décrites par l'intermédiaire de *modèles topologiques* par lesquels les points géométriques de leurs surfaces seront précisément définis dans un système orthonormé de coordonnées bi- ou tridimensionnelles. Les points géométriques reliés entre eux constituent l'image de l'objet *en une structure dite «filaire»*, c'est-à-dire «en fil de fer», seule l'ossature linéaire et les facettes géométriques élémentaires résultant de l'analyse topologique de l'objet étant représentées. Ces facettes géométriques sont généralement des polygones, des carrés, des triangles, des cercles ou des quartiers de cercles, pyramides, des cylindres, des cônes, des sphères, des cubes, ou toute figure géométrique bi- ou tridimensionnelle appropiée, définie de manière *ad hoc*. En langage infographique, ce sont *des «primitives de description»*.

Le langage du formalisme mathématique et celui des primitives topologiques de description se rejoignent par le recours aux *entités géométrico-algébriques* programmées que forment les équations de définition des points, des lignes droites ou brisées, des cercles et arcs de cercles ainsi que des surfaces de révolution. Les équations paramétriques jouent le rôle de *modèles générateurs de formes élémentaires* : c'est pourquoi la modélisation infographique demeure invariablement sous-tendue par une science typologique des familles d'entités géométriques et algébriques. L'art de la simulation tridimensionnelle suppose une rationalisation exigeante de la logique de l'organisation des formes, passant par les rets du langage formel de la topologie mathématique. La technoscience affirme par cette exigence logique mise au service de l'art, sa continuité novatrice vis-à-vis des procédés artistiques traditionnels dont les artistes européens des XVe et XVIe siècles présentèrent d'admirables exemples de rigueur formelle.

a. Modélisation par équations mathématiques

Il importe de comprendre avant tout que la technoscience des images de synthèse n'est en rien étrangère aux préoccupations esthétiques des peintres «naturalistes» ou «abstraits» des époques antérieures. Ce sont plutôt les méthodes, les moyens artificiels et leurs possibilités qualitatives qui offrent de nouvelles et originales perspectives. Les logiciels infographiques ne représentent, somme toute, qu'*une systématisation, digitalisée et programmée*, des questions de mesure et de modélisation graphique formulées par les artistes. A ce titre, le langage de la géométrie et de l'arithmétique est traduit en un langage mathématique fonctionnel exprimé par *un programme de calcul*. Le langage programmatique constitue donc un métalangage servant de filtre traducteur du langage formel de la mathématique.

S'ajoutent, bien entendu, les facteurs de rapidité de calcul et surtout de *puissance de mémorisation de l'information*, car plus la capacité quantitative de mémorisation est grande, plus les performances technologiques du traitement esthétique de cette information sont elles-mêmes variées, douées de plasticité graphique. En ce domaine, le quantitatif rétroagit sur le qualitatif, contrairement à l'opinion courante selon laquelle quantitatif et qualitatif n'auraient pas de passerelle de communication entre eux. L'universalité du codage binaire de l'information apparaît, en l'occurrence, non comme un frein ou une inhibition vis-à-vis de la culture artistique, mais au contraire comme un véritable facteur d'accroissement et de diversification de l'imagination esthétique.

L'infographie numérique est en droit de revendiquer, par l'intermédiaire du langage mathématique programmé, *une modélisation des formes de la nature ou de l'artificialité industrielle ou artisanale*, au même titre que les artistes de la Renaissance par exemple. Les peintres classiques prônaient «*l'imitation de la nature*», grâce au respect des lois de la perspective euclidienne et grâce à l'étude rationnelle des canons de proportionnalité, inclus selon certains dans les structures du monde créé par la providence divine. Afin d'exemplifier très simplement cette idéologie esthético-métaphysique de l'imitation de la nature dans la peinture classique, pour *la transposer dans le champ de l'infographie réaliste*, nous nous servirons d'un modèle de forme particulier, qui en vaut un autre, mais qui symbolise dans sa limpide simplicité *apparente*, toute la complexité logique et esthétique du problème de l'expression des formes naturelles et de leur modélisation infographique. Cet exemple, connu de tous et choisi également pour ce motif, c'est *la forme ovoïde représentée par l'œuf*.

Le motif plastique de l'œuf fut le sujet de prédilection de nombreux peintres et sculpteurs de toute époque (BOSCH, KLEE, MIRO, ARP, DALI, etc.), à cause de sa symbolique biogénétique autant que pour le sens proprement génésiaque qu'il représente, l'œuf symbolisant la genèse primitive du monde aussi bien que de tout être humain ou animal, avec toutes les connotations métaphysiques et religieuses s'y rattachant. L'architecte André BRUYÈRE lui a même consacré un projet d'architecture ovoïde pour New York, en 1978, car, dit-il, «*l'œuf est une sphère enfin déformée par l'intelligence*» (A. BRUYÈRE, *L'œuf*, éd. Albin Michel, 1978, p. 47). Mais peindre ou sculpter l'œuf constitue également une sorte de défi plastique pour l'artiste : il s'agit d'un objet *qui se dérobe partiellement* à toute simulation visuelle exhaustive, car sa forme excessivement simple recèle en réalité une forte complexité analytique. Selon les angles de vision adoptés, l'œuf change d'aspect. Mille photographies différentes d'un seul œuf, éclairé sous un angle précis et avec une qualité de lumière particulière, ne sauraient épuiser ce phénomène visuel très riche et varié qu'est la forme ovoïde considérée dans ses rapports à son environnement. L'œuf matérialise une authentique énigme esthétique, sans qu'il soit besoin de rechercher des sujets plus extraordinaires ou inhabituels. Seule l'inattention coutumière aux choses de notre environnement nous cache d'ailleurs généralement l'étrangeté esthétique des objets quotidiens [cf. planche V].

La matière calcique finement granuleuse de la coquille et le contour fuyant sous l'atteinte de la lumière, rendent l'œuf visuellement imprécis et flou quant à sa «vraie» forme géométrique, idéalement imaginée comme une ellipse aplatie aux extrémités. L'intuition perceptive est toujours une sorte de prédation généralisante de la forme, mais les variations d'éclairage de l'objet ovoïde autant que les variations de perspective sur lui, empêchent toute catégorisation nette et tranchée de cette sorte d'immatérialité plastique qui le caractérise. Ainsi, vu de dessous, c'est-à-dire par son pôle aplati, l'œuf peut-il apparaître comme une quasi-sphère, et, vu par son pôle le plus effilé, comme une sorte de cône arrondi. Le précepte artistique classique de *l'imitation de la nature* n'est donc pas aisé à appliquer! Mais l'infographie devra tenter de «mettre à plat», par *une représentation planimétrique* précisément, ce volume si difficile à décrire.

Le meilleur moyen pour y parvenir sera le passage par *un modèle mathématique programmé*, appuyé sur un raisonnement géométrique destiné à approximer au mieux la forme ovoïde. Un premier modèle théorique de la forme ovoïde ramenée à une projection plane, consiste à concevoir schématiquement l'œuf *comme un profil elliptique ordinaire*, bien que très approximatif par rapport à la réalité. Il s'agit, en somme, de l'œuf conçu selon une coupe transversale *à peu près elliptique mais déformée aux pôles*, les rayons de courbure des pôles étant différents l'un de l'autre (un pôle légèrement élongé, et l'autre plus aplati). Le modèle

Planche V — *L'œuf*, 10 × 15 cm. Photographie de l'auteur.

préliminaire d'approximation mathématique de la forme ovoïde demeure, en tout cas, défini par l'équation canonique de l'ellipse tracée dans un repère orthonormé. Deux définitions algébriques *strictement équivalentes* de l'ellipse peuvent être proposées, toutes les deux référencées à un repère cartésien orthonormé.

Une première définition caractérise l'ellipse comme l'ensemble E des points du plan orthonormé, dans lequel l'équation cartésienne de E s'écrit :

$$(x^2/a^2) + (y^2/b^2) - 1 = 0$$

où *a* et *b* sont deux réels positifs non nuls. Le centre de symétrie de l'ellipse correspond à l'origine des axes orthonormés.

Une seconde définition géométrique plus intuitive peut être celle rapportant l'ellipse à un repère orthonormé de dimension 1 x 1 (un carré de n'importe quelle dimension), *le grand axe* de symétrie de l'ellipse, gradué de 0 à 1, étant exactement coupé orthogonalement en son centre par *le petit axe* de symétrie de l'ellipse, gradué de 0 à +0,5 et de 0 à -0,5 (on définit ainsi des valeurs positives et des valeurs négatives de l'ordonnée de l'ellipse, de part et d'autre de son grand axe de symétrie). Brièvement résumé, le grand axe ou axe focal puisqu'il porte les deux foyers de l'ellipse, sera désigné comme «l'axe X» des abscisses, et le petit axe de l'ellipse comme «l'axe Y» des ordonnées. A l'intérieur de ce cadre géométrique classique, l'équation canonique de l'ellipse devient :

$$Y = \pm b \sqrt{[0,25 - (x - 0,5)^2]}$$

Dans cette expression, $\pm b$ est une valeur numérique décimale comprise entre 0 et 1, tandis que *x* adopte toutes les valeurs réelles de 0 à 1 inclus. Les valeurs simultanément positives et négatives de *b* multiplient la racine carrée (symbole $\sqrt{}$ de l'expression algébrique ci-dessus) de toute l'expression entre crochets. Si le petit diamètre de l'ellipse valait exactement 1, il s'agirait évidemment non plus d'une ellipse mais d'un cercle parfait [cf. planche VI].

Mais ce modèle elliptique est beaucoup trop grossier pour approximer une forme ovoïde, qui est le but infographique recherché. Il n'est bien qu'un *modèle préliminaire*, formulé en langage algébrique, et par conséquent un tremplin logique affinable, en vue d'une meilleure modélisation formelle. La modélisation informationnelle implique souvent une succession d'étapes conceptuelles concourant vers la solution morphographique optimale. Par conséquent, le raisonnement prendra appui sur le fait qu'une forme ovoïde planimétrique est seulement «*d'une certaine ma-*

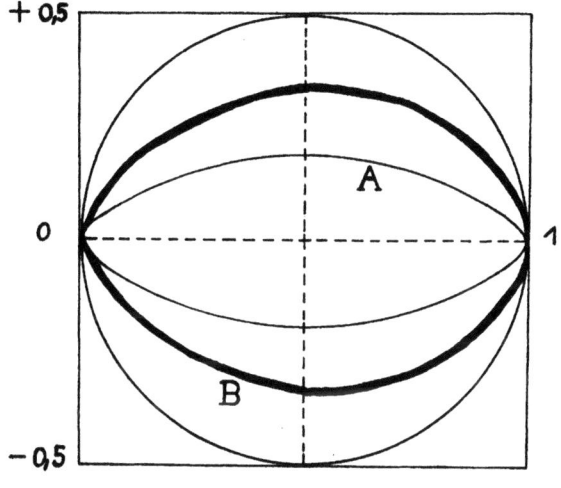

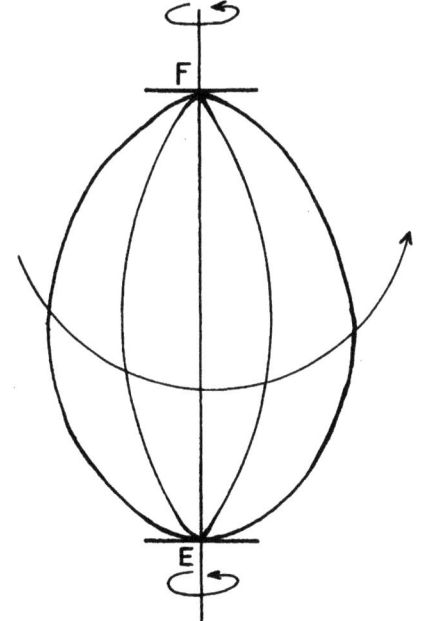

Planche VI — *En haut* : Transformation graphique du cercle en ellipse effilée (A) et en œuf ovale moyen (B). *En bas* : L'œuf mathématique modélisé comme solide de révolution dont les profils imaginaires tournent autour de l'axe de révolution EF.

nière», partiellement, une ellipse, mais qu'elle n'en demeure pas moins très différente mathématiquement d'une véritable ellipse. L'ellipse ne fournit qu'une forme-type de base, non la solution recherchée, et l'équation canonique de l'ellipse devra être partiellement modifiée afin d'en conserver la structure d'ensemble, mais aussi afin de la transformer géométriquement pour qu'elle devienne plus adéquate à la forme ovoïde.

La seconde étape de la modélisation conceptuelle de l'œuf *théorique* consistera à passer de la définition classique de l'ellipse (caractérisant *l'infinité potentielle* des ellipses contenues dans leur définition universelle) à la définition de courbes mathématiques appelées « *ovales de DESCARTES* », qui approchent les différentes variétés de formes ovoïdes (DESCARTES étant parvenu à cette question géométrique en 1637, par l'intermédiaire de l'étude des lentilles sphériques utilisées en optique).

Dans le cas de l'ellipse, si l'on appelle P le point courant de la courbe elliptique, ainsi que A et B les deux foyers fixes de cette ellipse, quelle que soit la position du point P sur la courbe, la relation numérique PA + PB demeure invariablement égale à un nombre constant. Dans le cas des ovales de DESCARTES, il faut prendre en compte un ou deux *coefficients multiplicatifs* supplémentaires, affectant soit l'une des deux distances PA et PB, seulement, soit les deux. Ainsi, les ovales de DESCARTES pourront être du type 3PA + PB = un nombre constant, ou 2PA + 5PB = un nombre constant, et ainsi de suite, tous les coefficients multiplicateurs étant envisageables. Le principe en lui-même est simple, mais plus difficile à modéliser algébriquement, dans chaque cas singulier.

Les ovales de DESCARTES ne fournissent cependant que des approximations encore grossières de la forme ovoïde recherchée. L'œuf est un objet plus complexe qu'une ovale de DESCARTES, c'est pourquoi il convient de passer au troisième stade de la recherche conceptuelle du modèle géométrique qui servira de base pour la modélisation infographique des principales variétés d'œufs d'oiseaux (les ornithologues en distinguent au moins douze variétés regroupées en *quatre classes* : quasi elliptique, ovale, ovale pointu, piriforme, avec, dans chaque classe, les trois critères : court, moyen, long). Car, en l'occurrence, la modélisation algébrique et géométrique détient une *portée typologique*, permettant, comme pour toute modélisation formelle, de cerner une multiplicité de cas analogues mais individuellement différents. Modéliser, c'est nécessairement généraliser et catégoriser ; les processus logiques de l'infographie numérique renforcent ces exigences de la pensée rationnelle, qui sont à l'œuvre aussi bien dans les sciences que dans les arts.

La troisième étape de la modélisation de la forme ovoïde consiste à passer de l'ovale de DESCARTES à *l'hyperellipse* à trois foyers : si A, B et C représentent trois foyers alignés dans le plan, et si P représente le point courant de la courbe, l'hyperellipse est définie géométriquement par la somme invariable : PA + PB + PC = un nombre constant. Selon certaines modélisations tridimensionnelles de l'œuf de poule moyen, *le solide de révolution* obtenu par rotation complète d'une hyperellipse autour de l'axe d'alignement des foyers, est relativement proche de la forme ovoïde en question. Mais un réalisme visuel encore supérieur est définissable mathématiquement à partir de *la modification de l'équation canonique de l'ellipse*. Il s'agit de la quatrième étape de modélisation logique de la forme ovoïde, qui se rapproche le plus de la précédente, mais la dépasse aussi amplement, par son caractère réaliste et généralisateur ou *typologique*.

Partant de l'équation canonique de l'ellipse, précédemment exposée sous sa forme géométrique référencée à un repère orthonormé de dimension 1 x 1 :

$$Y = \pm b \sqrt{[0{,}25 - (x - 0{,}5)^2]}$$

(*b* compris entre 0 et 1, *x* compris entre 0 et 1 inclus)

une équation mathématique dérivée de la précédente permet d'obtenir une tranformation ovoïde de l'ellipse :

$$Y' = \pm b \sqrt{[0{,}25 - (x^d - 0{,}5)^2]}$$

(l'exposant *d*, supérieur à 1, est entier ou fractionnaire).

Si d = 1, il s'agit bien sûr de l'ellipse ; mais pour n'importe quelle valeur numérique de d supérieure à 1, on obtient une infinie variété de profils ovoïdes (forme en galet, en figue, en œuf ovale quasi elliptique, en ovale moyen, en ovale pointu ou piriforme, etc.). En jouant à la fois *sur les paramètres b et d* de l'équation Y', une infinité de courbes très diverses sont engendrées par calcul informatique des points définissant les profils de la famille illimitée des ovales, avec leurs rayons de courbure infiniment variés.

Afin, par exemple, d'obtenir un profil d'œuf ovale allongé, dont les contours respectent la tendance vers une forme elliptique moyenne, présentant un léger effilement au pôle 0 et une compression modérée au pôle 1, une combinaison des paramètres b = 0,7 et d = 1,4 engendre une excellente approximation de l'œuf de poule moyen [cf. planche VI]. *La fonction Y' représente la génératrice morphographique de la forme ovoïde* que l'on se propose de modéliser. Formulée dans son langage algébrique, elle constitue donc le modèle mathématique le plus adéquat de l'œuf.

L'opération de modélisation mathématique s'effectue par un exercice comparatif entre la perception brute du réel et sa transposition formelle par approximations successives, exprimées en un langage algébrique qui va ensuite pouvoir être codé informatiquement en langage binaire dans la mémoire vive de l'ordinateur. La suite n'est qu'une affaire de calcul séquentiel en deux ou en trois dimensions. Avant de «peindre» réalistement ou abstraitement la surface de la forme, au moyen de la palette chromatique électronique, la modélisation mathématique s'astreint à penser la forme *dans son essence logique*, et ce travail conceptuel préparatoire n'est guère différent, par nature, de celui qu'effectuaient les artistes traditionnels, soucieux de la synthèse formelle des figures qu'ils traçaient avant de les peindre. DÜRER ou Léonard de VINCI voulaient aussi amener au jour l'essence de la forme naturelle, au moyen de tracés géométriques et de calculs de proportions.

Cependant, il ne s'agit que d'une première phase de la modélisation, qui doit être complétée par d'autres procédés géométriques plus fins, s'agissant d'exprimer infographiquement le rendu surfacique tridimensionnel des objets.

b. *Primitives, Surfaces gauches et Solides de révolution*

La méthode de raisonnement, visant à déterminer *par des procédés géométriques et analytiques*, une ou plusieurs équations paramétriques destinées à décrire un objet pour le coder dans la mémoire d'un ordinateur graphique, peut souvent être évitée grâce à l'adoption de méthodes informatiques *plus empiriques*. Par exemple, en ce qui concerne la forme ovoïde étudiée dans le paragraphe précédent, il eût été possible, tout d'abord, de partir d'une photographie en noir et blanc ou en couleurs d'un œuf réel choisi comme modèle physique particulier, censé représenter la forme ovoïde par excellence (la forme «en soi», disent les philosophes), ce qui ne dépend que d'un jugement subjectif d'appréciation.

La photographie «standardisée» (une vue de face sans déformation perspective) de cette forme matérielle aurait servi de base pour définir ses propriétés géométriques *après numérisation des contours de l'objet représenté* au moyen d'un scanner. Une fois digitalisée, la forme ovoïde aurait donné lieu à des mesures précises effectuées par le système de calcul de l'ordinateur : rapport de la longueur du grand axe sur celle du petit axe, calcul des rayons de courbure du pôle aplati et du pôle effilé, échantillonnage numérique de multiples écartements entre points symétriques du contour de part et d'autre du grand axe, puis *interpolation* des valeurs numériques des autres points non directement calculés sur la représentation numérisée de la photographie. Le calculateur ne fournit, de toute façon, que des *valeurs discrètes* de la forme, puisqu'il travaille *sur le mode discontinu*, et doit donc procéder partiellement par interpolation. *Les transpositions graphiques* de l'objet primitivement représenté en matrice numérique peuvent ensuite respecter ou non *l'échelle relative* qui assure la cohésion géométrique de ses parties.

La forme ovoïde définie numériquement après le codage digital de l'image photographique fait donc coexister deux modèles de types différents : le modèle réel, qui correspond, en l'occurrence, à ce que les peintres classiques nomment précisément le modèle naturel brut, celui qui sert de référence visuelle directe pour l'expression picturale, et le modèle digitalisé qui constitue une *traduction informationnelle* du premier. D'ailleurs, la saisie infographique par scannérisation peut également s'effectuer non seulement pour les contours caractéristiques de l'objet, mais aussi par l'analyse échantillonnée des dégradés de gris, si l'image d'origine est en noir et blanc, ou celle des nuances chromatiques si elle est en couleurs. Les systèmes d'analyse en RVB (rouge, vert, bleu) disposent généralement de huit bits par couleur de base, chaque point échantillonné étant alors défini chromatiquement au moyen de 3 x 8 bits, ou plus si le système est plus fin. Si l'image est monochromatique, on dispose de 256 nuances de gris pour un analyseur à huit bits par point, ou de 1 024 nuances dans le cas d'un analyseur doté de dix bits par point d'image, ce qui procure une meilleure définition des dégradés de luminosité, plus conforme à la finesse de la sensibilité visuelle.

Un autre système de saisie, encore plus direct, par caméra numérique interposée, aurait également permis de stocker l'objet réel sous forme de tableau de nombres dans les registres de mémoire de l'ordinateur. Les caméras à écran numérique («écran CCD») effectuent directement la transposition de l'image lumineuse en informations électroniques binaires, enregistrables séquentiellement dans les mémoires de masse de tout système de traitement informatique. On crée ainsi des bibliothèques d'images pouvant être restituées et modifiées à tout moment lors de la création d'une image de synthèse composite. Une grande variété de formes ovoïdes enregistrées *«d'après nature»* eût été, par ce moyen, susceptible d'alimenter la création synthétique de ce type de formes visuelles. Il faut, également, souligner que la diffusion commerciale des *appareils photographiques électromagnétiques ou entièrement numériques*, met à la disposition de chacun la possibilité de constituer des bibliothèques d'images digitales sur disquettes ou sur disques optiques-numériques, indéfiniment transformables par les systèmes d'analyse digitale des informations morphographiques primitivement enregistrées.

Bref, si l'on souhaite faire l'économie de la modélisation mathématique *a priori* d'une forme existante mais cependant variable selon les nombreuses individualités qu'elle présente (le cas de l'œuf est à cet égard typique), la numérisation *a posteriori* d'un certain nombre d'individus exemplaires, représentatifs de cette forme-type, peut alors tenir lieu de modélisation dans les cadres du langage binaire des ordinateurs.

La synthèse proprement dite d'images 2D ou 3D, fixes ou animées, consiste cependant avant tout dans l'invention *intégralement calculée* de scènes et d'objets *virtuels*, au sein d'une construction spatiale géométriquement cohérente. Les temps de calcul de telles images (ainsi que leur conception préalable) peuvent se révéler très longs : plusieurs heures, éventuellement, pour une image de synthèse 3D complexe, requérant plusieurs dizaines ou centaines de millions d'opérations arithmétiques successives affectées au calcul des pixels trichromatiques de l'écran vidéo, même s'il est vrai que la rapidité des calculateurs ne cesse de s'accroître avec l'évolution des technologies informatiques, augmentant considérablement le nombre d'opérations par seconde (certains *supercalculateurs scientifiques*, fonctionnant «en parallèle», exécutent un ou plusieurs milliards d'opérations à la seconde).

Avant l'exécution de ces calculs arithmétiques, la modélisation théorique des scènes et objets virtuels réclame préalablement un long travail conceptuel, fondé sur la définition des types de lignes, de surfaces et de volumes que l'on désire mettre en jeu. Il s'agit d'établir, en somme, la *«grammaire»* basique de la forme. L'objet virtuel étant défini au moyen de *primitives de description géométriques*, on peut distinguer deux sortes d'éventualités : soit les courbes et surfaces, spécifiques de l'objet imaginé, sont *entièrement définies par des équations algébriques concrètement paramétrées* (on parle alors de courbes et de surfaces *réglées* ou *canoniques*, car leurs lois de construction sont précisément connues), soit elles ne possèdent pas de définition mathématique connue exactement, mais seulement *par approximations mathématiques successives*, nécessitant des expérimentations informatiques plus ou moins nombreuses. Il s'agit alors de courbes et de surfaces *gauches*, mettant en jeu des algorithmes d'approximation indéfinie, amplement suffisants pour définir les contours surfaciques de l'objet virtuel.

Revenons à l'exemple de l'œuf algébrique défini par la fonction générique $Y' = \pm b \sqrt{[0,25 - (x^d - 0,5)^2]}$. Cette fonction générique définit une infinité d'ovales potentielles ; elle est entièrement paramétrée, et peut être

SYNTHÈSE ICONIQUE. MODÉLISATION. SIMULATION 67

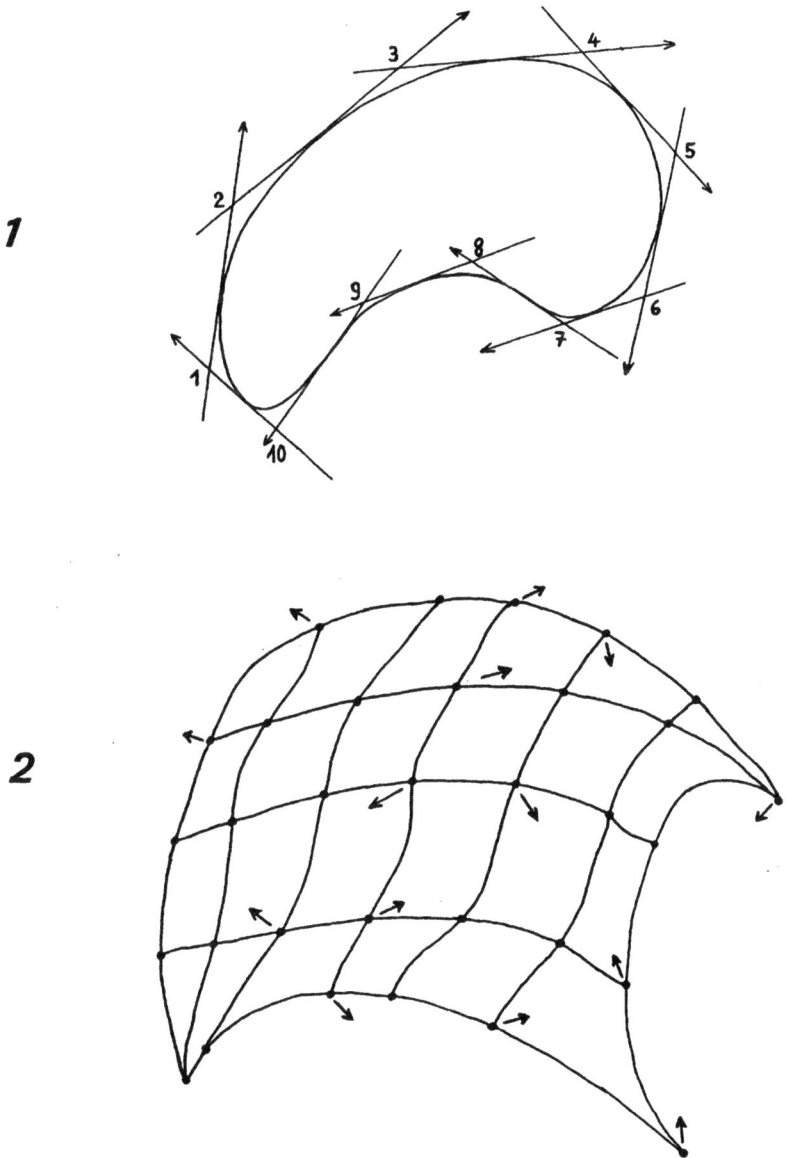

Planche VII — 1. Modélisation d'une courbe gauche par une courbe à pôles (numérotés 1 à 10) définie par une suite de vecteurs. 2. Modélisation d'une surface gauche par un carroyage dont les pôles étirent ou compriment les mailles élémentaires.

tracée facilement au moyen d'un programme itératif de tracé de courbes, ou même, aidé d'une calculatrice, à la main avec un peu de patience. On sait parfaitement définir, également, *la surface du solide de révolution* engendré à partir de cette courbe : il s'agit d'une intégrale, déduite de l'équation paramétrique du profil de la forme ovoïde, dont le calcul itératif ne dépend que de simples opérations trigonométriques et algébriques.

Par conséquent, la fonction générique définit à la fois une courbe et une surface de révolution canoniques. Il ne reste qu'à déterminer expérimentalement les valeurs concrètes des paramètres b et d de l'équation mathématique, pour décrire la forme à l'intérieur des cadres artificiels d'un repère orthonormé. La forme ovoïde, *dont le profil tourne autour du grand axe de symétrie* (c'est *l'axe de révolution*), va ainsi pouvoir être *modulée* à l'intérieur de son contour général, typique du profil choisi : par exemple, celui d'un banal œuf de poule moyennement élongé, avec pour valeurs paramétriques de base $b = 0,7$ et $d = 1,4$ (d'autres choix jugés plus adéquats expérimentalement étant permis). Cette modulation des lignes surfaciques détermine des *sections courbes* (ou des coupes) régulièrement espacées, qui rendront possible, par la suite, un étalement progressif des valeurs d'ombre et de lumière sur la surface du solide de révolution virtuel. Pour obtenir les sections courbes de la surface de révolution ovoïde, il suffira de faire varier ensemble peu à peu, dans des proportions numériques appropiées, la valeur de l'exposant d à partir de $d = 1,4$ et celle du facteur b à partir de $b = 0,7$. C'est le programme de tracé de courbes qui se chargera mécaniquement de cette séquence d'opérations [cf. planche VI].

Les sections courbes géométriquement définies peuvent être considérées comme une première catégorie de *primitives de description*, sans lesquelles l'œuf mathématique ne serait jamais qu'une surface plane neutre et sans relief, uniquement présentée avec son contour abstrait. Devenant une surface de révolution, cet objet géométrique s'étoffe graphiquement pour *simuler un véritable volume* qu'il restera bien entendu à ombrer en fonction d'une source de lumière fictive. Le cas des courbes et surfaces gauches est plus délicat à traiter infographiquement, dans la mesure où n'existe aucun logiciel de courbes simples, précisément définies et paramétrées, permettant de résoudre le problème de modélisation. Les surfaces gauches sont souvent cernées par *des courbes à pôles* dont les orientations dépendent de *vecteurs* servant à *approximer* le trajet de courbure [cf. planche VII].

Pour un ordinateur, il n'est pas difficile, en effet, de tracer des vecteurs discontinus orientés selon des angles variant de 0 à 360 degrés dans

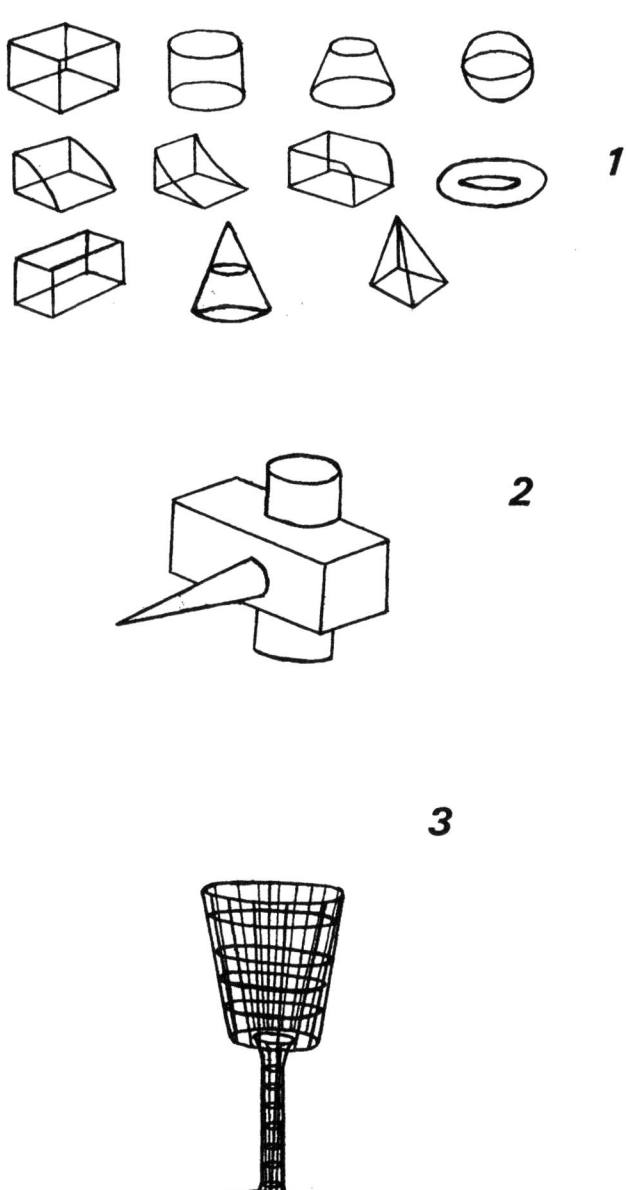

Planche VIII — 1. Quelques modèles de primitives 3D. 2. CSG : «Constructive Solid Geometry». Combinaisons booléennes de primitives. 3. Modélisation 3D filaire d'un verre.

l'espace circulaire bidimensionnel, puis *d'interpoler des segments de courbes* entre les extrémités de chaque vecteur. Les courbes, évidemment, sont en fait de mini-segments de droite additionnés qui simulent parfaitement, « au pixel près », l'effet de courbure. Les simili-courbes étant, par définition, irrégulières, les fonctions d'interpolation choisies par le programmeur doivent s'efforcer de faire la jonction entre les points ou *pôles* reliant les côtés de la surface gauche. La description des courbes à pôles est donc essentiellement de nature vectorielle. On peut ainsi constater que cette méthode de modélisation approximative des surfaces requiert une véritable expérimentation algébrico-informatique, destinée à caractériser les surfaces au moyen d'éléments géométriques plus simples en eux-mêmes que la totalité de l'objet virtuel. Les surfaces à pôles font donc partie des primitives de description.

Bien sûr, ce sont toujours des équations paramétriques qui approximent les courbes et les surfaces « réelles » (les surfaces gauches *virtuelles*); mais le but est d'aboutir à un *carroyage courbe* des facettes de l'objet. Les mini-facettes courbes traduisent les torsions et les étirements variables de la surface modélisée, le réseau des pôles vectoriels pliant, en quelque sorte, la surface gauche à ses exigences topologiques. Les mailles du réseau de surfaces élémentaires planes peuvent ensuite faire l'objet de déformations, par simple déplacement des pôles du réseau, et nouveau calcul de la fonction d'interpolation des courbes entre eux [cf. planche VII]. Dans le domaine de la modélisation par surfaces gauches, les travaux de l'ingénieur Pierre BÉZIER, portant sur les carrosseries automobiles, sont demeurés célèbres. Toute la recherche revient invariablement à définir des primitives géométrico-algébriques, dont la simplicité n'est jamais première chronologiquement, mais plutôt le résultat patiemment obtenu d'une analyse formelle de l'objet virtuel.

Beaucoup de méthodes de définition de primitives existent et se perfectionnent. Les plus simples consistent à *décomposer l'objet virtuel en fonction de figures géométriques élémentaires et régulières* telles que des carrés, des rectangles, des cercles et quartiers de cercles, des trapèzes, des parallélogrammes, des cônes, des polyèdres divers, des cylindres, des cubes, des sphères, des tores, des pyramides, et autres figures bi- ou tridimensionnelles appropriées. Très généralement, l'objet 3D est modélisé par des *facettes* anguleuses juxtaposées, au moyen d'un *assemblage de polygones convexes très variés, réguliers ou irréguliers*.

Pour faire disparaître les brisures rectilignes dues à la juxtaposition 3D des mini-facettes polygonales, l'infographie utilise des algorithmes de *lissage de courbes* qui rendent sa continuité apparente à l'image facéti-

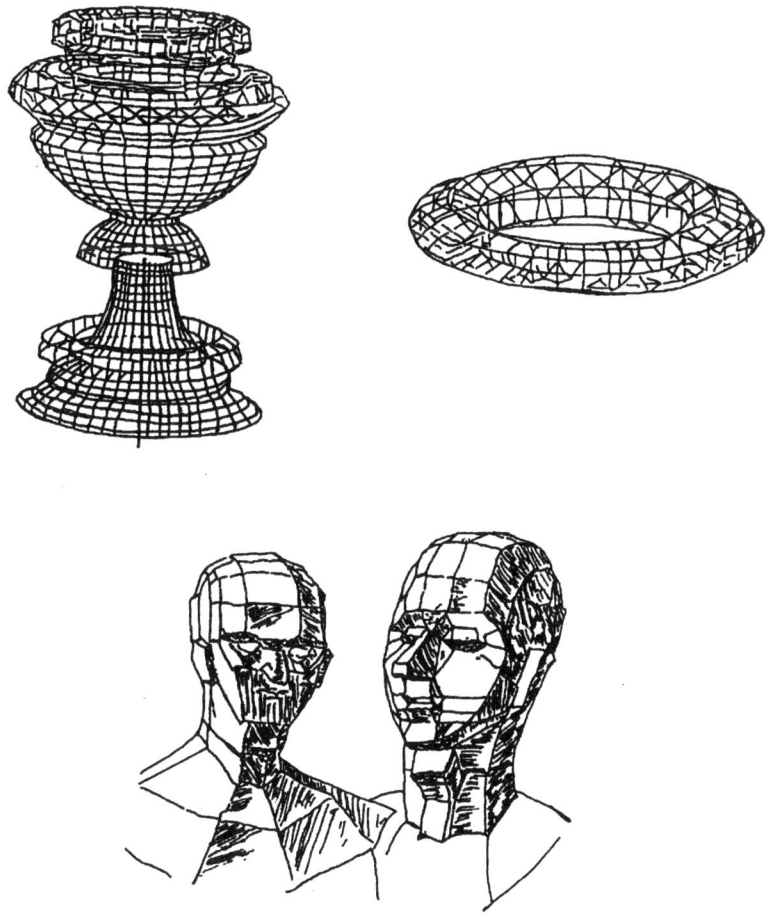

Planche IX — *En haut, à gauche* : Paolo Uccello. Dessin de calice «en fil de fer» (XVe siècle). *En haut, à droite* : Piero della Francesca. Dessin de *Mazzocchio* à facettes polyédriques (XVe siècle). *En bas* : Albert Dürer. Dessin de têtes divisées en facettes polyédriques (1519).

sée. Une seule scène complexe, dont l'image est très détaillée au niveau du rendu chromatique et morphologique, peut demander une synthèse géométrique comportant deux ou trois millions de polygones élémentaires, en fonction d'une trame iconique d'environ 1600 x 1600 pixels, chacun des pixels étant codé (en RVB) par 3 x 8 bits d'information ou plus, en mémoire d'ordinateur. Des variations très régulières et *très réalistes* de la couleur et de la texture de l'objet virtuel résultent donc méthodiquement du maillage analytique des formes, au terme souvent de plusieurs heures de calcul séquentiel des points élémentaires qui forment le réseau informationnel minimal qui compose et sous-tend les facettes polygonales lissées.

La modélisation de l'objet imaginaire par ses sommets, ses arêtes, ses bordures, ses frontières, ses faces planes visibles et ses dimensions stéréométriques virtuelles, représentées comme un puzzle tridimensionnel, constitue quant à elle une méthode de représentation spatiale par *volumes élémentaires réguliers*, emboîtés selon les lois de l'espace euclidien simulé qu'ils occupent par mise en perspective. C'est la méthode de simplification par excellence : celle que l'on appelle en anglais «*Constructive Solid Geometry*» (abréviation «*CSG*»). Les formes géométriques élémentaires sont combinées presque mécaniquement, et les faces invisibles perspectivement sont supprimées. Les *opérations logiques* qui président à ces combinaisons géométriques sont *booléennes*, puisqu'elles se réduisent en fait à des additions, des soustractions et des intersections de formes, comme dans l'algèbre binaire de BOOLE. Il s'agit d'une représentation formelle très compacte, mais qui nécessite pour cette raison de nombreuses intersections de solides élémentaires afin de simuler au mieux la continuité des surfaces et l'enveloppe exacte des volumes. D'où la difficulté subséquente d'éliminer les parties cachées de l'objet [cf. planche VIII].

Une méthode de description géométrique également très simple et ancienne, mais sans définition explicite des surfaces délimitant les contours de l'objet virtuel, est la *modélisation filaire en trois dimensions*, sans doute la plus connue de toutes les méthodes de modélisation. L'objet est vu uniquement selon sa forme *«en fil de fer»*, et comme en transparence, ce qui présente l'avantage de visualiser la globalité de l'objet. Les points principaux ou nœuds de liaison des parties de l'objet filaire sont repérés par les coordonnées géométriques (X,Y,Z) de l'espace virtuel orthonormé de référence. Courbes et droites relient ces nœuds à la manière d'arêtes abstraites, mettant nettement en évidence les structures formelles dans l'espace fictif en (X,Y,Z). Dans ce système de modélisation géométrique, tout comme dans le précédent (la «*CSG*»), les primitives sont immédiatement compréhensibles d'après l'élémentarité de leurs constituants. Les calculs sous-jacents ne concernent pas des trajectoires de courbes canoniques ou gauches, ni une morphogenèse surfacique ou volumique, fondée sur des fonctions génératrices. L'objet est en quelque sorte simplement positionné par l'intermédiaire de calculs de proportions, et mis en perspective 3D dans le système de coordonnées régi par le logiciel [cf. planche VIII].

Les méthodes de modélisation programmée qui viennent d'être examinées dans leurs principes essentiels détiennent leurs lettres de noblesse, au travers de la tradition artistique européenne, et peut-être même au travers de toute tradition artistique, dans la mesure où l'organisation rationnelle de la forme est l'une des préoccupations fondamentales de l'activité artistique *autre qu'expressionniste*.

La représentation géométrique *de type filaire* d'un objet en trois dimensions, les facettes polygonales de l'objet étant vues aussi bien de face qu'en transparence, comme dans la perspective informatique «en fil de fer», était pratiquée assez couramment au XVe siècle en Italie. Paollo UCCELLO, à Florence, dessine avec précision des objets filaires comme ce remarquable calice «en fil de fer» représenté sous forme de facettes polygonales (losanges, carrés, rectangles, triangles, parallélogrammes) assemblées circulairement autour de leur axe de révolution. A la même époque, Piero della FRANCESCA s'exerce à dessiner des *mazzocchio* «en fil de fer» d'après une perspective ovalisante. Le *mazzocchio* était une sorte de couvre-chef un peu ovale, semblable à une auréole polyédrique, porté à Florence au XVe siècle. Piero della FRANCESCA a dessiné ce *mazzocchio* annulaire en perspective légèrement plongeante, sous forme de facettes polygonales transparentes, «tournant» elliptiquement autour de leur grand axe de révolution. Chez UCCELLO tout comme chez Piero della FRANCESCA, la quête de constituants élémentaires de la forme témoigne d'une recherche permanente de modélisation rationnelle. L'esprit géométrique constructif y rejoint sans aucun heurt l'intention artistique [cf. planche IX].

Un exemple très remarquable entre tous de modélisation 3D du visage humain au moyen de *facettes polygonales irrégulières*, fut celui proposé par Albert DÜRER en 1519 : l'artiste décompose la tête humaine qu'il imagine selon des *reliefs polyédriques* imbriqués ou juxtaposés. La face humaine devient une combinaison stéréométrique d'arêtes et de plans, analogue à celle qui est simulée sur un écran graphique par un logiciel d'images 3D. L'irrégularité et la variété des figures courbes du visage sont réduites, cette fois encore, à des composants géométriques élémentaires, d'après une schématisation «cubiste», dans laquelle se manifeste à la fois l'analyse élémentariste de la forme et l'intention de synthèse rationnelle de la morphologie humaine naturelle, intégralement reconstituée [cf. planche IX]. Nous avons d'autre part déjà évoqué la maîtrise de DÜRER en matière de modélisation stéréométrique de la morphologie articulée du corps humain, d'après un système très rigoureux de proportionnalité.

Nombreux furent les artistes, depuis l'époque de DÜRER — qui était, décidément, un exemple pour les futures générations d'artistes —, qui voulurent synthétiser les objets et les formes naturelles par l'intermédiaire de l'analyse logico-géométrique de leurs courbes, polygones et polyèdres minimaux de référence, dans une intention *idéalisatrice* nécessaire à toute invention autonome de la forme plastique. Evoquons seulement le courant cubiste, à partir de 1907 (PICASSO crée *Les Demoiselles d'Avignon*), dont l'inspiration et la base de réflexion cézaniennes furent déterminantes. Paul CÉZANNE, mort en 1906, cherchait à exprimer les structures géométriques fondamentales des choses naturelles : il faut, expliquait-il, traiter la nature selon le cône, le cylindre, la sphère, car l'art pictural conduit logiquement à abstraire la quintessence des formes naturelles, bien que l'abstraction soit toujours, pour lui, au service du rendu des formes concrètes, telles que nous les percevons naturellement.

Cette «leçon» cézanienne fut entendue rétrospectivement par BRAQUE et PICASSO, au moment de l'exposition des œuvres de CÉZANNE qui eut lieu au Salon d'Automne de 1907. En 1908, BRAQUE peint les *Maisons à l'Estaque* : dans ce tableau, l'espace pictural et les figures qui le composent sont traités à la manière de polyèdres et de contours simplifiés. Le cubisme procurait sa contribution à la modélisation abstractive des formes. Deux exemples artistiques particulièrement significatifs, furent ceux apportés par Juan GRIS et, plus tard, dans le cadre du mouvement puriste, à partir de 1918, par Edouard JEANNERET, alias LE CORBUSIER. Juan GRIS fut sans doute l'un des plus «mathématiciens» parmi les peintres cubistes; concevant d'abord les formes géométriques pures, il les transformait ensuite en représentations d'objets concrets. De ce fait, sa méthode artistique était essentiellement synthétique. «*D'un cylindre, je fais une bouteille*», déclare le peintre en 1921, affirmant par là une procédure artistique inverse de celle de CÉZANNE, car GRIS définissait préalablement, et sans même savoir généralement à quelle figure concrète il aboutirait, des rapports géométriques de lignes et de plans, suivant certains calculs formels appliqués par le moyen de la règle et du compas. Les rapports structuraux étaient pour lui la condition *a priori* de la forme particulière qui se dévoile peu à peu à travers les nombres imagés de la géométrie plane.

Quant à la tendance puriste, représentée entre autres par OZENFANT et JEANNERET alias LE CORBUSIER, à partir de 1918, elle radicalise la méthode synthétiste en peinture et en architecture. Le purisme veut exprimer des invariants géométriques à travers la représentation formelle. Il s'agit, dit LE CORBUSIER, de créer le tableau comme s'il s'agissait d'une machine ou d'un dispositif destiné à émouvoir. La logique formelle de la composition, fondée sur un système rigoureux de calcul de proportions, préside à la naissance de la forme peinte qui se ramène implicitement à des rapports de nombres fractionnaires ou irrationnels. Le tableau est toujours contrôlé par un système d'harmonie visant à éliminer l'anecdotique et l'accidentel parasite, dans la grande tradition pythagoricienne, et, *en architecture*, LE CORBUSIER vante les mérites de l'emploi des formes simples : cylindres, cônes, cubes, pyramides, sphères, parallélépipèdes, et tous polyèdres réguliers combinés entre eux pour un effet esthétique franc et efficace.

3. SIMULATION NUMÉRIQUE : LE «VIRTUEL»

3.1. Imaginaire et simulation

Le terme «*simuler*» signifie d'abord faire apparaître comme étant réellement existante ou vraie une chose qui, en réalité, ne l'est pas. En ce sens, le mot simuler dénote une sorte de tromperie ou de contrefaçon : il est synonyme de feindre, faire semblant. On peut, par exemple, simuler la folie ou la tristesse. Cela revient à offrir l'apparence d'une chose, sans autre réalité que cette apparence superficielle. La simulation est donc un faire semblant, elle affirme apparemment un état de chose tout en sachant qu'aucune réalité authentique ne lui correspond.

En informatique, la notion de simulation est incompréhensible sans mettre à sa base la notion de *modèle* : au moyen de programmes formulés en un langage adapté (BASIC, PASCAL, FORTRAN, etc.), l'informaticien teste la validité théorique du modèle explicatif d'un phénomène physique, chimique ou économique. Le modèle logico-mathématique sert à simuler la réalité : par exemple, en météorologie, il est possible de simuler sur ordinateur les cyclones, les tempêtes, les turbulences, les marées ou les relations physiques habituelles entre la pluie, le vent, la température de l'air, la pression atmosphérique, et autres facteurs, au cours d'un changement de climat. En chimie moléculaire, le programmeur peut simuler les rapports dynamiques existant entre les molécules ; l'économiste peut faire des prévisions à long terme en simulant les interrelations entre facteurs socio-économiques dans une société donnée. Il n'est pas de domaine scientifique qui ne puisse donner lieu à des simulations de phénomènes réels, par l'intermédiaire de modèles abstraits qui se ramènent, le plus souvent, à des équations mathématiques assez complexes. Ces expérimentations par ordinateur sont devenues très courantes dans de très nombreux domaines en expansion continuelle. Les industries de l'aéronautique, de la navigation maritime et de l'automobile sont de grandes utilisatrices de simulations technologiques, et, de manière générale, toute forme d'industrie faisant appel à des matériaux et des techniques complexes et complémentaires. A cet effet, de puissants calculateurs sont nécessaires.

La simulation mathématique aboutit généralement à la *visualisation iconique* : des images des phénomènes modélisés sont présentées sur l'écran graphique de l'ordinateur qui a calculé ces images en fonction des paramètres numériques du modèle mathématique. Les couleurs attribuées aux formes visibles sur l'écran sont, bien entendu, arbitraires : elles possèdent une signification démonstrative et analytique pour le programmeur. Des modèles d'origine purement mathématique, jouant uniquement sur des équations et des formules alphanumériques dénuées *a priori* d'applications physiques, forment également de façon privilégiée, depuis qu'existent les ordinateurs graphiques, la base essentielle d'innombrables simulations visuelles dynamiques, en couleurs et en deux ou trois dimensions, de comportements spatio-temporels de fonctions.

Dans tous les cas, la simulation visuelle en 2D ou en 3D procède d'un modèle abstrait, de nature logique et algébrique, exprimé au moyen d'algorithmes programmés. En mémoire vive d'ordinateur, ce modèle est représenté par une matrice numérique binaire, comme pour tout autre type d'information. Or, la création d'images infographiques artistiques ne constitue pas moins une *simulation* à base de modèles logico-algébriques que la création d'images expérimentales industrielles ou scientifiques. Dans les deux cas, *un modèle virtuel*, quasi immatériel puisqu'il n'est pas directement visible sous sa forme abstraite numérique (les états binaires 0/1 de la mémoire de calcul), sert de fondement aux images potentielles qui s'en déduiront par calcul, tracé de courbes et colorisation des points d'image de l'écran ou du support périphérique de réception d'image.

L'image infographique est pour ainsi dire *par définition* une simulation, et non une *représentation*, puisqu'elle est générée à partir de modèles théoriques autonomes, entièrement factices, produits du calcul numérique et de la logique des langages symboliques qui le mettent en application. Ainsi, une photographie peut être considérée comme une représentation de la personne ou de l'objet pris en photo, même si la technique employée à cette fin témoigne forcément d'un codage perspectif et d'une intention interprétative symbolique ou poétique, plus ou moins affirmée en fonction du cadrage lors de la prise de vue. Le référent extérieur est présent face à l'objectif chargé de le représenter sur la pellicule chimique, tout en lui faisant endosser les conventions techniques de la prise de vue. A cet égard, le référent photographique ne permet en aucun cas d'assimiler la photographie à une simulation, donc à une sorte de feinte, et ce caractère de nécessité de la présence concrète du référent fut même considéré par Roland BARTHES comme l'essence de l'art photographique, radicalement incapable de simulation.

Dans *La Chambre claire*, BARTHES écrivait, à propos de sa quête d'une définition essentielle de la photographie — ce qu'il appelait son «*noème*» — : «*J'appelle «référent photographique», non pas la chose facultativement réelle à quoi renvoie une image ou un signe, mais la chose nécessairement réelle qui a été placée devant l'objectif, faute de quoi il n'y aurait pas de photographie. La peinture, elle, peut feindre la réalité sans l'avoir vue. Le discours combine des signes qui ont certes des référents, mais ces référents peuvent être et sont le plus souvent des «chimères». Au contraire de ces imitations, dans la Photographie, je ne puis jamais nier que la chose a été là. Il y a double position conjointe : de réalité et de passé. Et puisque cette contrainte n'existe que pour elle, on doit la tenir, par réduction, pour l'essence même, le noème de la Photographie. /.../ Le nom du noème de la Photographie sera donc : «ça-a-été», ou encore : l'Intraitable*» (R. BARTHES, *La Chambre claire*, Cahiers du Cinéma-Gallimard-Seuil, 1980, p. 120).

Le négatif photographique impressionné par la lumière est une matrice d'images virtuelles positives, mais chacune des images développées en positif n'est qu'une transposition inversée et agrandie du négatif, et donc à son tour une représentation du référent. Une antithèse complète de la simulation est également offerte par la cartographie : *une carte géographique* est une représentation plane conventionnelle, en réduction (à une échelle donnée), d'une partie de la terre ou de la terre entière dans le cas d'un planisphère. Le système de projection géométrique choisi, les couleurs et symboles pictographiques conventionnels, ainsi que les signes alphanumériques qui remplissent la carte (noms de lieux, distances, légendes, désignations des routes, départements, parallèles et méridiens, altitudes, etc.) forment une image codée à la fois complètement différente du territoire décrit, et pourtant idéographiquement évocatrice de celui-ci, malgré son caractère abstrait. Une mappemonde sphérique ne change rien à ce caractère conventionnel et abstrait de la représentation : les continents et les mers restent des images réduites et simplifiées du réel, conformées à un système de projection géométrique. Les cartes et les plans ne sont pas des «feintes», des simulations du réel; au contraire, ils s'en distancient nettement comme codages idéographiques et pictographiques.

L'infographie artistique, en revanche, renouvelle le sens premier de la simulation comme émergence *autonome* d'apparitions illusoires : elle fait prendre des apparences pour des réalités. Or, dans toute illusion, l'apparence *est* la réalité; en l'occurrence, les logiciels graphiques et les matrices numériques d'images sont la seule réalité permettant la simulation *sui generis* des formes sur l'écran vidéo. Les calculs numériques, sous l'effet des langages programmés qui les déterminent, engendrent l'image à partir de leur réalité virtuelle, de nature strictement *informationnelle*. L'image existe en puissance à travers sa définition numérique matricielle et ses programmes de calcul qui en sont *la réalité virtuelle*; en ce sens, les images de synthèse actualisent physiquement les idéalités d'un monde invisible. Tout devient imaginable, mémorisable et constructible par l'intermédiaire du système infographique : au sens littéral, l'infographie est chimérique, elle est capable de créer les formes les plus insensées ou les plus fantastiques.

On peut dire, en conséquence, que les images créées de toutes pièces par ordinateur détiennent une vie propre, une vie autonormée, dont les principes de structuration dynamique dépendent intégralement des langages symboliques définis par l'artiste-programmeur. Il est d'usage de parler «*d'images virtuelles*» à leur propos : l'expression n'est, en toute rigueur, pas exacte, car les images sont bien réelles, physiquement appréhensibles, tandis que les logiciels et les matrices numériques qui définissent les images en langage informatique sont, quant à eux, *des équivalents énergétiques virtuels* des images, puisque l'image est assimilable à de l'énergie électrique modulée, quantifiée et stockée numériquement en langage binaire. Le véritable objet esthétique n'est ni l'image produite sur l'écran, ni le programme de calcul des points élémentaires de la matrice numérique; il est plutôt situé dans la relation de correspondance, indéfiniment modifiable d'ailleurs, entre l'une et l'autre. C'est précisément cette relation de correspondance informationnelle déterministe mais originellement libre, qui définit la virtualité de la création infographique.

A ce titre, *le modèle infographique*, d'essence logico-algébrique, représente l'archétype par excellence de la virtualité iconique en deux ou trois dimensions. Les opérations symboliques internes aux circuits électroniques engendrent, par leur propre puissance génératrice, la visibilité des simulations graphiques, cinématographiques, holographiques ou même stéréolithographiques, quand l'ordinateur devient sculpteur. En termes platoniciens, on peut dire que l'image 2D ou 3D devient l'incarnation ou la représentation simulée d'une «forme intelligible» qui la fonde logiquement. Les nombres étant des formes virtuelles, ils résument par leur compacité symbolique la puissance de l'imaginaire humain qui est comme une sorte de réservoir infiniment extensible de formes possibles qui s'auto-complexifient par la conjugaison de l'intelligence formelle et de l'intuition sensible.

Le virtuel informationnel (modèles logico-mathématiques, langages symboliques, algorithmes programmés et traduits en langage binaire) n'est pas sans rappeler la confiance toute classique qu'affectaient les artistes traditionnels à l'égard de leurs capacités imaginaires potentielles. Nous nous souvenons de la phrase, déjà citée, extraite du *Traité des proportions humaines* de DÜRER, par laquelle l'artiste affirmait qu'un peintre inspiré est rempli en lui-même d'innombrables figures et idées potentielles, dont seule la brièveté de la vie humaine rend l'expression inexécutable. Le peintre devrait vivre des centaines d'années pour accomplir la réalisation artistique de figures encore jamais imaginées mais virtuellement présentes dans son imagination fertile; il pourrait, si cette condition biologique était assurée, *«dessiner et exécuter tous les jours de nouvelles figures humaines ou d'autres créatures qu'on n'aurait jamais vues auparavant et auxquelles personne n'aurait encore pensé»* (*Traité des proportions humaines*, 1528).

Des paroles négatives et nostalgiques s'élèvent parfois contre la soi-disant atrophie de l'imaginaire artistique dans la création informatisée, avec, pour contre-partie supposée, une prétendue hypertrophie de la part rationnelle et formaliste dans les processus de création iconique ou musicale. Or, rien n'est plus faux que de croire que l'imaginaire artistique serait indépendant de tout «calcul» rationnel, le mot «calcul» désignant ici, au sens large relevant de la pensée évaluative et de la réflexion humaine méthodique, la capacité intellectuelle combinatoire par laquelle l'artiste *pense les relations* entre les formes qu'il associe en un tout jugé harmonieux ou, plus simplement, esthétiquement cohérent et satisfaisant eu égard à l'intention créatrice qui le motivait et l'orientait dans ses démarches semi-empiriques.

Le potentiel imaginaire demeure toujours une *virtualité* par rapport à l'œuvre achevée ou, plus généralement, provisoirement achevée. *Toute création se nourrit de virtualité*; ce n'est pas l'apanage de la synthèse numérique que de faire émerger un monde virtuel dont la nature est d'ordre informationnel. Car l'artiste classique combine et synthétise lui aussi de l'information logique, morphologique et mathématique, selon des processus parfois plus ou moins clairement conscients, mais néanmoins inévitablement influents. Le mot «mathématique» ne doit rien avoir d'effrayant ou d'incongru, lorsqu'il s'applique à la création artistique, jugée par nature exclusivement qualitative : l'étymologie grecque du mot «mathématique» signifie la science des propriétés rationnelles des êtres abstraits que sont les figures et les formes géométriques, ainsi que l'étude de leurs relations spatiales ou logiques. Plus généralement, les mathématiques représentent l'application de la raison aux questions de l'ordre, de la combinatoire, des transformations et de la mesure quantitative de tout type d'élément spatio-temporel considéré non sous l'aspect exclusif de sa matérialité, mais en tant que forme théorique abstraite de la matérialité qu'il peut revêtir. Ainsi, la musique tout autant que la peinture ou l'architecture sont en puissance des objets de la réflexion et du raisonnement mathématiques, quand on les considère sous l'angle formel de l'organisation et de la mesure de leurs éléments physiques, de la combinaison et de l'interrelation des principes formels, structuraux, sur lesquels ces disciplines artistiques sont fondées au plan paradigmatique.

L'art moderne et contemporain n'a pas renié, bien au contraire, la part fondatrice virtuelle à l'intérieur de laquelle s'origine toute forme de création artistique. Une œuvre d'art ne saurait se comprendre en dehors de la *matrice idéale* qui lui fournit virtuellement son sens intentionnel autant que ses principes techniques, idéologiques et, plus largement, politiques, car l'art fait partie des activités de la cité au même titre que la science, l'industrie ou le commerce. Ce sont les idées qui mènent le monde, dit-on quelquefois; la beauté de la formule ne saurait mieux trouver son accomplissement parfait que dans l'activité artistique, de quelque époque qu'elle fasse partie, y compris l'art informatique, le «*computer art*», selon l'expression anglo-saxonne consacrée depuis les premières expositions d'art assisté par ordinateur, à la fin des années 1960.

La technoscience n'a pas ruiné le potentiel imaginaire sur lequel est amarrée la création; elle a au contraire développé et facilité l'esprit de simulation d'univers mentaux virtuels, tout en suscitant une nouvelle forme de sensibilité. S'il est juste que les idées mènent le monde (certes, pas toujours dans la bonne direction), les idées non vécues ni ressenties ne sont que peu de chose : des squelettes desséchés. Rien de cette vision affligeante dans l'art assisté par ordinateur : les créateurs y trouvent le moyen d'exprimer, par modèles rationnels et algorithmes interposés, leurs émotions et leurs fantasmes les plus inimaginables, les plus profondément enfouis dans leur psychisme, également. Ils détiennent le pouvoir technologique hyper-organisé de «*virtualiser*» toute forme qui leur vient spontanément à l'esprit, puis de la faire resurgir comme par magie en n'importe quel format sur un écran vidéo ou un écran de cinéma.

La virtualité informationnelle de l'œuvre infographique ou infocinématographique, dynamisée et régénérée par les millions d'opérations numériques qui simulent chaque seconde des univers purement fictifs, conduit à faire acquérir à chacune des apparitions iconiques une véritable *autonomie morphogénétique*. Les formes ne dépendent plus de leur créateur, elles assument complètement l'intelligibilité des modèles et des programmes de leur logiciel, mis en action par les lois physiques de la transmission de l'énergie électronique. Les forces psychiques de l'imaginaire humain sont pour ainsi dire *déléguées* au système de traitement de l'information numérique propre aux images synthétisées : les œuvres synthétiques peuvent «naviguer» librement en respectant les lois mathématiques et informatiques de leur genèse formelle.

Elles se livrent alors à l'appréciation subjective, diversement exprimée, des spectateurs de simulations du virtuel. L'attitude mentale à l'égard de ces simulations est contrainte de prendre en compte, d'assumer psychologiquement, la virtualité sous-jacente qui les fonde. Qui pourrait regarder un film de synthèse comme il regarderait un film mettant en scène des acteurs connus évoluant dans un décor réel et photographiable ? De même, saurait-on admirer pareillement la photographie d'un paysage urbain ou campagnard réel et l'image 3D d'un paysage urbain ou rural synthétique, même très réaliste ou illusionniste quant au rendu des formes et des couleurs ? La modélisation d'un tel paysage synthétique est nécessairement *virtuellement* incluse dans les motifs de l'appréciation esthétique portée à son égard. Il en découle pour le créateur comme pour le spectateur une conscience renforcée de la puissance de l'imaginaire artistique, à l'œuvre dès la conceptualisation formelle du projet infographique d'images fixes ou animées. Une opinion inverse ne peut naître que de l'ignorance des règles de la création assistée par ordinateur.

La marque de la personnalité des créateurs du «*computer art*» reste très fortement imprimée dans leurs créations, tout comme elle peut l'être dans chaque œuvre peinte traditionnelle : chaque infographiste impose son style et sa vision subjective en couleurs des univers imaginaires virtuels qu'il modélise, en utilisant d'ailleurs le plus fréquemment, en un premier temps, le papier et le crayon-feutre. Le dessin spontané traditionnel des plans scéniques demeure la première méthode de projection du virtuel ; mais très vite le calcul des formes prend le relais, en dessin animé assisté par ordinateur comme en cinéma informatisé. C'est alors l'usage du matériel technologique qui suggère empiriquement des astuces graphiques, des variantes, des transformations, des effets ou des atmosphères poétiques non prévus au départ. L'artiste n'utilise plus les pinceaux et les peintures, mais il travaille toujours par affinements successifs, par expériences rectifiées, aidé de logiciels de conception d'images et le plus souvent d'informaticiens spécialisés.

La phase de virtualisation numérique enfin clôturée après de nombreuses heures de conception programmée et codée en signaux binaires, fait accéder l'œuvre à sa réalité informationnelle propre, donc à sa morphogenèse potentielle. Elle devient indépendante de son créateur *sous la forme matricielle « éternisante »* d'un tableau de nombres virtuel. La personnalité au premier degré de l'artiste s'estompe sans pour autant s'abolir, au profit de la performance technologique de la simulation, vite remarquée comme l'ingrédient majeur de la réussite esthétique. Le virtuel, patiemment mais rigoureusement élaboré, révèle au cours de sa simulation illusionniste la présence très concrète de l'abstraction universelle constitutive de toute forme synthétisée : *son codage dans le langage minimal de l'algèbre booléenne*. Mais il s'agit d'une présence, somme toute, extrêmement discrète et même totalement invisible au premier niveau, matriciel, de sa réalité technologique.

Le peintre hollandais Piet MONDRIAN pensait, en 1920, que les œuvres d'art abstraites deviendraient de plus en plus représentatives d'elles-mêmes et d'elles seules, au détriment de la personnalité des artistes. Les œuvres parlent d'elles-mêmes, confiait-il alors, insistant sur le fait que chaque œuvre abstraite gagne à la fois en autonomie et en personnalité, donc en *indépendance formelle idéale* par rapport au style subjectif et à la technique particulière des créateurs. Les œuvres entrent dans l'ère adulte en entrant dans la sphère de l'idéalité constructive absolue, révélatrice d'une époque pour laquelle l'art s'affirme d'abord en tant que recherche désintéressée des principes logico-métaphysiques de la forme. L'abstraction est donc une victoire de l'esprit sur la matière et sur la technique employées dans l'activité artistique. A ce titre, une œuvre ne représente-t-elle pas, selon l'opinion de MONDRIAN, une sorte de simulation de sa matrice abstraite de conception, intrinsèquement idéale, ou, en termes platoniciens, une simulation de son modèle formel *sui generis*, unique et autonome, véritable archétype de composition ?

Ce que suggère MONDRIAN, c'est précisément, *mutatis mutandis*, ce que réalise à sa façon l'art de la simulation du virtuel informationnel, tout en reconnaissant, bien entendu, la spécificité des méthodes et les capacités matérielles de la technoscience de l'esthétique numérique. En effet, celle-ci assume intégralement les réalisations techniques concrètes projetées idéalement par l'artiste-programmeur. Elle réduit, par l'intermédiaire des langages symboliques, toute l'information morphologique et par conséquent toute *l'intention esthétique*, à des propriétés quantitatives transcodées en signaux électroniques à deux états. Cette binarisation du projet esthétique et de l'activité artistique proprement dite, réalise, à n'en pas douter, leur plus exceptionnelle transmutation, car la plus radicale, en même temps que l'œuvre simulée y gagne une permanence pour ainsi dire immatérielle, extra-temporelle. L'œuvre, sous les auspices de sa modélisation numérique, *s'infinitise en tant que personnalité unique et autonome*, à l'abri de tout geste créateur aléatoire, non conformé aux lois de la logique des programmes et des algorithmes de création graphique qu'ils mettent en action de manière déterministe.

La personnalité des artistes, leurs préférences et leurs choix esthétiques singuliers ne sont pas pour autant remis en question. Mais cette personnalité et ces choix subjectifs passent par une adaptation technique et intellectuelle particulière et, surtout, par une modalité originale de définition et de conservation de leurs projets sous forme de langages symboliques transitant à travers les circuits de la technologie numérique. Cependant, tous les artistes ne doivent-il pas faire le choix de techniques adaptées à leurs projets, ainsi que de langages stylistiques d'expression correspondant à leur personnalité ? Toute technique et tout langage d'expression artistique, à quoi l'on reconnaît la marque d'un style et d'une œuvre unique, impliquent substantiellement l'acceptation de contraintes intellectuelles autant que de formules techniques de création. A cet égard, l'infographie artistique procure aux créateurs, au même titre que d'autres formes artisanales d'expression, à la fois ses contraintes méthodologiques et son potentiel illimité de liberté et d'originalité esthétiques, fonction de la sensibilité personnelle de chaque praticien.

3.2. Esthétique du simulacre

a. Simulacres infovidéographiques : fixes, cinétiques et kinesthésiques

La technoscience de l'information a précipité résolument l'esthétique et la pratique des artistes qui lui est corrélative, dans le champ vertigineux, car renouvelable à l'infini, du *simulacre*. Certaines réflexions sociologiques sur la culture occidentale des années d'après 1945 vont, plus globalement, dans le même sens : le faux, l'illusoire, tiendraient lieu de réalité, sans aucun besoin de questionnement critique sur la classique distinction philosophique entre l'être et l'apparence. L'homme « moderne » (qualificatif idéologique et historique des plus incertain) serait avide de « fausses apparences » (sous-entendu : l'apparence tient lieu de réalité, elle est donc creuse), de mirages et de faux-semblants. L'ère du mensonge généralisé serait, en particulier, sanctifiée par la tromperie des médias d'information : plus on informe, plus on mystifie, à l'insu de la majorité des récepteurs d'information, mais aussi partiellement à l'insu de ceux qui font profession de délivrer l'information, ou, plus justement, *certaines* informations sous certains points de vue.

Ces arguments largement exposés et répandus au sein de l'opinion publique elle-même, tendent à donner, à tort ou à raison, une conception de l'information médiatique qui l'apparente à un simulacre d'information. Cette toile de fond, qui propage l'idée du simulacre culturel *généralisé*, n'apporte rien à la discussion du bien-fondé concernant l'usage proprement esthétique du simulacre en tant que pratique artistique orientée par une esthétique consciemment et volontairement maîtrisée, en vue de l'émergence d'une authentique culture techno-esthétique du simulacre.

En latin, le mot « *simulacrum* » est utilisé par les auteurs selon plusieurs sens complémentaires : le simulacre, en particulier, désigne la statue d'une divinité, c'est-à-dire sa représentation fictive directement issue de la fantaisie humaine. La statue est *l'idole* de la divinité, tout comme peut l'être, également, une figuration peinte du dieu. Cet usage du mot simulacre est significatif de l'origine fantasmagorique de la statue du dieu qui n'est jamais que son « fantôme » apparent, n'ayant d'autre consistance que celle de la pierre. Un simulacre implique toujours un hiatus entre l'idée de la chose, du référent, et ce qui en tient lieu fictivement, seule subsistant entre les deux la pensée d'une *analogie fictionnelle* : la fiction de l'analogie existant entre la chose et ce qui en tient lieu est pensée implicitement comme fiction en tant que telle, donc à travers l'affirmation logique de la différence entre la chose pensée comme référent imaginaire et la représentation qui comble, illusoirement, son absence.

Au pluriel, le terme « *simulacra* » désignait les fantômes, les ombres des défunts, leur spectre, ou encore les chimères oniriques, façonnées inconsciemment au cours des rêves nocturnes. Le simulacre pouvait aussi renvoyer, plus couramment, à une image sans consistance matérielle, par exemple celle reflétée par une étendue d'eau ou par un miroir. On peut constater que tous ces sens latins du terme simulacre fondent leur champ sémantique sur une opposition quasi inexistante entre l'être et l'apparence, car seule l'apparence demeure saisissable, servant de tremplin physique pour intuitionner nébuleusement ce que pourrait être le tréfonds qu'elle révèle par différence. D'ailleurs, le propre du simulacre c'est aussi de se suffire à lui-même : un rêve chimérique, une image reflétée dans le miroir ou dans l'eau, le fantôme d'un mort ou la statue d'une divinité, ce sont autant de thèmes mythiques et poétiques ayant alimenté la poésie lyrique et religieuse, ainsi que la littérature mythologique. La valeur du simulacre réside d'abord dans son auto-apparition, autrement dit dans le fait qu'il surgit ou se présente de lui-même, en induisant l'entière conviction qu'il détient une indéracinable réalité.

Ce détour par la sémantique nous conduit à replacer l'esthétique occidentale, et sans doute toute esthétique, dans le champ notionnel du simulacre. NIETZSCHE pensait que notre culture artistique repose sur l'apparence qui n'est que pur miroitement et superficialité sans tréfonds; l'homme occidental oppose ses valeurs esthétiques *apolliniennes*, libres et arbitraires, à la rationalité logique du langage contraignant de la morale et de la science. L'art, où tout est apparence et jeu, est seul susceptible de sauver l'humanité du carcan de la logique abstraite, figée. Ce sont nos sens qui transforment toute chose en simulacre, car ils se comportent naturellement comme des miroirs illusionnistes qui transfigurent la réalité phénoménale. Certes, l'esthétique des formes visuelles et sonores repose encore *sur les lois numériques* de l'organisation plastique et musicale, sur le rythme et le sens des proportions, mais seule l'intuition imprécise, quasi onirique, de la beauté formelle, justifie, aux yeux de NIETZSCHE, le sens de toute activité artistique. L'art repose sur l'imprécision de la vue et de l'ouïe, qui font de toute forme des simulacres auto-suffisants, n'ayant nul besoin de justification logique artificielle, considérée par NIETZSCHE comme une haine pour l'art.

La beauté relève donc essentiellement du simulacre, de l'illusionnisme le plus fou, quand bien même elle serait construite à partir des nombres et des calculs de proportions. Dans un texte de 1872 sur le conflit de l'art et de la connaissance, NIETZSCHE insiste sur l'incompatibilité existant entre l'art et la science, non pas eu égard à leur fond théorique commun : les relations abstraites de nombres, mais plutôt par rapport à l'attitude mentale qui différencie l'homme de science et l'artiste. Le premier, dit NIETZSCHE, *calcule* les rapports numériques afférents aux lois de la nature, alors que l'artiste les *contemple* pour leur harmonie superficielle qu'il tente d'exprimer dans ses créations, sans pour autant les faire entrer dans une intention conceptuelle anti-esthétique. Il écrit, dans ce texte de 1872 : *«L'artiste ne contemple pas des «idées» : il ressent du plaisir aux relations numériques. Tout plaisir repose sur la proportion, tout déplaisir sur une disproportion. /.../ Les intuitions qui représentent de bonnes relations numériques sont belles. L'homme de science* calcule *les nombres afférents aux lois de la nature, l'artiste les* contemple *: là, légalité, ici beauté. L'objet de la contemplation de l'artiste est tout à fait superficiel, aucune «idée»! L'enveloppe la plus légère pour de beaux nombres»* (*Etudes Théorétiques*, 1872, § 155).

La force de l'art fut toujours d'engendrer des simulacres, même au prix de la science, ou, plus justement, *grâce* à la science, car il n'est pas pertinent de dissocier raison et intuition dans les processus de création artistique. Toute l'histoire concrète des arts plastiques et musicaux répugne à cette distinction saugrenue. Cette division n'a pas plus de sens que celle qui prétendrait scinder la culture en deux moitiés antithétiques : une part «littéraire» et une part «scientifique»; on sait à quelles absurdités scolaires et universitaires cette division artificielle a plus ou moins conduit les systèmes d'enseignement.

La création informatisée représente la source de production optimale de simulacres esthétiques, car l'infographie est, pour ainsi dire, conçue *intentionnellement* en vue de la simulation intégrale d'entités visuelles fictives. Raison et intuition se conjuguent pour faire naître des univers imaginaires nés entièrement du calcul des formes, ce qui n'enlève rien au charme ni au pouvoir onirique de celles-ci. Un physicien américain, Michael NOLL, a réalisé sur ordinateur, dans les années 1970, *des simulations de tableaux de* MONDRIAN, afin de tester les préférences esthétiques de sujets confrontés à la fois à des reproductions d'œuvres réelles de MONDRIAN et à de purs simulacres, nés uniquement du calcul informatique. Certaines œuvres typiques du géométrisme discontinu de l'artiste avaient été préalablement étudiées avec précision, celles des années 1914-1917, en particulier, présentant des configurations d'ensemble ovales ou vaguement circulaires, faites de traits verticaux et horizontaux entrecroisés, de longueur, d'épaisseur et d'espacement variables. La composition des œuvres fut analysée en fonction de la disposition relative des éléments et de leurs variations morphologiques, puis elle fit l'objet d'une programmation visant à créer *des images similaires* à celles des œuvres d'origine, mais, bien entendu, avec des variantes compositionnelles *plausibles artistiquement* compte tenu du style des œuvres de cette période.

L'expérience du simulacre pictural a révélé qu'une majorité de sujets testés ont préféré spontanément les simulations informatiques aux images d'œuvres réelles de MONDRIAN, et qu'une minorité seulement ont su détecter les simulacres informatiques. Les sujets ayant donné leur préférence aux simulacres leur ont attribué des qualités esthétiques subjectivement plus grandes que celles attribuées aux images d'originaux !

Cette histoire de simulacres artistiques fait entrevoir la capacité offerte par l'ordinateur, quant aux ressources illusionnistes du traitement de l'information. En un premier temps, l'œuvre d'art réelle est effectivement réduite à de l'information numérique traduite en langage binaire : information morphographique de détail et information structurale concernant l'ensemble des *rapports d'éléments minimaux*. Il faut, en effet, considérer de façon théorique que l'œuvre est construite à partir de rapports formels entre *unités* graphiques plus simples que l'ensemble : les *«morphèmes» élémentaires articulés entre eux*, et effectuer des sortes de prélèvements motivés mais très pragmatiques, d'entités abstraites morphème/couleur. Ce n'est évidemment pas l'attitude perceptive habituelle que l'on adopte à l'égard d'un tableau, d'où un inévitable arbitraire dans le découpage structural et la mise en relation des unités fictives.

Dans l'exemple des tableaux de MONDRIAN, il fallait simuler une certaine dose de *hasard*, au moyen d'un générateur aléatoire de nombres permettant de situer spatialement les traits élémentaires du simulacre à l'instar du hasard supposé des œuvres originales. D'autre part, les longueurs et les épaisseurs des traits noirs minimaux devaient également varier dans la simulation, en proportion analogue à celle du tableau réel, mais toujours de façon aléatoire, afin de simuler *dans la différence*, sans jamais reproduire une œuvre à l'identique. Le simulacre infographique revient, dans ce cas, à créer une image d'œuvre *à la manière de* tel ou tel artiste, après avoir repéré et entré en mémoire numérique certaines propriétés compositionnelles typiques.

La programmation du simulacre *artistique* est le symbole par excellence du paroxysme de l'illusionnisme esthétique. Un objet artistique, qui procède par nature d'une intention simulatrice, se voit lui-même simulé par la logique des langages de programmation. On peut imaginer appliquer cette méthode «minimaliste» — elle abstrait des constituants primaires théoriques — à n'importe quelle œuvre d'art ramenée à son image photovidéographique, après digitalisation et analyse tramée de groupes de pixels : une *grille régulière* d'analyse électronique, faite de petits carrés, superposée à l'image digitalisée, rend techniquement aisé (mais les choix esthétiques demeurent difficiles) le processus de décomposition en morphèmes élémentaires, ainsi que leur mémorisation numérique en langage binaire.

La disposition des couleurs, les caractéristiques physiques des textures ainsi que les lignes et orientations spatiales de la composition, forment la matière première informatisée d'une *analyse comparative* entre plusieurs œuvres d'un même artiste ou d'artistes différents, sur la base de données analytiques nécessairement réductrices. Mais rien n'empêche alors d'imaginer des simulacres d'œuvres d'art sur le modèle particulier d'une seule œuvre originale, ou bien même sur le modèle général de plusieurs œuvres, *après moyennisation* factice de leurs composants élémentaires. L'application de la théorie scientifique de l'information à l'activité artistique n'a d'ailleurs pas manqué d'alimenter, dès la fin des années 1950 et surtout au cours des décennies suivantes (Vera MOLNAR, Herbert W. FRANKE, Manfred MOHR), le rêve progressivement réalisable de la création informatique généralisée de simulacres artistiques.

Des VAN GOGH ou des CÉZANNE digitalisés, puis réinterprétés sous d'autres apparences : leurs simulacres infographiques, *par variations numériques* à partir des formes et des couleurs originales, mais aussi vrais, voire plus vrais que nature, entrant dans *le champ des possibles inexistants* de ces artistes... ? Cette hypothèse, aussi abusive puisse-t-elle sembler, n'a rien en elle-même d'impossible techniquement, palette infographique et logiciels d'analyse d'images se chargeant de *l'altération mesurée* de l'image originale. D'ailleurs, l'opérateur humain fournit à la machine ses propres investigations qualitatives devenant, par la programmation, des critères esthétiques quantifiés.

Le domaine *musical* n'est, bien entendu, nullement épargné par la vogue techno-esthétique du simulacre : la sonate, le concerto et même la symphonie «*à la manière*» des compositeurs classiques, se sont développés dans le sillage des recherches portant sur les composants sonores de la musique. La science musicale offre, plus encore que la théorie des formes picturales ne peut le faire dans son propre domaine, des certitudes chiffrées sur l'art de composer et de travailler le matériau sonore. La musique est une discipline mathématique, affirmaient déjà les premiers philosophes grecs. Cette mathématicité ne pouvait qu'entraîner dans sa logique autonome une conception *analogique* des formes sonores possibles propres aux compositeurs classiques. L'entreprise n'est évidemment pas le fruit de la spontanéité : échantillonnage et quantification des formes sonores originales précèdent leur étude statistique, appliquée, comme dans le cas de la peinture, *à des formants «élémentaires»* : hauteurs, timbres, fréquences, rythmes, règles harmoniques.

Plus qu'un amusement anodin, le simulacre représente en fait l'intention fondatrice de toute pratique artistique croyant aux valeurs positives de l'apparence : produire des apparences apolliniennes gratuites et superficielles, «*l'enveloppe la plus légère pour de beaux nombres*», selon la phrase de NIETZSCHE, même s'il est indéniable que l'art détient indéfectiblement, par contrecoup ou selon sa finalité, une résonance métaphysique (la «*résonance intérieure*» de l'esthétique de KANDINSKY en offre le bel exemple). Un exercice aussi gratuit que celui consistant à «recréer» *dans la différence* une pièce musicale, ne s'apparente pas au kitsch, car il ne s'agit pas de rejouer cette pièce en la travestissant par banalisation et volonté de massification populaire, en l'affaiblissant comme une mauvaise reproduction de *La Joconde* affaiblit l'idée de l'original. Il s'agit au contraire de révéler en quelque sorte *l'essence* ou *le modèle fondateur* de la partition et du projet imaginaire de son auteur. Le simulacre informatique est un *paradigme* qui actualise de façon exemplaire l'univers de tous les possibles stylistiques, substituables idéalement aux œuvres originales appartenant à la même classe artistique. A ce titre, il permet une meilleure compréhension et, par effet d'amplification esthétique, une meilleure appréhension sensible des œuvres originales.

La technologie de l'information digitale devait fatalement aboutir, esthétiquement, à faire prédominer le simulacre sur la réalité, car l'ordinateur n'a pas pour vocation de traiter des *matériaux*, il ne combine que des séquences d'impulsions électriques correspondant abstraitement à des séquences d'unités binaires : des «*immatériaux*» pourrait-on dire en utilisant un néologisme très parlant. Faire surgir, à partir de rien qui préexiste concrètement à son image 3D, un temple antique imaginaire, une cathédrale romane ou gothique non moins fantasmatique, ou tout un ensemble d'architecture urbaine futuriste digne des plus grands films de science-fiction sur la ville cybernétique, est à la portée de la technoscience artistique. La seule préexistence de telles visualisations 3D réside dans les calculs mathématiques programmés et la mémoire physique des ordinateurs, équivalente à des matrices de nombres.

Lorsqu'un architecte français révolutionnaire comme Etienne-Louis BOULLÉE, à la fin du XVIIIe siècle, projetait sur le papier l'architecture d'une ville imaginaire reflétant, en tous ses édifices, l'amour et le respect de la loi civique et de la patrie, il dessinait comme un peintre visionnaire des monuments grandioses, nés d'une vision politique mégalomane. C'est de l'architecture symbolique qu'imaginait BOULLÉE, une architecture qu'il était possible de dépeindre plus que de réaliser. La construction en devenait secondaire par rapport à la conception et sa projection picturale ou graphique. L'art de la simulation graphique est plus proche, selon lui, de la vérité expressive de l'architecture, car il définissait l'architecture, dans son ouvrage intitulé *Architecture - Essai sur l'art*, écrit aux alentours de 1790-1793, comme une «*production de l'esprit*» au regard de laquelle la construction matérielle n'est qu'un art secondaire, uniquement technique.

BOULLÉE se plaît à imaginer des bâtiments métaphoriques, dans le style illusionniste des peintures d'êtres chimériques, qu'il s'agisse de temples, de palais de justice, d'hôtels de ville, de cimetières. Ses dessins veulent enchanter le sens de la vue et exalter l'esprit de sublimité. Il imagine de véritables mises en scène architecturales, des théâtres magiques et enchanteurs, nés de la pure imagination de l'artiste, car la conception est l'aspect noble de l'architecture. Il affirme même que la théorie esthétique est presque secondaire, voire superflue : «*si j'avais pu me dispenser d'écrire, je m'en serais tenu à n'offrir que mes dessins à mes concitoyens*».

La prévisualisation des projets utopiques les plus grandioses est devenue, par l'informatique, une *réalité virtuelle* qui amplifie la liberté d'invention imaginaire de l'artiste. Au simulacre du dessin succède le simulacre du programme de construction perspective en trois dimensions (X,Y,Z) de l'espace vectoriel normé — *grosso modo*, les points de cet espace 3D sont définis mathématiquement par des opérations algébriques sur des vecteurs, telles que : translation, rotation, homothétie, similitude, et toute transformation linéaire composée des précédentes. Le langage de la géométrie vectorielle, joint au langage appliqué de la programmation, élargit considérablement le champ de l'utopie architecturale, à une époque où beaucoup d'architectes sont réduits à construire peu mais à imaginer beaucoup. Souvent rivé à des tâches bureaucratiques et techniques dominées par le souci d'un fonctionnalisme étroit, à courte vue, l'architecte contemporain exprime ses ambitions artistiques à travers le simulacre dessiné ou, de plus en plus, infographié. Ces projets ne verront majoritairement jamais le jour, mais l'inventivité et le fantasme peuvent s'exprimer jusqu'au délire surréaliste par l'intermédiaire des logiciels de simulation.

Des cathédrales et des temples égyptiens sont aujourd'hui entièrement reconstitués, d'après des hypothèses architectoniques fondées sur la connaissance de vestiges et de bâtiments analogues de la même époque, le plus souvent restaurés. L'intérieur autant que l'extérieur de ces architectures virtuelles sont visibles dans tous leurs détails, à partir de la modélisation en éléments géométriques simples composés entre eux. Tout est mathématiquement modélisable : une colonne avec son ordre (dorique, ionique, corinthien), une voûte d'arêtes, en croisée d'ogives ou en berceau, une nef, un transept, des arcs-boutants, des contreforts, un portail, un pinacle, un chapiteau de style particulier, les fenêtres et rosaces d'une façade, etc. : tous ces éléments architecturalement répertoriés deviennent par synthèse de leur information morphonumérique, de la «*réalité virtuelle*» visitable en tous ses détails autant que dans son ensemble, d'après des perspectives variées très cinématographiques.

L'expression «*réalité virtuelle*» désigne spécifiquement, depuis les années 1980, une nouvelle forme de présence simulée qui met en interaction le système informatique et l'utilisateur de ce système. A vrai dire, l'expression «*simili-présence*» conviendrait mieux, car le sujet observe une scène, entièrement synthétisée, par le moyen d'un casque de *visualisation stéréoscopique*. L'impression de participer de manière dynamique à l'imagerie virtuelle est saisissante de réalisme, encore que la finesse de définition des images stéréoscopiques ne soit que relative; le sujet n'est plus simplement spectateur, il est *plongé dans l'image*, immergé dans un monde tridimensionnel dont il est aussi *l'animateur*, car en plus du casque de vision stéréoscopique, doté de deux mini-écrans à cristaux liquides donnant la vision en relief, le sujet peut revêtir un gant et éventuellement une combinaison *ad hoc*, reliés par des capteurs électroniques de position et de mouvement, au système informatique de simulation des objets et de l'espace virtuels. Il y a donc interaction entre le sujet et l'ordinateur infographique, les gestes et mouvements du premier entraînant continuellement, en temps réel, des réactions simulées du second. L'ordinateur analyse en permanence tous les mouvements de l'observateur actif (ceux de sa tête, de sa main, de ses membres locomoteurs), ce qui induit en retour la mise en marche de programmes d'imagerie dynamique, *dont le sujet est partie intégrante* grâce à la corrélation immédiate entre ses mouvements réels et l'espace virtuel, entièrement calculé, dans lequel il est illusoirement «présent».

Par le système d'imagerie virtuelle stéréoscopique, n'importe qui peut visiter activement un château, une église, une abbaye, une usine avec ses machines, ou tout édifice architectural préalablement synthétisé, ou encore des espaces sidéraux infinis dans lesquels le sujet évolue comme dans un rêve. Les mouvements de la tête et des membres locomoteurs déterminent les orientations du déplacement et les perspectives visuelles sur les formes simulées. Les capteurs sensibles déterminent aussi des effets sonores de musique de synthèse qui accompagnent les lieux virtuels dans lesquels se meut fictivement le sujet. Une esthétique des espaces cybernétiques virtuels s'est imposée presque convulsivement aux Etats-Unis sous le nom de «*cyberspace*», contraction des mots espace et cybernétique. Il s'agirait, selon les adeptes les plus fervents de la «réalité virtuelle», d'une esthétique *psychédélique*, qui jouerait le rôle d'une drogue, d'un nouveau paradis artificiel.

Le mythe de la «réalité sans réalité», au-delà de son application particulière aux illusions stéréoscopiques, a d'ailleurs toujours servi de moteur onirique à l'art et à la poésie en particulier : les *Paradis Artificiels* de BAUDELAIRE étaient une voie permettant l'accès à l'exercice purement spirituel de l'art, et à la vie elle-même comme art, comme désir de l'idéal. BAUDELAIRE voyait dans l'opium et le haschisch des drogues qui amplifient les puissances de l'imaginaire et créent «*l'Idéal artificiel*» qu'est incapable de nous procurer la pâle réalité quotidienne : «*Le bon sens nous dit que les choses de la terre n'existent que bien peu, et que la vraie réalité n'est que dans les rêves*», écrit-il dans la dédicace des *Paradis Artificiels* (1860). Le poète vante les mérites du rêve artificiel qui fait décoller l'homme de son univers pesant et morne, et lui donne le goût authentique de l'infini. Certaines drogues ont ce pouvoir, pense-t-il, de provoquer le «*rêve hiéroglyphique*», dans lequel l'être humain est délesté de sa pesanteur naturelle, de ses désirs et de ses vices ordinaires. L'homme entre alors dans le domaine de l'absurde et de l'imprévu, du miracle et même du surréel, sans connexion avec sa vie singulière et sa personnalité. Le quotidien et les caractères biogénétiques de l'individu sont transcendés dans le «*rêve hiéroglyphique*» qui réalise le véritable «*Idéal artificiel*», selon les termes mêmes de BAUDELAIRE.

Les mondes virtuels dans lesquels s'immergent les sujets casqués et gantés, par leur fonction onirique et psychédélique rassemblant artificiellement toutes les sensations et les perceptions proprioceptives de l'organisme humain en interaction avec la mémoire et les programmes de l'ordinateur, ressemblent aux drogues dont BAUDELAIRE fit l'éloge. Drogues et mondes virtuels stéréoscopiques induisent un *sens esthétique du simulacre* qui n'est pas moins authentique en lui-même que le sens esthétique éprouvé à la lecture ou à l'audition d'une poésie. Les images de synthèse stéréoscopiques sont plus que de simples images planes regardables à distance ; elles entraînent à la fois les réactions motrices et psychiques de l'organisme. De ce fait, le simulacre devient presque parfait, il remplit au mieux sa fonction de réalisation du fictionnel, et l'esprit de l'observateur/animateur est empreint *simultanément* du caractère de *présentification* de la scène calculée pseudo-réaliste et de son *irréalisme absolu*.

La puissance de calcul des images 3D ne conduit pas à l'affaiblissement ou à la dégradation de l'onirisme esthétique — comme certains se plaisent parfois à le supposer, en regrettant que la technoscience se soit emparée du monde des rêves et du fantasme — ; elle rend *opérationnelle* l'effectuation imaginaire du rêve éveillé, par l'interaction du simulacre et de l'observateur/animateur. A cet égard, une esthétique *totale* se démarque de l'esthétique traditionnelle des images visualisées sur un écran : celui qui regarde les images en relief n'est plus passif, il conduit personnellement, «*de l'intérieur*», l'évolution et la transformation des espaces de synthèse. Il s'agit d'une forme — certes, ce n'est pas la seule imaginable ! — de «*rêve hiéroglyphique*» baudelairien moderne. D'ailleurs, le mot «hiéroglyphe» (marquant le secret, le mystère d'une écriture) convient assez bien pour qualifier *l'immatérialité logicielle* des espaces virtuels de synthèse, dont toute la «substance originelle» n'est faite que de matrices numériques exprimables en chiffres binaires.

Outre ces simili-présences en stéréovision, virtuelles et interactives, intéressant aussi bien les adultes que les enfants pour leur aspect spectaculaire mais aussi pour leur *esthétique proprioceptive globale* (puisqu'elles font entrer en jeu tous les mécanismes sensitifs moteurs et biorythmiques, *en plus de la vue et de l'ouïe*), tout concourt, technologiquement, à la définition d'une esthétique du simulacre à partir de l'imagerie de synthèse. Nous n'évoquerons ici que quelques autres techniques typiques de cette différenciation par rapport à l'esthétique concrète traditionnelle : le *cinéma numérique*, la technique du *lancer de rayons* («*ray tracing*»), le *rendu de texture virtuelle* («*mapping*») et *l'holographie, classique et numérique*. Toutes possèdent en commun un même objectif : engendrer l'illusion du «vrai», du réel, à partir de données numériques virtuelles dont la seule origine phénoménale réside dans les programmes de calcul fournis à l'ordinateur, y compris en holographie de synthèse.

Le *cinéma numérique* mêle le réel et le virtuel en superposant des scènes calculées à des scènes filmées concrètement par une caméra. Dans un décor réel, filmé en premier et servant de cadre spatial aux personnages et aux objets, l'infocinématographiste incruste des images calculées, par l'intermédiaire d'une caméra numérique dite, elle aussi, «virtuelle», asservie aux mouvements et perspectives déterminés par la caméra «réelle», en l'occurrence une caméra vidéo classique. La technique de l'intégration du virtuel dans le réel a donné lieu à des productions cinématographiques américaines célèbres : par exemple *Tron* et *Star Trek II* (1982), *2010 : Odyssée II* (1983), *Willow* (1988), *Terminator II* (1991), *Jurassic Park* (1993) et bien d'autres courts ou longs métrages depuis le début des années 1980.

L'art cinématographique informatisé n'est pas le rival mais plutôt l'allié du cinéma sur pellicule argentique ou sur bande magnétique. Il permet de porter le rêve et le fantastique au plus haut degré, en couplant les deux sortes de caméras, la caméra «virtuelle» étant, en fait, *l'ordina-*

teur lui-même connecté à un écran numérique de visionnement. Tous les principes de modélisation précédemment exposés sont exploités dans ce système cinématographique, mais il faut en plus donner l'impression du mouvement, donc calculer vingt-cinq images par seconde. Cela représente des milliards d'opérations arithmétiques par plan cinématographique durant plusieurs minutes, donc des temps de calcul importants (plusieurs centaines d'heures), même avec des ordinateurs puissants. L'incrustation *en post-production* de scènes virtuelles à l'intérieur de scènes filmées en direct, c'est-à-dire au moment de l'assemblage cohérent en studio des deux sortes d'images, constitue donc un raccourci commode pour l'apparition d'images synthétiques mobiles dans des films de longue durée.

Mais la création du mouvement artificiel est dévoreuse de temps de calcul; aussi la technique de *l'interpolation* numérique est-elle souvent employée : on ne calcule précisément que quelques images à intervalles réguliers, y compris bien entendu la première et la dernière d'une même séquence, l'ordinateur étant chargé programmatiquement de calculer les mouvements intermédiaires, et de les mettre en mémoire. Le dessin animé par ordinateur procède de la même manière. L'intérêt majeur de l'incrustation numérique réside aussi dans le fait que des corps et des visages réels peuvent être insérés dans les scènes filmées, *après leur numérisation* effectuée sur des images arrêtées du mouvement.

Ainsi, le corps d'une danseuse réelle peut être filmé en continu, puis des moments clés de son évolution sont choisis par arrêt sur l'image cinématographique, afin d'en numériser les contours et de les mémoriser, pour servir à reproduire, par interpolation et incrustation future, la danse artificielle d'un être synthétique. Evidemment, ce ne sont plus des êtres humains qui évoluent, mais des sortes d'androïdes parfois très réalistes ou, au contraire, d'allure «hyper-cybernétique». De même, un visage exprimant la colère, la fureur, la joie, l'hilarité, la tristesse ou toute autre expression typée significative, peut être directement numérisé sur un visage réel filmé par une caméra numérique, ses reliefs apparents étant calculés à partir d'une grille formée de courbes irrégulières entrelacées, selon les principes de la modélisation par carroyage ou par pôles, propre aux surfaces gauches.

Pour créer une *cohérence* parfaite, dans l'image composite, entre l'image réelle et l'image numérisée, le système informatique dispose en mémoire de tables de conversion mathématique qui font coïncider la tridimensionnalité de l'espace réel et celle de l'espace synthétique, ces deux espaces de nature hétérogène devant être exactement superposés.

L'ordinateur est donc asservi à la caméra vidéo dans tous ses mouvements qui sont eux aussi numérisés et stockés en mémoire. Dans les films entièrement synthétiques, qui sont encore de courte durée (quelques minutes) vu l'énormité des calculs exigés, tout est factice : les «acteurs» autant que les objets simulés, et il n'est pas impossible d'imaginer des acteurs et des figurants plus vrais que nature, ayant un physique et une psychologie d'emprunt dignes des meilleurs acteurs réels connus. Les sociétés d'imagerie filmique numérique envisagent même de créer des banques de location d'acteurs et de figurants synthétiques dont ils auraient l'exclusivité, enregistrés dans des bases de données et gérés cinématographiquement par des logiciels protégés. Le «*casting numérique*» n'est plus une idée farfelue!

Tous les mixtes sont possibles par incrustation : visage réel d'acteur sur corps synthétique, visage numérisé à partir de celui d'un personnage réel, jeu d'acteurs réels dans un décor artificiel, mélange de paysage réel et artificiel, voix de synthèse ou voix réelle enregistrée. Le cinéma s'émancipe de l'objet extérieur prédonné en faisant triompher le règne du simulacre et en trompant le spectateur sur la ligne de partage entre réel et virtuel. Ajoutons, d'ailleurs, que pour porter l'illusion de la qualité filmique classique à son comble, l'intégralité d'un film synthétique en vidéo est repiquable point par point *sur un film argentique 35 mm*, par l'intermédiaire d'un microdensitomètre à balayage ou de tout système d'analyse d'images au laser.

La simulation des ombres et des lumières par la technique du *lancer de rayons* («*ray tracing*») représente l'un des atouts majeurs du cinéma de synthèse autant que de l'image numérique fixe. En fonction de la position de la caméra virtuelle, les rayons lumineux qui atteignent les objets doivent être mathématiquement modélisés. Comme on ne sait pas exactement quel est le trajet d'un rayon lumineux réfléchi à partir de la surface de l'objet réfléchissant, l'infographiste simule *des trajets inverses* : de la caméra virtuelle, c'est-à-dire l'observateur, à l'objet. Selon le modèle physique du trajet en ligne droite de la lumière, un rayon lumineux est dévié lorsqu'il rencontre une surface opaque — phénomène de diffraction — ou bien il traverse l'objet si ce dernier est transparent, avec un coefficient de réfraction variable selon la nature du matériau traversé. Des algorithmes sont capables de simuler ces phénomènes, et donc les ombres et les zones lumineuses qui entourent les objets, en fonction des propriétés physiques de l'espace entrées en mémoire d'ordinateur. Plus les paramètres sont nombreux, plus le calcul des rayons lumineux est fin et producteur d'effets réalistes.

Les ombres portées, les transparences, les reflets, les effets de miroir, les zones de pénombre et les impressions de flou, déterminés par le «*ray tracing*», sont modélisés par des schémas-types d'illumination qui s'appliquent aux objets polyédriques en volume, nés généralement d'une première modélisation «en fil de fer», par sections ou par solides de révolution. Le calcul de l'illumination tient compte des orientations des mini-facettes de base et des reflets réciproques créés par les surfaces des objets entre eux. La méthode du lancer de rayons ne calcule que les rayons nécessaires pour impressionner un film fictif, c'est pourquoi il procède d'une simulation du trajet lumineux à partir de l'objectif virtuel. L'algorithme calcule aussi, de ce fait, les couleurs à attribuer aux pixels de l'image éclairée, puisqu'elles dépendent elles-mêmes du trajet suivi par les rayons de lumière. Le premier objet rencontré par un rayon définira partiellement la couleur du pixel correspondant, et la couleur définitive sera obtenue par recombinaison de tous les rayons passant fictivement par ce pixel, en vertu des lois de l'optique modélisées dans la mémoire.

Quant au *flou* de synthèse, il s'obtient sur le modèle de la technique photographique consistant à modifier sélectivement la profondeur de champ en ouvrant plus ou moins largement le diaphragme de l'objectif. Les zones de l'image sélectionnées pour l'effet de flou en fonction de la focalisation de l'objectif *virtuel*, simulant un observateur réel, sont délimitées numériquement, puis *un algorithme «d'imprécision»* leur est appliqué. Il consiste généralement soit à réduire le contraste entre pixels voisins, en créant un effet de crénelure suffisamment régulier pour que l'impression de continuité soit sauvegardée mais brouillée, spécialement aux contours des objets, soit à désaturer les couleurs en les ternissant et en les nimbant de grisaille ou d'effet de brouillard, par suppression de détails et faible contraste lumineux entre zones voisines. Cela est faisable dans la mesure où chaque pixel étant codé sur plusieurs bits (généralement 3 x 8 bits, soit un octet par couleur RVB fondamentale), un filtrage numérique de l'intensité lumineuse peut s'exercer sur chacun des pixels, en modifiant les octets qui définissent l'intensité des couleurs de base attribuées à chacun des pixels. Les effets de flou et de profondeur de champ qui leur sont corrélatifs, sont calculés en infographie avec une réelle maîtrise artistique, aussi bien en esthétique de l'image fixe qu'en esthétique infocinématographique, simulant avec réalisme le véritable flou photographique.

Les logiciels de *texture* sont aussi l'une des pièces essentielles de l'art du simulacre infographique; de plus en plus perfectionnés, leurs programmes simulent à merveille d'innombrables matériaux tels que des essences de bois diversifiées, avec leurs veinures spécifiques, des écorces d'arbres, des roches avec leur granularité et leurs teintes nuancées, du marbre, du bronze ou d'autres sortes de matériaux. Les effets de nuage, les vagues aquatiques, le feu, la terre, les éléments naturels minéraux, végétaux, liquides ou aériens : montagnes, arbres d'une forêt, feuilles et fleurs, surface d'un lac ou tourbillons d'un fleuve, arc-en-ciel, bref : tout type de texture *d'ensemble ou de détail* est à la portée des logiciels texturaux.

L'infographiste dispose à cet effet de plusieurs possibilités techniques plus ou moins complexes, soit directement en puisant dans une sorte de bibliothèque préétablie de textures déjà calculées ou directement dessinées à la palette graphique puis numérisées, soit en passant par le stade intermédiaire de la *photographie numérisée* de textures appartenant à des objets concrets tridimensionnels. Par le truchement d'un scanner de numérisation de l'image photographique de base, ou bien, plus directement, par celui d'une caméra numérique à écrans CCD, l'artiste introduit ses données texturales dans la mémoire informatique. Il s'agit ensuite de procéder au recouvrement exact de la forme modélisée en 3D, qui se voit ainsi *enveloppée par la texture*, en fonction des effets de relief et du volume géométrique appartenant à l'objet. On appelle cette procédure d'habillage des formes en 3D visualisées sur l'écran, du nom anglais «*mapping*», le mot «*map*» signifiant la carte géographique, d'où l'idée de revêtir les volumes d'une sorte d'enveloppe cartographique qui épouse parfaitement leurs formes. Ce placage de texture tient compte des phénomènes de réflexion, de diffraction, de miroitement, de flou, d'opacité, de translucidité et de transparence, en relation avec la perspective et la propagation des rayons lumineux, imposées par la caméra virtuelle.

Les effets d'agrandissement en chaîne d'un même motif textural («*zooming*») présentent l'intéressante particularité de transformer un effet de matière basique en d'autres effets de matière successifs, à la condition complémentaire que les paramètres d'éclairement de l'objet et la direction de projection de ce dernier aient été fournis à la mémoire de l'ordinateur. A diverses *échelles d'agrandissement*, et en jouant sur les 3 x 8 octets chromatiques RVB généralement disponibles sur les systèmes évolués, un motif de base comme celui du granite pourra devenir par exemple de l'onyx, puis du marbre, puis une forme minérale ou végétale, puis du tissu moucheté ou à motifs aléatoires, ou encore, parmi de nombreuses possibilités, n'importe quel matériau synthétique tel que verre, plastique, métal.

D'autres algorithmes plus complexes, les *algorithmes fractals*, donnent la possibilité de simuler des surfaces matérielles infiniment *irrégulières*, formées de plis, de replis et de structures plus ou moins chaotiques, indescriptibles par de simples équations mathématiques linéaires. Cette *géométrie fractale*, popularisée depuis les années 1970 par le mathématicien et informaticien Benoît MANDELBROT, mais étudiée dès la décennie précédente, repose le plus fréquemment sur des processus de calcul aléatoire. Elle permet de donner l'impression de textures naturelles extrêmement réalistes. Pour l'instant, nous ne développerons pas plus précisément le thème techno-esthétique de la fractalité, lui réservant un chapitre spécial de ce livre (chap. II, 1.2.), à la mesure de l'importance qu'il a prise en esthétique infographique depuis le début des années 1980.

L'infographie texturale ouvre concrètement, par algorithmes interposés, l'ère des transformations phénoménales illimitées, confondant l'être et l'apparaître, imbriquant subtilement les effets de matière et de texture entre eux, en un jeu renouvelable *ad libitum* de déterminisme logico-numérique et de fantaisie poétique. L'esthétique classique de l'imitation de la nature et de la représentation y est exclue, car l'infographie texturale veut faire mieux que d'imiter : elle se propose de créer de toutes pièces, par des artifices réglés et invisibles en eux-mêmes, des univers visuels plus vrais et parfois plus riches de subtilités chromatiques et morphologiques, que la réalité elle-même. Parler à ce propos d'hyperréalisme serait le plus souvent erroné : si l'infographie simule à s'y méprendre les objets et les scènes de la réalité physique, il ne faut pas oublier, avant tout, qu'elle les construit intégralement en vertu d'artifices technologiques strictement illusionnistes, impliquant l'adoption explicite de procédés *standardisés et codés* de recréation fictive du réel.

Peut-on affirmer qu'une forme techno-scientifique est «*vraie*» ou «*réaliste*», par comparaison avec des exemplaires réels de cette forme de synthèse ? Une telle affirmation n'aurait aucun sens si l'on ne supposait pas, invariablement, qu'entre un objet concret que l'on peut toucher, et une simulation de cet objet, même très «réaliste», il existe toute la force de l'esprit d'abstraction qui *code des apparences*, des univers visuels en soi, qui n'ont, tout compte fait, aucune obédience naturelle à l'égard des choses réelles, ni aucune justification à leur fournir. Les «mondes virtuels», selon l'expression désormais popularisée, évoluent, se transforment et détiennent leur entière légitimité *des règles logiques du codage de leurs apparences*. Les images 3D de la technoscience ne sont pas, à proprement parler, hyperréelles, elles sont plutôt surréelles : littéralement, elles transcendent le réel, sans pour autant le dévaloriser ; en fait, elles n'appartiennent pas au même monde. Seul un esprit néoplatonicien désuet pourrait prétendre comparer ces simulacres aux choses naturelles ou industrielles qu'ils évoquent.

C'est précisément à partir de cette différence *d'ordre logique*, relative aux langages de programmation, que peut naître une véritable esthétique techno-scientifique, avec ses principes techniques et ses méthodes de réflexion autonomes. L'infographiste n'est certainement pas un démiurge, comme se plaît quelquefois à le dire la littérature spécialisée dans ce domaine. Il serait plutôt définissable comme *un logicien des formes artificielles*, qui transpose visuellement des nombres sans que l'œil ni la main soient les agents physiques directs du résultat, mais uniquement des causes intentionnelles *médiatisées par le codage électronique des formes*, lui-même résultant de la théorie scientifique appliquée du traitement numérique de l'information. L'intentionnalité artistique détermine les paramètres quantitatifs et les modèles qualitatifs (volumes, éclairement, couleurs, perspective, textures), pour les confier et s'en remettre à *l'ingénierie*, équivalent français du terme anglo-saxon «*engineering*», employé dans le langage de la technologie industrielle.

b. Simulacres holographiques

Après avoir présenté les principes essentiels de la simulation infographique 3D, en images fixes ou animées, et réfléchi sur ses implications techno-esthétiques, il nous reste à examiner d'un point de vue analogue les principes et méthodes de *l'holographie artistique*, de plus en plus souvent prisée par les artistes contemporains.

La technoscience de l'holographie fut exposée dès 1947 par le physicien britannique d'origine hongroise Dennis GABOR, dont la découverte fut récompensée par le prix NOBEL en 1971. En fait, cette découverte ne put être vraiment industrialisée qu'en 1961, avec la création du *laser*. Aujourd'hui, deux méthodes technologiques différentes de création d'hologrammes suscitent l'intérêt des artistes : les hologrammes obtenus à partir de l'enregistrement des rayons lumineux *provenant d'objets réels*, et ceux qui sont obtenus à partir *des calculs numériques des paramètres* caractérisant la lumière réfléchie *par un objet purement fictif, inexistant*. Ces derniers hologrammes sont donc synthétiques ou numériques, provenant intégralement du codage artificiel d'ondes électromagnétiques *simulées*. Le néologisme «*sithogramme*» est parfois employé pour désigner la synthèse d'images tridimensionnelles holographiques.

Le procédé le plus couramment mis en œuvre par les créateurs est le premier évoqué. En holographie classique, le support sensible de l'image est beaucoup plus grand que celui employé en photographie : la plaque holographique peut être parfois de dimensions supérieures à 1,5 m x 1,5 m, selon les dimensions des objets holographiés. Les matériaux d'enregistrement de la lumière sont divers : le support le plus ancien est l'émulsion chimique aux halogénures d'argent, utilisée en photographie traditionnelle, mais son pouvoir séparateur y est nettement supérieur, de cinq à sept mille traits au millimètre, soit une densité d'information potentielle environ cinq fois supérieure à celle permise par une diapositive en couleurs de grande qualité. Le pouvoir séparateur élevé de la plaque holographique en fait une excellente mémoire de formes visuelles de tous ordres, à tel point qu'il est envisagé d'en étendre massivement l'utilisation aux mémoires informatiques.

D'autres matériaux d'enregistrement, non argentiques, offrent d'encore plus remarquables performances de mémorisation : les cristaux électro-optiques (réversibles, c'est-à-dire «effaçables», donc presque indéfiniment réutilisables), les films thermoplastiques (l'enregistrement lumineux s'effectue par déformation d'un polymère de synthèse) ou, entre autres, les photorésines. Par ces procédés, l'archivage de données (y compris dans certains cas de *données acoustiques ultrasonores*) peut se matérialiser sur des microfiches holographiques hyperdenses, capables de stocker deux cents millions de bits et plus, sur un centimètre carré d'émulsion holographique !

Sans même connaître les méthodes d'enregistrement de l'image holographique, ces considérations quantitatives, relatives à *l'hyperdensité de l'information* stockable dans l'épaisseur de l'émulsion chimique, font comprendre en partie les capacités techniques de l'holographie quant au réalisme illusionniste de ses images simulées en relief. Le quantitatif informationnel s'y révèle la condition primordiale, en l'occurrence, de la valeur qualitative du simulacre iconique, auquel ni la photographie bidimensionnelle ni l'image infographique 3D ne sauraient être comparées sous cet angle précis de l'hyperdensité mémorielle. Les aspects physiques quantifiés de la technoscience ne représentent pas *pour l'utilisateur artiste ou technicien*, à cet égard comme à beaucoup d'autres, de simples superfétations ; il s'agit-là au contraire de conditions désormais indispensables, devenues nécessaires pour l'émergence et l'expérimentation d'une forme conceptuelle et pratique de l'art contemporain, liée à l'esthétique du simulacre généralisé.

Examinons à présent la méthode générale *d'enregistrement et de lecture* des hologrammes classiques (non synthétiques) et les intentions esthétiques guidant les artistes modernes à partir de leur création en tant

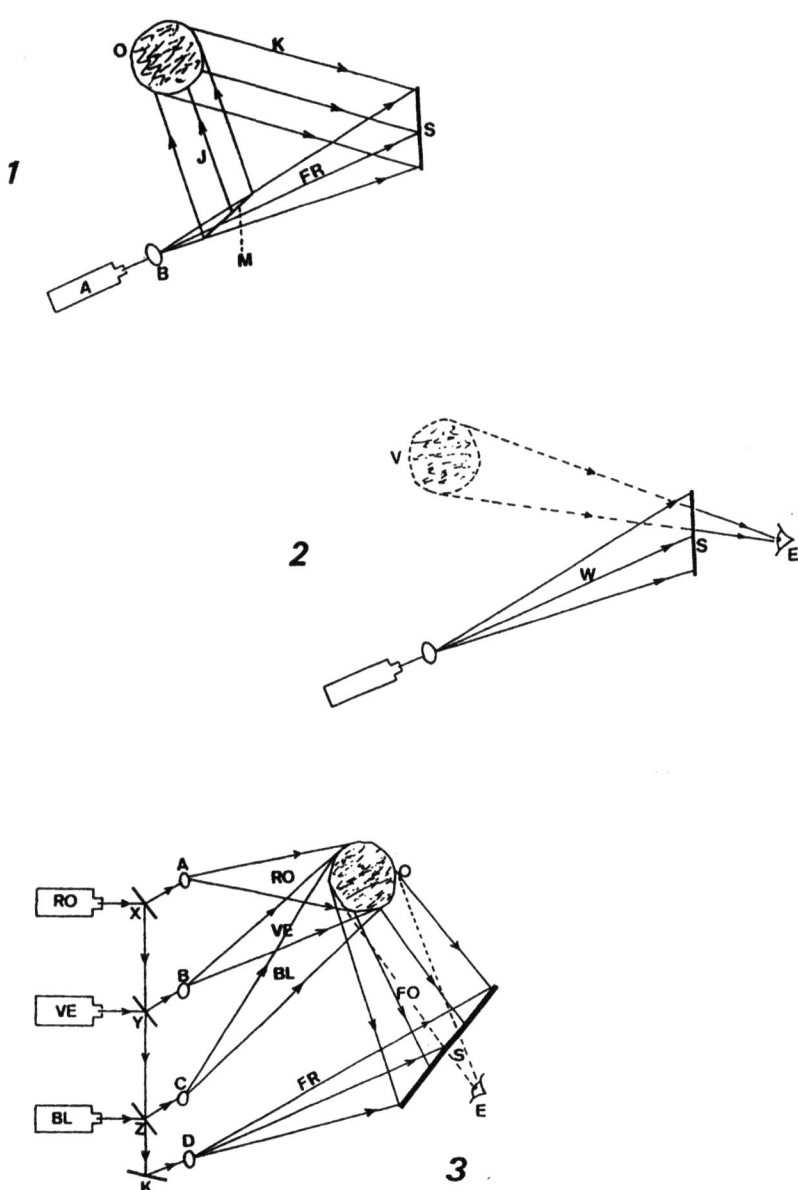

Planche X — 1. Hologramme monochromatique par transmission. *Enregistrement*. 2. Hologramme monochromatique par transmission. *Restitution*. 3. Hologramme polychromatique par transmission. *Enregistrement et restitution*.

qu'œuvres d'art. Il convient, dans un but didactique, d'établir en premier lieu la différence entre la photographie traditionnelle et l'holographie.

En photographie classique, seules *les intensités lumineuses* des photons réfléchis par les objets, sont prises en compte. Ces intensités correspondent approximativement aux carrés des amplitudes des ondes électromagnétiques qui impressionnent le film photosensible. Les informations physiques concernant *les longueurs d'ondes et les phases* des faisceaux lumineux incohérents, qui diffusent dans tous les sens de l'espace environnant et chacun à son rythme, sa fréquence propre, ne sont pas enregistrées dans le support filmique. Rappelons simplement que les ondes lumineuses, comme toutes les ondes électromagnétiques, se propagent dans l'espace selon un *modèle mathématique sinusoïdal*, défini par les composantes fondamentales : amplitude, fréquence (mesurée en cycles par seconde), longueur d'onde et phase. Dans un rayonnement incohérent, les amplitudes maximales et minimales des ondes électromagnétiques ne se produisent pas de concert, synchroniquement, mais de façon asynchrone, car il y a des *différences de phases* entre les mouvements sinusoïdaux des diverses longueurs d'ondes. Il en résulte l'impossibilité radicale de restituer le relief des objets photographiés, ce dernier exigeant l'enregistrement des informations de phase et de longueur d'onde, ce que ne permet pas l'appareil photographique.

L'enregistrement holographique, afin de prendre en compte phase et longueur d'onde en plus de l'intensité lumineuse, doit s'effectuer par l'intermédiaire d'un *rayonnement laser* monochromatique parfaitement *cohérent*, créateur de l'impression de relief au moment de la restitution de l'image. Captant l'information morphologique intégrale de l'objet, l'hologramme est bien une «*écriture iconique totale*», comme l'indique son appellation d'origine grecque. Deux types d'hologrammes peuvent être distingués : *par transmission* et *par réflexion*, l'un et l'autre type pouvant être seulement monochromatiques ou bien en couleurs, cette seconde éventualité faisant appel à trois faisceaux lasers RVB (rouge, vert, bleu) pour l'enregistrement autant que pour la restitution visuelle.

Dans un hologramme *par transmission* [cf. planche X], le laser (A) émet un faisceau monochromatique mince de lumière cohérente, ouvert par une lentille optique (B) qui étale le faisceau sur l'intégralité de la plaque holographique (S). C'est le faisceau laser *direct* ou «*faisceau de référence*» (FR), dont une partie (J) est diffractée, par l'intermédiaire d'un miroir de diffraction (M), *en direction de l'objet holographié* (O). A son tour, l'objet (O) réfléchit par le rayonnement (K) de chacun de ses points, la partie diffractée du faisceau laser. Dans la plaque holographique se forment *des franges d'interférences* perpendiculaires à la plaque, par la rencontre du faisceau de référence (FR) et du faisceau réfléchi (K).

Le codage des informations de phase, de longueur d'onde et d'amplitude est ainsi réalisé, pour chaque point de l'objet, et sera *restitué visuellement en trois dimensions* (après développement de la plaque, s'il s'agit d'une émulsion photo-argentique), par illumination de la surface sensible au moyen d'un faisceau laser identique et placé au même endroit qu'au moment de l'enregistrement [cf. planche X]. Le spectateur (E) observant l'image virtuelle restituée (V) est placé derrière la plaque holographique (S) éclairée par un faisceau laser (W) identique au faisceau de référence et placé au même endroit qu'au cours de l'enregistrement. *En se déplaçant latéralement ou verticalement*, le spectateur peut observer *différentes perspectives* de l'objet virtuel, puisque chacune des parties de la plaque holographique a enregistré *tous les points* de l'objet à la fois, donc l'information lumineuse *de l'intégralité de l'objet*, mais selon des optiques variées.

Cette variété de perspectives sur l'objet virtuel constitue d'ailleurs une différence fondamentale par rapport à la photographie : l'image photographique résulte d'une focalisation *point par point* de l'objet sur le négatif, par l'entremise de l'objectif photographique qui réunit les ondes incohérentes en un faisceau ponctuel. Sur l'espace plan du négatif, chaque point de l'objet est inversé par rapport à sa position naturelle, et ne correspond qu'à un seul point de cet objet. Dans un hologramme, *tous les points de l'objet* sont enregistrés *en tous les points de la plaque holographique*. Seule varie, pour chaque petit fragment de l'hologramme, la perspective que l'on a de l'objet virtuel. Soit, par exemple, un hologramme de 50 cm x 50 cm, d'une sculpture ou d'un objet quelconque ; si l'on décidait de couper cet hologramme en quatre morceaux, ou plus, leurs restitutions visuelles respectives au moyen d'un faisceau laser permettraient de réobtenir des représentations tridimensionnelles, de grandeur identique, *de l'ensemble* de cette sculpture ou de cet objet, *sous autant d'angles de vues différents* qu'il y aurait de morceaux. Seuls varient les champs de vision, chaque fragment de l'hologramme, aussi petit soit-il, contenant virtuellement l'intégralité de l'information afférente à l'image 3D complète.

A la différence des hologrammes par transmission, antérieurement évoqués, les hologrammes *par réflexion* (hologrammes « arc-en-ciel ») sont restituables au moyen d'une lumière blanche équilibrée, provenant d'une source ponctuelle qui n'est pas un laser. Mais le laser demeure indispensable pour l'enregistrement. Les artistes, en particulier, ont perçu la facilité d'usage des hologrammes artistiques *par réflexion*, pour l'exposition et la visualisation publique. Dans ces hologrammes, les franges d'interférences sont parallèles à la plaque, et non perpendiculaires comme dans l'autre cas. Elles jouent le rôle de miroirs réfléchissant uniquement les rayons dont les longueurs d'onde correspondent à celles qui ont formé les franges dans l'émulsion holographique. Compte tenu de cette différence par rapport à l'hologramme par transmission, il s'agit toujours de créer des franges interférentielles dans la plaque sensible (*ondes stationnaires* dont le principe avait été déjà inventé en 1891 par le physicien Gabriel LIPPMANN, en photographie directe des couleurs selon la méthode interférentielle), par la combinaison du faisceau laser de référence et du rayonnement réfléchi par l'objet. Le système visuel du spectateur observera l'image virtuelle, restituée par réflexion du faisceau de lumière blanche, du même côté que celui où se trouve la source d'éclairage.

Les principes généraux de l'holographie *polychromatique* demeurent identiques, mais trois faisceaux lasers de référence, superposés à la restitution, sont utilisés à cet effet, l'un dans le rouge, l'autre dans le vert et le troisième dans le bleu. Les trois lasers RVB émettent des faisceaux de longueurs d'ondes précises. Trois miroirs diffractent une partie de la lumière des lasers, élargie et diffusée sur l'objet holographié par des lentilles optiques, tandis qu'un autre miroir renvoie sur la plaque sensible la somme des trois faisceaux de couleurs : le faisceau de référence polychromatique. Les franges d'interférences se créent classiquement dans la plaque holographique par rencontre du faisceau de référence et du faisceau réfléchi. Après développement de la plaque argentique (ou bien presque sans délai s'il s'agit de cristaux électro-optiques ou d'un film thermoplastique), l'image 3D virtuelle sera restituée en éclairant l'hologramme par les trois lasers placés au même endroit, l'œil du spectateur étant situé derrière la plaque [cf. planche X].

Les artistes furent très vite séduits par les perspectives d'expression qu'offre l'holographie. Salvador DALI y voyait même une nouvelle renaissance des arts plastiques, qui s'accordait parfaitement avec son sens exacerbé de l'hyperréalisme métaphysique, ancré dans la technoscience. «*L'hypervisuel*» qu'était DALI (il considérait, par opposition, la musique comme un art inférieur !) aimait cette technoscience capable de produire des simulacres à partir d'informations morphochromatiques virtuelles. Le peintre a d'ailleurs déclaré avoir lui-même trouvé le moyen de peindre à l'huile en relief et en produisant l'apparence du moiré, en colorant de minuscules lentilles paraboliques semblables à des yeux d'insectes. Dans l'holographie, le virtuel et le réel se confondent : c'est le signe d'un véritable hyperréalisme métaphysique, pour DALI, car il est commandé par la science appliquée.

La séduction du simulacre holographique se manifeste au cours d'expositions itinérantes ainsi qu'au sein de musées de l'holographie (Paris, New York, Londres), dans lesquels l'illusion du vrai se donne de multiples visages, tantôt hyperréalistes, tantôt abstraits, à l'instar de la peinture ou de la sculpture. Les adeptes de la techno-esthétique *incrustent des hologrammes* dans leurs tableaux, dans leurs sculptures, ou bien en font *des tableaux à part entière*. Ils mêlent le réel et le virtuel par combinaison d'un objet naturel et d'une image holographique enfermés dans des boîtes en plexiglas ; ils manient des objets virtuels en trois dimensions, avec leurs ombres portées et leurs reflets ; ils exposent leurs créations artisanales (dès 1972, un grand bijoutier de New York exposait ses «pièces holographiques» de joaillerie ; un célèbre parfumeur parisien en faisait autant pour mettre ses parfums en valeur) ; ils invitent *à explorer activement les perspectives variées* qu'un observateur peut avoir sur le même hologramme, car ces images 3D appellent le mouvement du corps, de la tête, et même des mains qui voudraient les toucher, percevoir tactilement un peu de leur immatérialité.

En Allemagne, un *décor holographique de théâtre* a été réalisé pour la création d'une pièce de KAFKA, le metteur en scène voulant ainsi recréer l'atmosphère psychologique angoissante de la pièce de théâtre, faite d'irréalité indéfinissable et confinant à l'absurde. Par l'holographie artistique, c'est en quelque sorte l'idée de la transcendance de l'objet d'art qui est en marche, de son immatérialité originelle. Le laser décuple le fantasme de la poétique toute aérienne, vibratile, qui est immanente à l'émergence du projet artistique, *soudain matérialisé par son immatérialité même*.

La mémoire intégrale des signaux lumineux réfléchis par l'objet, en tout point de la plaque sensible, alimente et autorise la concrétisation des rêves de surmultiplication des faces virtuelles inexplorées de l'objet, de ses aspects impensés devenus étranges, fantômes d'eux-mêmes, abstraits, par le jeu de la division arbitraire du support d'origine. Intégrés dans des compositions holographiques qui renouvellent la philosophie du collage artistique, ces *fragments du tout* régénèrent à leur façon propre l'information d'ensemble tout en la cassant : c'est un peu le mythe de l'Hydre de Lerne dont les têtes repoussaient au fur et à mesure qu'on les tranchait, qui prend corps, un corps tout immatériel, dans la composition holographique née de la division de la plaque sensible d'origine. DALI était enthousiasmé par cette idée qu'une seule molécule de l'émulsion pouvait contenir en elle l'image tridimensionnelle intégrale, un peu à la manière d'une hostie dont chaque fragment contient et symbolise, pour un chrétien, le corps divin.

Dans le regard porté sur l'image virtuelle de l'hologramme, ce n'est pas une réalité tangible que rencontre l'observateur, c'est *la pure apparence*, reflet elle-même de milliards d'informations physico-mathématiques matérialisées au moment exact de la rencontre des faisceaux, sous forme d'ondes stationnaires inscrites *virtuellement* dans le matériau récepteur. Les artistes préfèrent travailler, généralement, avec des hologrammes par réflexion, puisqu'ils sont restituables sous l'effet d'une lumière blanche intense mais ordinaire, ce qui facilite l'exposition muséale ou itinérante. Un hommage à Léonard de VINCI a été rendu, en 1990, par un artiste holographiste italien, François MAZZERO, qui a recréé sous forme d'hologrammes en couleurs certains projets de machines dessinées par l'artiste : l'illusion succède au rêve, par la simulation au deuxième degré, la simulation optique d'une simulation graphique.

Grâce à la rapidité et à l'intensité d'impulsions lumineuses laser extrêmement brèves (lasers pulsés), de l'ordre de la nanoseconde ou même de la picoseconde (respectivement un milliardième de seconde et le millième de ce milliardième), le mouvement peut être saisi par l'holographie. Mais le cinéma holographique proprement dit demeure plus délicat à réaliser publiquement que le cinéma infographique, car les stéréogrammes, au rythme cinématographique normal de vingt-cinq hologrammes par seconde, ne peuvent être projetés sur un écran plan, visible par des centaines de personnes. Les premiers essais (français) de cinéholographie sur film 35 mm, à la cadence de vingt-cinq hologrammes par seconde, remontent à 1983, avec, à l'époque, une durée d'environ deux minutes seulement. Les problèmes technologiques liés à la captation et à la diffusion collective des images virtuelles 3D en mouvement continu représentent autant de limitations que de désirs de dépassement pour l'imaginaire artistique, car l'esthétique du simulacre défriche sa route aussi bien à travers ses réussites techno-scientifiques qu'au travers de ses obstacles techniques. C'est, d'une certaine manière, la loi pratique, expérimentale, de toute intention artistique qui s'affirme comme une volonté d'inauguration.

La *numérisation intégrale* de l'holographie s'offre à son tour comme une technologie novatrice dans la perspective de son utilisation créative par les artistes. En holographie synthétique, les stéréogrammes sont entièrement générés à partir des calculs programmés en ordinateur, *en l'absence de tout objet réel*. L'imaginaire artistique y retrouve plus que jamais ses ailes de liberté, puisque le simulacre en trois dimensions peut être créé de toutes pièces, en vertu des lois de la seule logique rationnelle du langage de programmation. La mémoire de l'ordinateur contient un objet fictif, défini par ses caractéristiques géométriques, qui tient lieu d'objet réel. Il s'agit en premier lieu de *définir mathématiquement* les coordonnées spatiales des points appartenant à l'objet ou à la scène visuelle imaginaire considérée dans son ensemble. La modélisation de l'objet (ou de plusieurs) conduit donc à proposer une visualisation infographique tridimensionnelle, née des calculs stéréométriques à partir desquels sont calculées les intensités lumineuses réfléchies par cet objet virtuel, en fonction, par exemple, des procédures habituelles de «ray tracing» et des lois optiques de la diffraction. On calcule ensuite par ordinateur, donc *uniquement par référence au modèle objectal virtuel*, la répartition d'amplitude et de phase de la lumière diffusée (clé du relief holographique) dans le plan du support d'enregistrement holographique, par simulation théorique de franges d'interférences nées de la rencontre d'un faisceau de référence quantifié et du faisceau réfléchi par l'objet calculé.

Le programme informatique doit donc d'abord échantillonner la forme mathématique 3D de l'objet, puis échantillonner les amplitudes lumineuses théoriques réfléchies par l'objet, enfin, il lui faut échantillonner la combinaison *interférentielle* de l'amplitude d'une onde de référence arbitraire avec l'amplitude calculée de l'onde réfléchie par l'objet virtuel. Diverses méthodes pratiques existent pour créer des hologrammes synthétiques : toutes aboutissent à construire des fronts d'ondes artificielles qui donnent naissance à des franges d'interférences purement numériques, par simulation de faisceaux réels. En mémoire d'ordinateur, un tel hologramme s'écrit en langage binaire universel. Les informations quantifiées *d'amplitude et de phase* sont sauvegardées sous forme de matrices numériques pour d'éventuelles recréations à l'identique dans la matière enregistreuse, ou bien en vue d'autres créations, modifiées par changement de l'information numérique de phase et d'amplitude.

En holographie synthétique tout comme en infographie 2D ou 3D, l'art s'en remet *in fine* à la seule mémoire digitale, qui détient en puissance les effets esthétiques et résume toute l'intention artistique, en la cristallisant en séquences d'informations binaires, discontinues. La notion de «tableau holographique», appliquée aux œuvres (éventuellement publicitaires) nées entièrement de l'interférence photonique de deux faisceaux provoqués par un laser, l'artiste ayant préalablement disposé à sa guise les éléments de la scène holographiée, représente une première étape vers l'immatérialisation de la qualité esthétique du «tableau». Mais l'invention *purement mathématique* du «tableau holographique», par synthèse des composantes de phase, d'amplitude et de longueur d'onde des rayons lumineux, et recréation théorique d'ondes stationnaires inscrites dans la surface enregistreuse, concrétise une étape encore supérieure d'immatérialisation de la valeur esthétique de l'œuvre d'art.

L'holographie, écriture iconique «en suspension», sculpture fluide de lumière, procure un sens de l'apparence en état d'apesanteur, une apparence auto-suffisante qui n'a qu'un rapport abstrait avec son codage sous forme d'ondes interférentielles, naturelles ou synthétiques. Le codage photographique classique détient un rapport d'analogie visuelle directe avec le référent, même s'il n'est pas capable de restituer le relief; en ce sens, l'image photographique est plus concrète que l'hologramme qui restitue pourtant le volume des choses. Sur un négatif photographique sont déjà dessinées, de manière inversée, les formes réduites du sujet, alors que dans la plaque holographique ne sont inscrites que des zones alternées opaques et brillantes (les franges d'interférences), codant l'information lumineuse, qui ne rappellent en rien la forme de l'objet. Le phénomène des interférences lumineuses fut scientifiquement démontré sur la base de l'hypothèse de la propagation ondulatoire de la lumière, par le physicien Augustin FRESNEL (1788-1827), à partir de l'hypothèse vibratoire du phénomène d'interférences, formulée avant lui par Thomas YOUNG (1773-1829). L'expérience dite «des miroirs de FRESNEL» devait fournir la base théorique générale de l'holographie, réactualisée en 1947-1948 par Dennis GABOR. Seule l'invention du laser, émettant une lumière cohérente, permit la réalisation en 1963 de vrais hologrammes, créés aux Etats-Unis par LEITH et UPATNIEKS.

Les relations de l'art à la technoscience conduisent à redéfinir à la fois la notion *d'objet d'art* et l'intention artistique elle-même, *l'objet de l'art*, remis en question par l'emploi des technologies et des savoirs qui les fondent. Qu'il s'agisse d'infographie 2D ou 3D, ou bien d'holographie classique ou synthétique, la conscience de l'objet d'art se voit médiatisée par les théories scientifiques qui déterminent rationnellement les méthodes et les pratiques de l'artiste. Celui-ci doit composer, qu'il s'en félicite ou bien qu'il s'en méfie, avec les connaissances qui se sont accumulées et modifiées au cours de leur processus de théorisation et de formalisation logico-mathématique. L'objet d'art, terme générique assez flou depuis l'avènement de la science informationnelle appliquée aux arts, n'est pas prédéfini dans les concepts de la technoscience, mais il est cependant *inscrit dans leur champ théorique universel d'application*. Il en résulte que l'intention artistique est elle-même délimitée plus ou moins par les cadres extra-artistiques de la technoscience, dont elle reste, nonobstant, *libre de l'usage détourné* qu'elle en fait.

Esthétique numérique
Art fractal. Info-design

1. DU PYTHAGORISME AUX FRACTALISMES

1.1. Nombres et formes

Les nombres et les formes artistiques (en 2D ou en 3D) ont traditionnellement toujours été liés par des rapports structuraux explicitement définis par les créateurs, si bien que l'univers des nombres est pour ainsi dire coextensif de l'univers des formes plastiques et musicales. L'esthétique occidentale associe, depuis PYTHAGORE (VIe siècle avant J.-C.), l'expression sensible à la spéculation géométrique et arithmologique. PYTHAGORE et ses disciples concevaient l'organisation du cosmos sur le modèle des combinaisons de nombres entiers formant des symétries géométriques dont les polyèdres réguliers offraient les meilleurs exemples. Les nombres sont les principes et l'âme de toute chose, selon la philosophie pythagoricienne résumée en cette formule lapidaire : «*Toutes choses sont constituées d'après les nombres*».

Cette philosophie du nombre prit corps, en particulier, sous la forme de la théorie des *nombres figurés*. Les nombres figurés sont des représentations de nombres par des alignements de points formant des figures géométriques planes : carrés, triangles, polygones. Les nombres adoptent ainsi des apparences visuelles précises qui montrent quelles règles président aux engendrements de figures. Pour les membres de la confrérie pythagoricienne, le nombre sacré par excellence est le nombre 10, symbolisable par un alignement de points organisés en triangle :

Ce nombre triangulaire (le «dix sacré») est la *Tétraktys* pythagoricienne, censée détenir la clé de toutes les choses. En effet, il est constitué des nombres fondamentaux 1 (la monade, principe d'identité et point géométrique), 2 (la dyade, principe de scissiparité et ligne géométrique), 3 (la triade, principe d'altérité et surface minimale triangulaire) et 4 (la tétrade, principe de synthèse et solide minimal pyramidal ou tétraèdre). La combinaison, réitérée indéfiniment, de ces quatre nombres entiers fondamentaux, engendre l'infinité des figures planes et solides imaginables par la géométrie euclidienne. Nous rencontrons donc pour la première fois, avec PYTHAGORE, une théorie de l'esthétisation des nombres entiers, de l'arithmétique et des figures géométriques qu'elle détermine, sous le couvert, bien entendu, d'une *métaphysique* cosmo-arithmologique de l'ordre éternel de l'univers.

Nous nommerons par conséquent «*pythagorisme esthétique*» l'attitude artistique (en peinture, en sculpture, en architecture, en musique, etc.) qui consiste à faire référence explicitement à une théorie rationnelle des nombres pour penser les principes, les méthodes ou les intentions esthétiques fondatrices de l'activité créatrice. Il va de soi que cette attitude est anti-expressionniste, mais qu'elle ne rejette en aucune façon le rapport intrinsèque de l'art à l'intuition sensible, subjective et anté-prédicative, qu'il met en jeu en dehors de toute théorie rationnelle. La philosophie du nombre appliquée aux arts renvoie à *la conception harmonique* généralisée des relations de formes, mais n'élimine pas, contrairement à ce qu'une croyance naïve ou simpliste pourrait supposer hâtivement, les vertus sensibles des lois de l'organisation de la forme. Le pythagorisme esthétique n'équivaut pas à une sorte de froide cérébralisation de l'art; il est au contraire la voie de sa manifestation esthétique. C'est précisément cette prise de conscience néo-pythagoricienne qui anime *la création d'images mathématiques sur ordinateur* et lui donne une signification esthétique jamais égalée jusqu'alors.

Par la programmation d'équations paramétriques complexes, l'infographiste génère à volonté de superbes images en couleurs impossibles à réaliser manuellement. Mathématiciens, informaticiens et plasticiens s'accordent unanimement à reconnaître, surtout depuis les années 1980, que l'ordinateur graphique rend aux mathématiques *une vie esthétique* qu'on ne pouvait soupçonner auparavant. Les systèmes d'équations deviennent des formes mouvantes en deux ou trois dimensions, dotées de couleurs subtiles ou, à volonté, de nuances morphologiques invisibles par le moyen du tracé manuel. L'ordinateur permet la visualisation de concepts abstraits, prenant l'apparence de créatures insolites, voire complètement paradoxales et impossibles à imaginer autrement que par la projection électronique sur l'écran vidéo. Les polynômes du second, du troisième, du quatrième degré, et même de n'importe quel degré formalisable pour l'ordinateur, s'animent métaphoriquement et se remodèlent indéfiniment par le jeu des teintes, des agrandissements de détails, des séquences filmiques d'ensembles de points et de lignes, des cartographies électroniques fouillées de zones topographiques de *l'espace géométrique complexe* (2D ou 3D), continuellement réexplorables à toute échelle, sous une multitude de perspectives.

Il s'agit d'un phénomène esthétique de grande importance, et non d'une simple mode éphémère : la mathématique rejoint l'art et recherche l'expression esthétique des nombres, par l'intermédiaire de la programmation des équations fonctionnelles, autant que l'art de créer des formes complexes en couleurs recherche la complicité de la mathématique programmée. La science mathématique se dote d'une sensibilité nouvelle avec l'usage intensif du traitement de l'information numérique. Ce faisant, elle engendre en retour, de la part des infographistes, une exigence intellectuelle néo-pythagoricienne relative au calcul des formes. Les nombres mis en jeu ne sont plus les nombres entiers, comme dans le pythagorisme primitif, mais les nombres-fonctions de l'algèbre, c'est-à-dire des valeurs numériques décimales généralement approximatives, obtenues par application systématique d'un algorithme de calcul.

L'art mathématique procède, comme il est habituel en esthétique techno-scientifique, de modèles formels traduits en langage symbolique ; en l'occurrence, il s'agit de formules algébriques auxquelles sont appliquées des conventions chromatiques par coloration des pixels. Les formes sont des projections d'équations qui synthétisent un univers expérimental de *possibles* idéaux en nombre véritablement illimité. L'infographiste expérimente à volonté des modèles formels qu'il transforme de façon continue en jouant sur les valeurs numériques des paramètres. Le «musée» de l'art mathématique est en continuelle expansion et il dispose pour sa diffusion d'une grande quantité de revues spécialisées et de livres d'infographie qui lui assurent une popularisation très supérieure à celle des œuvres du musée institutionnel classique. L'ordinateur individuel surmultiplie ce phénomène de croissance du musée mathématique, en donnant à de nombreux utilisateurs la possibilité de créer d'innombrables images originales, selon leurs préférences esthétiques. En ce sens, la micro-informatique représente un terrain expérimental de l'art mathématique peu exploré jusque vers 1980. Aux Etats-Unis, mais aussi en Europe, les programmeurs d'équations en couleurs forment de véritables clubs d'échanges d'images et de programmes infographiques, manifestant une nouvelle sensibilité pour l'art mathématique qui n'avait jamais été vraiment pris en compte de manière sérieuse auparavant, sauf, peut-être, par certains mathématiciens et physiciens soucieux de donner des représentations attrayantes de leurs théories.

Le domaine mathématique des *surfaces minimales* fournit l'un des thèmes privilégiés de l'art info-mathématique. Les surfaces minimales concrétisent des questions de topologie liées au calcul optimal du maximum de volume délimité par une surface mince, parfois trouée, ayant des degrés de courbure variable : caténoïde, hélicoïde, disques torsadés, sphères retournées présentent des surfaces sans fin par continuité de l'intérieur et de l'extérieur, etc., une simple bulle d'eau savonneuse offrant déjà l'idée d'une surface minimale. Au départ, il s'agissait d'une question purement scientifique de géométrie dans l'espace, traitée dès le XVIIIe siècle, par le mathématicien Léonard EULER, puis au siècle suivant par Karl WEIERSTRASS, au moyen des fonctions de variables complexes. Mais les surfaces minimales «existent» virtuellement en nombre infini, avec des niveaux de complexité inouïe, si bien que mathématiciens et informaticiens sont obligés de collaborer sans relâche pour déterminer ces familles proliférantes, à la fois par le calcul et par l'image tridimensionnelle qui ne peut d'ailleurs en fournir que des coupes partielles dans l'espace 3D. L'usage de super-ordinateurs est devenu un outil indispensable à la recherche mathématique qui est *contrainte de visualiser ses concepts* pour édifier ses théories.

Par extension *a priori* inattendue, ces questions topologiques ont débouché dans le champ de l'art info-mathématique depuis le milieu des années 1980. Travaillant avec des nombres et des fonctions représentables dans l'espace complexe, au moyen de quaternions (inventés en 1843 par le mathématicien anglais William R. HAMILTON) et de nombres hypercomplexes, les infographistes œuvrent avec patience pour révéler de superbes et imprévisibles surfaces minimales en couleurs. L'entreprise est devenue, pour ainsi dire, un pari artistique relevant du système logiciel indéfiniment perfectible. L'art des surfaces minimales est en quête de ses constituants générateurs, de ses primitives fonctionnelles. La beauté des formes 3D, sous des points de vue *géométrico-algébriques qua-*

dri-dimensionnels indéfiniment variés, fait l'objet à la fois d'une théorie et d'une pratique instrumentées, irrémédiablement liées au traitement de l'information numérique. Car la simulation infographique en 3D n'est que l'apparence projective par coupes euclidiennes successives, d'un *espace algébrique* abstrait en quatre dimensions, voire en cinq, six dimensions, ou plus encore, pour certaines figures hyper-complexes. La beauté du visible multiperspectiviste recèle, en profondeur, des paramètres et des algorithmes qui travaillent de manière invisible. L'art mathématique relève parfois le défi de précéder la théorie et même de la conduire expérimentalement à travers le dynamisme des formes et des couleurs attribuées aux points discontinus de la trame d'écran.

Le minimalisme géométrico-algébrique a fourni au graveur Patrice JEENER, en collaboration avec le mathématicien André DELEDICQ, une source originale d'inspiration. Cet artiste travaillant à la modélisation de formes géométriques minimales, formalisées par le mathématicien, a choisi de graver ces courbes considérées comme l'expression d'une pure beauté formelle, traductrices de l'éphémère par la contrainte de l'éternité des nombres-fonctions. Les systèmes d'équations ont la dureté de l'airain, mais ils dialoguent en douceur avec les gravures sur cuivre esquissées préalablement sur ordinateur. La force poétique des mathématiques s'y marie très harmonieusement avec le minimalisme du trait. Le choix des formes demeure, quant à lui, toujours subjectif et indépendant de la raison algébrique, mais celle-ci, par sa modélisation abstraite et économe, ouvre le champ illimité des familles de surfaces et de lignes protéiformes. Patrice JEENER a été visiblement séduit par le rapport inextricable du fini et de l'infini qui est à l'origine de ces formes complexes, en particulier dans les figures fractales qui combinent le régulier et l'irrégulier, la limitation de leur surface ou de leur volume, et l'illimitation de leur contour. Les *Espaces gravés* de Patrice JEENER (Cedic/Nathan, Paris, 1986) témoignent de la présence de l'universel numérique dans la poésie des traits, des pointillés et des hachures.

Le pythagorisme esthétique renouvelé par l'info-mathématique possède en vérité, au XXe siècle (pour ne pas faire retour aux époques antérieures), une longue tradition artistique, inaugurée par KANDINSKY. L'abstraction mathématique est au cœur de la quête kandinskyenne de la résonance sensorielle et spirituelle de l'art, même si l'artiste et esthéticien qu'il était refusait de réduire l'art à une simple production de formules géométriques en couleurs. Le subjectif dans l'art n'est, au fond, que la résonance psychique de l'objectif structural exprimé par *la loi des nombres*. KANDINSKY pensait, en 1910, que l'évolution spirituelle et socioculturelle moyenne n'était pas assez avancée pour donner tout son sens à la pure abstraction géométrique, mais il croyait aussi que l'art devait approcher de cette phase néo-pythagoricienne, régénératrice de la force de l'esprit universel victorieux du matérialisme individualiste grandissant. C'est toujours l'élément abstrait, «*l'objectif de la forme*» dit KANDINSKY, qui amplifie la résonance de l'œuvre et révèle son origine pathique, en dépit du fait que l'art n'agit que par la sensibilité. En ce sens, les artistes abstraits sont les phares de l'humanité.

L'ouvrage fondamental paru en 1912, *Du Spirituel dans l'art et dans la peinture en particulier*, insiste sur la vie organique des formes les plus abstraites, celles de la géométrie et des nombres qui la sous-tendent, procurant à l'art une vraie éternisation. L'harmonie plastique passe nécessairement par l'affirmation pythagoricienne du primat du nombre sur la matière et sur le sujet pictural; la construction invisible s'adresse à l'âme et se résout inexorablement en un réseau de relations chiffrées. En art, le hasard pur n'existe pas, même si l'apparence semble lui correspondre : «*Les formes qui coexistent «n'importe comment» ont néanmoins, en dernière analyse, des relations rigoureuses et précises. Enfin, ces relations se laissent également exprimer sous une forme mathématique, à ceci près qu'on travaillera peut-être plus volontiers avec des nombres irréguliers qu'avec des nombres réguliers. Dans tout art la dernière expression abstraite reste le nombre*», écrit-il en 1910.

La forme est donc le chiffre du nombre, comme les nombres sont les chiffres hiéroglyphiques de la forme. Ils donnent à la forme son autonomie et son unicité. En 1912, dans un autre texte fondamental intitulé *Sur la question de la forme*, KANDINSKY insista également sur l'importance fondatrice de la loi des nombres en art, loi implacable qui peut aller jusqu'à détruire les liens matériels qui unissent les parties d'un objet représenté, dans toute peinture gardant des liens avec le figuratisme. Tout est traduisible en formules mathématiques et en nombres, affirme-t-il, car la composition plastique est souveraine. C'est donc une question de liberté artistique que défendait KANDINSKY, avec l'intention de penser les cadres esthétiques de l'art sous l'angle d'un langage universel : celui des combinaisons numériques.

Les symptômes de ce pythagorisme esthétique furent, par la suite, très nombreux; aussi pourrions-nous évoquer, par exemple, la recherche d'un contrôle arithmétique rigoureux dans la disposition des formes, dans l'œuvre peinte de Théo VAN DOESBURG. Il déclarait, à l'occasion d'un manifeste artistique datant de 1926, que la tâche de l'artiste est de libérer les moyens d'expression de tout particularisme figuratif au seul profit de la réalisation d'un langage universel fondé sur les rapports de nombres.

Comment créer un système pictural reposant entièrement sur les mathématiques ? Telle était l'obsession qui le captiva jusqu'à sa mort en 1931. A la même époque, Georges VANTONGERLOO, l'un des fondateurs du mouvement Abstraction-Création, affichait un certain mépris pour le figuratisme pictural autant que pour le matiérisme. Peintre et sculpteur, il cultivait la géométrie analytique et s'appliquait à créer des œuvres peintes ou sculptées d'après des relations fonctionnelles. Sa *Composition dérivée de l'équation Y = -ax² + bx + 18 avec vert, orange et violet* (1930) témoigne de son attachement à définir des lois mathématiques de la composition, à l'instar des lois déterministes qui régissent le monde. Cette équation régissant la composition de 1930 lui a également servi pour une autre peinture ainsi que pour une sculpture et plusieurs dessins. Le canevas géométrique servait à assurer dans ses créations la répartition topographique des champs de forces et des tensions exercées par les plages de couleurs.

Le pythagorisme esthétique renouvelé par l'art mathématique informatisé n'est en définitive qu'une résurgence suramplifiée et amplement diffusée de l'intérêt à la fois esthétique et idéologique que peut éprouver l'artiste à combiner l'univers des nombres, des fonctions et des algorithmes, avec l'univers des formes et des couleurs. A la Renaissance, les spéculations sur le nombre d'or alimentaient la théorie et la pratique des artistes ; cinq siècles plus tard, le nombre d'or et l'infinité de ses congénères fournissent toujours d'innombrables motifs de création. Mais le jeu des nombres n'est plus seulement une trame souterraine destinée à guider le pinceau ; il est devenu une *arithmophanie*.

1.2. Fractalismes infographiques/artistiques

Nous convenons d'opposer fractalisme et pythagorisme dans la mesure où la création *d'images fractales* n'est plus l'affaire des nombres entiers, comme dans la philosophie pythagoricienne du monde, à laquelle la géométrie euclidienne fournira un terrain d'adaptation théorique, mais au contraire s'inscrit dans le champ du plan et de l'espace 3D des nombres complexes, hypercomplexes et irrationnels. D'autre part, ces nombres sont mis en action par des fonctions polynomiales qui ont *un comportement récursif ou itératif*. Ces fonctions de variables complexes du second ou troisième degré (ou de degré supérieur) s'auto-complexifient indéfiniment au moyen d'un processus de *programmation auto-référentielle* : elles engendrent de la complexité numérique et géométrique, pratiquement imprévisible *a priori*, en réinjectant à chaque étape de l'itération, dans leur système invariable de calcul séquentiel (l'algorithme), la série des valeurs numériques successives calculées par le programme. Ces fonctions récursives détiennent pour cette raison un comportement non linéaire ou non-euclidien, qualifié de chaotique, à l'instar des phénomènes naturels d'instabilité observés en physique quantique, en dynamique des fluides ou en météorologie par exemple.

Les images fractales, tellement popularisées par la presse infographique depuis le début des années 1980, ont donc une origine scientifique toute différente de la mystique pythagoricienne du nombre entier qui régit les lois du cosmos avec une exigence de symétrie. Les images fractales demeurent cependant toujours des nombres transformés en couleurs, et, comme l'indique leur appellation, ce sont des formes infiniment complexes à cause de leur irrégularité extrême, à toute échelle d'observation, de leur caractère infiniment brisé, rompu et discontinu en tout point, ce que suggère le néologisme «fractal» (le latin «*fractus*» comporte ces qualités de brisure, d'irrégularité et d'asymétrie). Deux sources scientifiques permettent d'en comprendre l'origine scientifique : *(1) la géométrie fractale non euclidienne* développée depuis environ 1967 par Benoît MANDELBROT, mais déjà explorée par des mathématiciens aussi célèbres que CANTOR, PEANO, JORDAN au XIXe siècle, puis VON KOCH, HAUSDORFF, BESICOVITCH dans le premier quart du XXe siècle ; *(2) la théorie des fonctions polynomiales à comportement auto-référentiel et récursif*, représentée surtout entre 1900 et 1930 par les mathématiciens POINCARÉ, JULIA et FATOU. Il revient à Benoît MANDELBROT, mathématicien français spécialiste d'applications informatiques des mathématiques chez IBM aux Etats-Unis, d'avoir constitué une véritable théorie généralisée et protéiforme de la fractalité et de l'avoir appliquée à l'étude des phénomènes naturels. Le premier ouvrage qui fit connaître massivement les travaux de MANDELBROT (en dehors des articles écrits autour de ce sujet à la fin des années soixante) est paru en 1975 sous le titre *Les Objets fractals*. Une dernière édition révisée et augmentée date de 1989 (Flammarion). Le livre très célèbre également *The Fractal Geometry of Nature* (San Francisco, W.H. Freeman éd.) paru en 1982, apportait de superbes images de fractales mathématiques et naturelles, et contribua beaucoup à la diffusion *à la fois artistique et scientifique* des univers fractals micro ou macroscopiques, de la nature comme de la mathématique pure.

La fractalité est donc constituée pour l'essentiel par deux thèmes complémentaires, brièvement explicités ici afin de comprendre leur impact sur les conceptions techno-esthétiques qu'ils ont inspirées. *La géométrie fractale* tout d'abord : le concept de *dimension fractale* non entière en est le pivot. Au sens euclidien, les variétés constituées par le point, la ligne, la surface et le volume ont respectivement : 0, 1, 2, et 3 pour dimension géométrique. Le point est de dimension nulle car pour EUCLIDE il est une pseudo-figure sans parties; la ligne idéalement mince, de dimension unaire, est un paradoxe puisqu'elle est composée de points sans parties ni grandeur; la surface absolument sans épaisseur est délimitée par une ligne régulière ou non; le volume est délimité par une surface sans épaisseur. Ces définitions très intuitives par nombres entiers recèlent toutes la même ambiguïté, liée à la contradiction existant entre l'intuition sensible des figures réelles, occupant un espace concret, et leur idéalisation mathématique procédant d'une axiomatisation implicite.

En 1872, CANTOR leva ce paradoxe en démontrant l'existence mathématique *d'ensembles intermédiaires* (à des degrés infiniment variables) entre le point et la ligne finie, entre la ligne finie et la surface, entre la surface et le volume. La *«poussière triadique de CANTOR»* (ou ensemble triadique), par exemple, est un ensemble infini virtuel d'éléments, obtenu par itération illimitée de la soustraction du tiers central d'un segment unitaire [0, 1], puis du tiers des tiers restants, et ainsi de suite à l'infini. Les tiers tendent en grandeur vers zéro, mais ils tendent aussi, en nombre, vers l'infini. Une «poussière» de points hyperdense en résulte, dont la densité géométrique ne peut qu'être intermédiaire entre la ligne (classiquement de dimension 1) et le point unitaire (de dimension nulle). Les développements fractals de cette question (déjà très nettement compris dans une lettre de CANTOR à son confrère DEDEKIND, du 20 juin 1877) conduisent à démontrer qu'effectivement l'ensemble triadique possède une dimension D non entière, donc non euclidienne, égale par approximation décimale à $D = \log 2/\log 3 = 0{,}6309\ldots$ Ce *nombre dimensionnel* (il n'est pas une grandeur) peut être variable selon d'autres modes de dissection triadique du segment, mais la dimension de l'ensemble demeure comprise entre 0 et 1. Elle permet de comprendre, entre autres, les phénomènes physiques d'intermittence, mais elle est présente, surtout, dans une grande partie des images fractales obtenues par calcul informatique, et observées à diverses échelles de grandeurs : *les images «non connexes»*, en poussière hyperdense de points discontinus.

La courbe de VON KOCH, «en flocon de neige», offre une autre image de la fractalité; la longueur de ce polygone bien connu augmente à toute étape de la complexification linéaire de chacun de ses côtés, selon un principe d'homothétie interne. Tandis que sa surface reste finie, *sa longueur «s'infinitise» en hypertrophiant son degré d'irrégularité*, si bien que la courbe périphérique de VON KOCH possède une dimension supérieure à une simple ligne, mais inférieure à une vraie surface. Son nombre dimensionnel est égal à $D = \log 4/\log 3 = 1{,}2618\ldots$ Ces dimensions sont intuitivement très parlantes, et permettent d'évaluer des degrés de complexité géométrique que ne pouvait apprécier la géométrie euclidienne avec ses seules dimensions entières. A la panoplie traditionnelle des dimensions 0, 1, 2 et 3 s'ajoute donc celle des dimensions intermédiaires en nombre infini : $0 < D < 1$ (ensembles de CANTOR); $1 < D < 2$ («quasi-lignes» ou «quasi-surfaces»); $2 < D < 3$ («quasi-volumes» ou «quasi-surfaces»). *L'ensemble des figures fractales répond à cette infinité de dimensions non entières, relatives au degré d'irrégularité de la forme.*

Les formes fractales et leurs traductions infographiques en couleurs révèlent *la richesse de leur morphologie à toute échelle d'observation*, précisément par la notion de dimension continûment variable qui leur correspond. Images en pointillés serrés, hyperdenses, lignes et surfaces connexes ou semi-connexes, alternances de lignes continues et de micro-segments discontinus et infiniment brisés : ces aspects morphologiques dépendent des zones topographiques explorées par *le zoom informatique*, à des échelles de grandeurs précises. Tout est fonction du point de vue calculé sur l'objet fractal qui apparaît à l'écran. Pour une micro-zone cartographique de l'objet fractal, explorée à l'échelle E1, certains amas de points hyperdenses du plan complexe seront provisoirement considérés comme connexes, tandis qu'une micro-zone intérieure à la précédente, explorée à l'échelle supérieure E2, montrera que ces amas connexes explosent en galaxies à la fois semi-connexes et en poussières de points; à l'échelle d'investigation encore supérieure E3, un détail de la sous-zone précédente fera apparaître des discontinuités relatives et des connexités incertaines, mais *la dimension fractale* changera encore par réexploration à l'échelle supérieure E4, et ainsi de suite. La dimension s'avère continûment changeante et imprévisible, tout comme *les belles formes gigognes* infiniment imbriquées les unes dans les autres que programme l'info-mathématicien.

Il s'agit de mettre en œuvre une esthétique mathématique de la loupe, du microscope et du télescope, toujours fonction du niveau scalaire pris en compte. Ce niveau est lui-même intimement relié *au comportement auto-référentiel des fonctions polynomiales* qui forme le volet mathématique complémentaire de la théorie de la dimension. Tout point d'une figure fractale contient potentiellement d'autres figures, en nombre illimité, qui en donnent des aspects plus ou moins similaires mais non strictement identiques. On dit qu'à des grossissements variables, évoqués ci-dessus, tout point d'un ensemble fractal est *renormalisable une infinité de fois*, signifiant par là qu'il contient des simili-copies de lui-même mais sous des dimensions non identiques. Or, cela revient à reconnaître *une interconnexion subtile d'ordre et de désordre* au sein de ces configurations fractales hypercomplexes. Les fractales modélisent des phénomènes chaotiques au moyen de polynômes itératifs programmés durant des temps de calcul qui peuvent s'étendre de plusieurs minutes à plusieurs heures, selon le niveau de détail et de finesse morphochromatique souhaité. MANDELBROT a quelquefois insisté sur le fait qu'il faudrait des siècles pour produire manuellement (si c'était envisageable!) le moindre de ses dessins fractals. Or l'ordinateur peut mettre en œuvre des polynômes complexes du deuxième degré, dans le cas de l'ensemble de MANDELBROT ou des ensembles de JULIA par exemple (très largement diffusés dans la presse spécialisée), à toutes les échelles d'observation, en des temps relativement restreints eu égard à l'énorme quantité des calculs numériques requis.

Ensemble de MANDELBROT et ensembles de JULIA reposent sur le polynôme quadratique de base : $(z^2 + c) \rightarrow z$. Cette formule, très simple en elle-même, comprend un nombre complexe z associé à un autre nombre complexe c (tout nombre complexe s'écrivant sous la forme d'un couple $z = a + ib$, ib étant le terme imaginaire et a le terme réel). La flèche de la formule quadratique indique le processus fondamental de récursion, clé de l'émergence des images fractales dans le plan complexe : *partant d'une valeur initiale de z et de c*, le premier calcul de la valeur constituera la nouvelle valeur de z qui sera réinjectée à son tour dans le calcul, puis fournira après transformation la nouvelle valeur de z, qui se verra à nouveau réinjectée dans le processus de calcul, et ainsi de suite indéfiniment, déterminant séquentiellement tous les points de l'image. Le système géométrique ainsi défini point à point est donc bien autoréférentiel, fonctionnant en boucle récursive.

On obtient une visualisation d'un ensemble de MANDELBROT en choisissant de préférence au départ $z = 0$ ou une autre valeur *fixe* et une succession de $c = (a + ib)$ quelconques (on commencera par exemple par $c = -1,5 + i\ 1,28769$, puis on testera automatiquement une série de c différenciés les uns des autres de $1/100\,000^e$ au niveau de la partie imaginaire, ou au niveau de la partie réelle ou selon toute autre formule). Si $z = 0$ au départ, le premier point calculé sera égal à c; il servira de nouvelle valeur pour calculer le prochain $z = (z^2 + c)$ qui à son tour sera la nouvelle base du calcul de z, et ainsi de suite. A l'inverse, les ensembles de JULIA reposent sur des valeurs fixes de c et des valeurs variables de z testées séquentiellement. Sans entrer dans le détail de la programmation, le principe de création des images consiste à attribuer des couleurs conventionnelles ou des valeurs noir/gris/blanc aux points du plan complexe, *en fonction du nombre d'itérations* au bout desquelles un point

z ou c s'évade vers l'infini ou bien, au contraire, demeure dans un cercle de rayon limité (deux unités par exemple). Le nombre d'itérations par nombre z ou c testé est bien sûr arbitraire (500, 1 000, 10 000, etc., en fonction de la finesse d'image recherchée, puisque le comportement des points de départ ne se révèle qu'avec le temps). Les fractales illustrent *des théorèmes mathématiques* relatifs aux polynômes itérés dans le plan complexe, dont Gaston JULIA, vers 1918, avait déjà proposé des formulations.

Nombres récursifs transformés en couleurs, les fractales font l'objet d'un immense intérêt de la part des scientifiques comme de celle des plasticiens. Leur intérêt majeur réside avant tout dans la découverte imprévisible d'une myriade de configurations insoupçonnées avant d'avoir exploré la cartographie d'une portion du plan, à des échelles d'agrandissement révélatrices d'une inépuisable nouveauté morphologique (avec des supercalculateurs, jusqu'à des facteurs d'échelle de grossissement de l'ordre de 1 pour 10^{40} ou plus). L'informatique agit à la manière d'un microscope ou d'une loupe : la loupe fractale est, selon l'expression de James GLEICK, « *un moyen de voir l'infini* » (*La Théorie du Chaos*, Albin Michel, 1989, p. 132). Le processus de génération des fractales est comparable à l'ontogenèse des êtres vivants : le programme récursif développe progressivement l'information contenue virtuellement dans les paramètres complexes c et z, comparables à un patrimoine génétique contenu dans les chromosomes. Mais l'exécution du programme n'épuise jamais toute l'information morphographique. Le système dynamique crée peu à peu un ordre formel à travers le désordre apparent, mais cet ordre devient de plus en plus compliqué, ramifié, infiniment enchevêtré ; chaque instant apporte de la nouveauté. La contrainte formelle d'un court programme met en action un algorithme qui agit comme une matrice génétique inépuisable, pourvoyeuse de configurations inimaginables, complètement imprévisibles et *transitoires*. Les pixels remodèlent l'image en un ballet lumineux en restructuration continue et chaotique dont seul un arrêt photographique ou vidéographique instantané permettra la capture.

Les fractales forment d'innombrables bassins d'attraction, des vrilles, des spirales infiniment enroulées, des galaxies de points qui en contiennent chacun une myriade d'autres, des paysages luxuriants et étranges, des créatures végétales et animales fantastiques, hyper-ramifiées, riches de détails inclus dans une infinité de détails dont l'infographiste crée *expérimentalement* l'harmonieuse symphonie en faisant jouer les règles de calcul. Le « code génétique » fonctionnel des ensembles de MANDELBROT et de JULIA, et de tout ensemble fractal engendré à partir de polynômes itératifs dans le plan complexe, peut être apprivoisé *en modifiant à volonté les règles de calcul* des valeurs successives des points. Dans la formule quadratique de base, z et c pourront devenir respectivement $(z + 1/x^2)$ et $(c/x + \log x)$, ou toute autre formule numérique productrice d'effets esthétiques curieux. Les infographistes disent quelquefois qu'ils utilisent des «*boutons de réglage esthétique*» de l'image, et les «fractaliseurs» américains, mais aussi allemands, brésiliens et japonais, sont devenus assez vite de véritables spécialistes de figures hybrides réservant continuellement de la surprise à leurs créateurs, car il n'existe pas deux zones strictement identiques sur une même image obtenue par itération non linéaire [cf. planches XI et XII].

L'image peut aussi prendre des formes en relief, une cote d'altitude, semblable à celle des courbes de niveaux géographiques, étant attribuée aux points déterminés par l'algorithme itératif. Enfin, on crée des coupes tridimensionnelles *multiperspectivistes* d'objets fractals de dimension algébrique $D = 4$, réalisés au moyen de *quaternions*, systèmes de nombres non commutatifs formés de quadruplets $(a + bi + cj + dk)$ où $i^2 = j^2 = k^2 = -1$, et munis de règles algébriques spéciales. L'univers des images fractales ne cesse de s'étendre, à tel point que les concepteurs qui publient leurs créations infographiques parlent du «*musée Mandelbrot*» et plus largement du «*musée fractal*» aux facettes polymorphes. Il est révélateur que le terme «*musée*» soit ici employé pour désigner ces productions nées de la conjugaison des mathématiques et de l'informatique. Les «pièces» de ce *musée imaginaire* sont plus ou moins rares à cause de leur étrangeté et de la difficulté technique à les obtenir. Car, tout comme dans le monde des œuvres d'art traditionnelles, *une sélection esthétique* s'est opérée assez spontanément en fonction de la beauté des images et de la rareté de leur complexité visuelle.

Les expositions publiques d'images fractales vidéographiques ou obtenues par tirage photographique, attirent l'attention d'un public important, qui ignore parfois tout ce qui concerne la trame scientifique de ces créations. Des laboratoires spécialisés produisent en grande quantité ces images toutes différentes les unes des autres, malgré l'impression générale de chaos qu'elles présentent. A la limite, ces images s'observent à la loupe et requièrent un regard proche, méticuleux et quasi tactile, soucieux d'effectuer un parcours labyrinthique qui stimule l'imagination. C'est d'ailleurs pour cette raison que les fractales sont fréquemment baptisées *de noms aux consonances poétiques* : «Vallée des hippocampes», «Sceptres merveilleux», «Fleuves aux tourbillons infernaux», «Houlettes de bergers», «Dragons chinois», «Paysages de gnomes et de monstres», «Hérissons marins», «Spirales psychédéliques»...

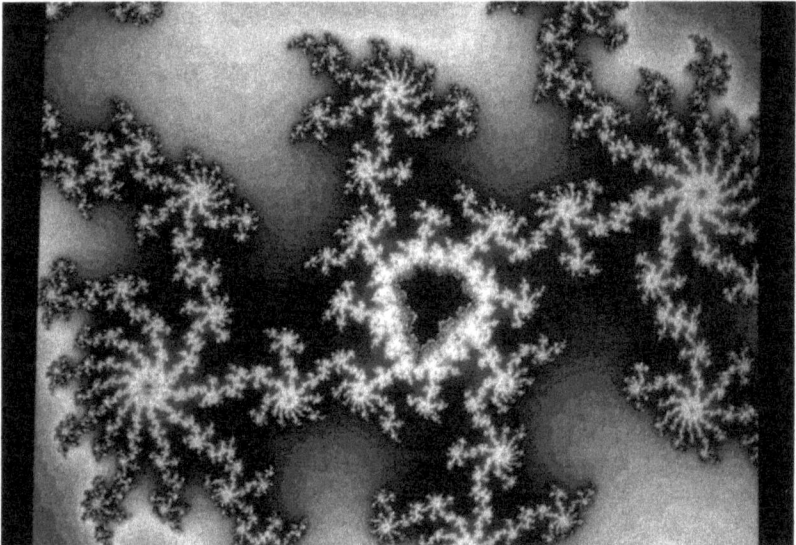

Planche XI — *En haut* : Bassins d'attraction des transformations discrètes de la forme $x' = [(ax+by)/\Omega]$, $y' = [cx+dy/\Omega]$, où a, b, c, d, Ω, x et y sont des nombres entiers, et [ ] indique la partie entière; x et y sont les points qui parcourent le plan. Image sur ordinateur de Jean-Pierre Reveillès, Faculté de Mathématiques de Strasbourg. *En bas* : Zoom sur une partie de l'ensemble de Mandelbrot, de taille approximative $10^{-6} \times 10^{-6}$, environ 3000 itérations, temps de calcul environ 30 minutes. Image sur ordinateur de Marie-Andrée Jacob, Faculté de Mathématiques de Strasbourg.

ESTHÉTIQUE NUMÉRIQUE. ART FRACTAL. INFO-DESIGN 123

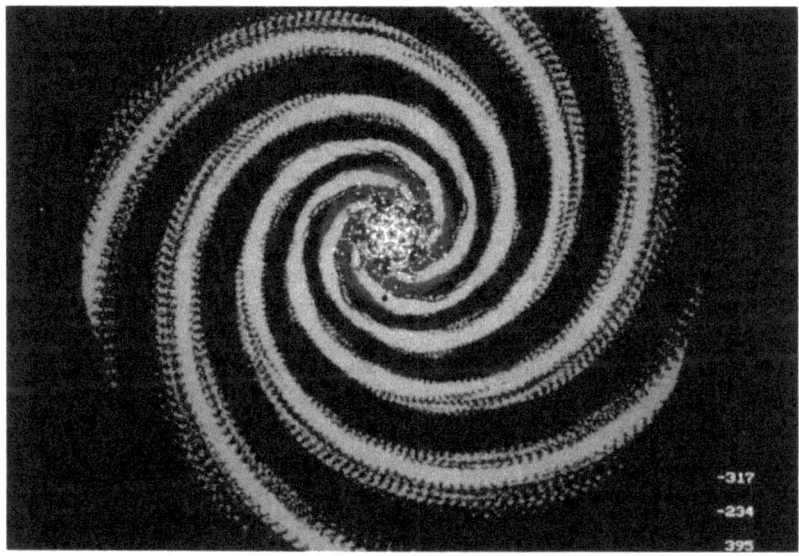

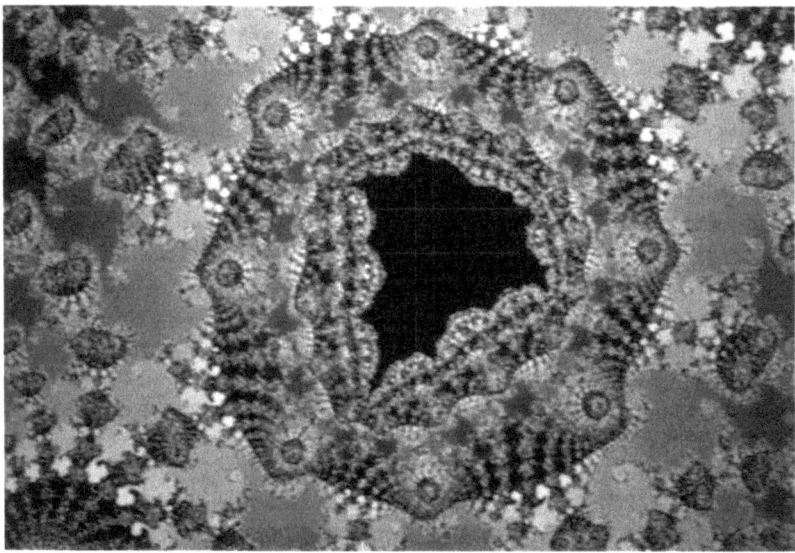

Planche XII — *En haut* : Bassins d'attraction des transformations discrètes de la forme x' = [(ax+by)/Ω], y' = [cx+dy/Ω] (variante du programme de la photo du haut de la planche XI). Image sur ordinateur de Jean-Pierre Reveillès, Faculté de Mathématiques de Strasbourg. *En bas* : Zoom sur une partie de l'ensemble de Mandelbrot, de taille approximative 10^{-5} x 10^{-5}, environ 3000 itérations, temps de calcul environ 30 minutes. Image sur ordinateur de Jean-Pierre Reveillès, Faculté de Mathématiques de Strasbourg.

Les fractales frappent l'imagination non seulement parce qu'elles modélisent le comportement de *systèmes physiques chaotiques*, avec leurs attracteurs étranges et leurs trajectoires tourbillonnaires, mais aussi parce que les algorithmes semi-aléatoires à partir desquels elles sont façonnées servent à modéliser des objets et des scènes ayant un caractère très réaliste, *simulant les formes et les textures naturelles* avec une perfection quasi photographique. Les effets de brume, de nuage, de diffusion de la lumière, de textures naturelles et artificielles, ainsi que tous les éléments d'un paysage réaliste (montagnes, végétation, étendues d'eau), relèvent d'algorithmes faisant entrer en jeu à la fois le déterminisme des processus de calcul et l'aléatoire du calcul des propriétés morphologiques des objets. Ces algorithmes fractals reposent, bien entendu, sur le calcul de *la dimension non entière* (fractale) des surfaces et des volumes, ainsi que sur la programmation semi-aléatoire de figures minimales ou «primitives» imbriquées, filamenteuses et ajourées, entrecroisées, juxtaposées ou empilées en trois dimensions s'il s'agit de représentations d'objets fractals quaternioniques en relief. L'algorithme fait intervenir le hasard des fractionnements de matière et de lumière, à partir d'études physiques de surfaces et de matériaux réels.

Il s'agit là d'un art de la synthèse intégrale, qui fait croître les plantes artificielles autant qu'il peut donner le mirage de montagnes dans la brume et de lacs aux reflets hyperréalistes au fond d'une vallée verdoyante et fleurie. Le «*brouillard fractal*» et les «*montagnes fractales*» d'un paysage, par exemple, dépendent d'une *distribution aléatoire non gaussienne* des valeurs lumineuses et des micro-formes (il n'y a pas équipartition selon une courbe en cloche) et de l'application de lois mathématiques exponentielles, mettant en application, en particulier, le concept d'ensemble triadique intermittent de CANTOR, de dimension géométrique intermédiaire entre 0 et 1. De même, *la croissance d'une plante ou d'un arbre* est simulable en continu sur l'écran vidéo, par itération de mini-segments fractionnés et ramifiés au moyen d'algorithmes de réorientation angulaire semi-aléatoire, conformes aux lois de la disposition des branches et des feuilles naturelles. Une géométrie fractale des transformations scalaires, des frontières floues et de la renormalisation systématique des formes irrégulières concrétise une théorie de la dimension topologique fractionnaire, intermédiaire entre 1 et 2 ou entre 2 et 3, déjà pressentie par Léonard de VINCI à la fin du XVe siècle dans ses observations empiriques de ramifications et de croissance des formes naturelles, telles les branches et les feuilles d'arbres. De même, l'artiste florentin CENNINO CENNINI préconisait en 1437, dans son traité de peinture *Le Livre de l'Art*, d'adopter pour modèle d'une peinture de montagne des pierres irrégulières, rugueuses et pleines de brisures, à dessein de fournir une image de montagne en petite dimension destinée à être agrandie et refragmentée de multiples fois en chaque point de la représentation graphique, selon un identique principe de discontinuité réitérée. L'idée de modélisation fractale des formes naturelles était pour ainsi dire potentiellement présente chez cet artiste italien qui nous fait pressentir les concepts clés *d'autosimilarité* par renormalisation scalante et *de dimension d'homothétie* des fractales linéaires, exposés par MANDELBROT.

La géométrie fractale révèle en quelque sorte la «*signature*» physique essentielle des choses, leur qualité structurale d'irrégularité invisible au premier abord, car relative au *niveau de résolution* choisi pour l'analyse. Elle possède les moyens théoriques et expérimentaux d'en dresser des cartographies précises et fines, démontrant que tout niveau microscopique n'est jamais qu'un niveau scalaire mésoscopique, moyens dont ne dispose pas la géométrie euclidienne. C'est pourquoi elle est un stimulant de choix pour l'imagination techno-esthétique qui trouve en elle un tremplin créatif aussi bien du côté de l'esthétique abstraite que du côté de l'esthétique figurative ou surréaliste.

Combinant les capacités de la raison calculatrice et la puissance de l'imagination fantasmatique, l'art fractal infographique assume l'une des percées les plus spectaculaires de la culture techno-esthétique moderne, y compris par le moyen de l'informatique *individuelle* grâce à laquelle se communiquent, à travers le monde des «fractaliseurs» amateurs et professionnels (le terme anglais «*fractaliers*» a même été inventé pour les désigner!), des algorithmes originaux et les images complexes les plus insolites. La possibilité de *l'holographie fractale* s'affirme d'ailleurs également à l'horizon de cette combinaison des mathématiques et de la synthèse informationnelle, puisque les fractales sont, comme toutes les images de synthèse, des tableaux de nombres dans la mémoire numérique binaire des ordinateurs. L'info-mathématique fractale réalise la communion de la créativité scientifique et de la créativité artistique.

Dans le *Discours Préliminaire* de l'*Encyclopédie*, D'ALEMBERT affirmait déjà avec une totale conviction rationnelle que «*l'imagination dans un géomètre qui crée, n'agit pas moins que dans un poète qui invente*». C'est à une telle synthèse de l'imagination scientifique et de l'imagination poétique que nous convie l'esthétique fractaliste, avec ses objets infiniment discontinus, chaotiques et turbulents, échelonnés selon une infinité de points de vue et donc à jamais transitoires, intermédiaires et autoreproducteurs, emportés par d'étranges attracteurs protéiformes, cartographies mésoscopiques instables en perpétuelle mouvance, îlots noyés dans l'abîme des transfinis gigognes de l'espace-temps mathématique illimité qui simule *les processus de croissance informationnelle exponentielle, autoreproductrice, des sociétés informatisées*.

C'est d'abord dans la ligne de l'amplification autoréférentielle de l'information mass-médiatique en auto-accroissement continu que s'inscrit l'art fractal non exclusivement infographique, né cependant à partir du modèle physico-mathématique du chaos et des attracteurs étranges, avec leurs dimensions échelonnées fractionnaires, en déstructuration/restructuration continue et instantanée. L'information circulante s'excède elle-même à travers les réseaux de communication, à tel point que la surinformation est contrainte d'adopter, pour sa conservation et sa transmission, les codes miniaturisés du langage binaire de l'informatique et des supports magnéto-optiques. La surabondance informationnelle doit se minimaliser pour subsister, les textes écrits, les sons et les images exigent désormais des mémoires numériques à très grande capacité de stockage, sous peine de disparition physique et d'obsolescence culturelle accélérée. Le problème de l'utilisation effective de cette information n'en est pas pour autant résolu : que faire de l'excès d'information qui s'accumule de jour en jour ? Comment rendre l'information opérationnelle, comparative, utile et agréable à manipuler, en évitant le surplus pléthorique, paralysant, superflu ou secondaire ? La numérisation permet, certes, une gestion rationnelle de ce patrimoine, en le rendant plus mobile, plus facilement adaptable aux demandes, mieux regroupable et confrontable. Mais l'excès subsiste, peu ou pas du tout employé. L'auto-reproduction informationnelle crée un véritable maelström tourbillonnaire qui s'auto-amplifie chaotiquement sans connaître de barrières, se déconstruisant partiellement à mesure qu'il se forme.

L'artiste fractaliste Carlos GINZBURG a été, semble-t-il, particulièrement sensible depuis 1982, dans sa démarche artistique inspirée de la théorie physico-mathématique des fractales, à l'effet de surabondance informationnelle des sociétés informatisées qui fabriquent et diffusent de l'information tous azimuts par suramplification autoréférentielle, à l'exemple des systèmes chaotiques et des images fractales non linéaires de MANDELBROT : information scientifique, technique, juridique, économique, sociologique, politique, littéraire, journalistique, artistique, etc. La philosophie artistique de Carlos GINZBURG a été précédée d'ailleurs par une longue quête anthropologique d'information culturelle, principalement visuelle, à travers le monde qu'il a sillonné de manière nomadique entre 1972 et 1982, rapportant des idées, des thèmes, des images, bref : des documents socio-culturels multiples, formant un immense puzzle semi-chaotique en attente d'intégration artistique. Pour lui, la fractalité artistique n'est au fond qu'un révélateur — sans doute un peu déformant, mais c'est normal puisque la fractalisation artistique *s'autoréférencie* comme tout système complexe naturel ou social — de la fractalité sociale en état de turbulence chaotique hypertrophiée à l'excès par le boomerang de l'accumulation suramplifiée de l'information mass-médiatique, essentiellement mosaïque mais aussi de plus en plus interactive car informatisée à outrance.

Il n'est donc pas étonnant que l'artiste ait pu écrire que l'art fractal est une activité à la fois intellectuelle et pratique de reprise ou de réintégration culturelle du maelström informationnel mondial, lui-même inscrit congénitalement dans le grand maelström cosmique : «*L'art fractal est cette méditation artistique sur les archives de notre temps, dans la mesure où les fractales sont tout autant le résultat visuel le plus hypercomplexe des ordinateurs que le symbole de notre délire technicien*» (Kanal Magazine, Paris, septembre 1989, p. 80). La société est pétrie d'esthétique fractale à l'état brut, tout comme *le sujet* psychosociologique est intimement fractalisé au fond de son être hybride, car l'être humain n'a pas d'unité préformée, il n'est en rien prédéfini par un moi unitaire congénital ; au contraire, il diffracte et fractalise à son échelle individuelle les échos et les résonances des turbulences collectives culturelles et, plus spécifiquement, techno-informationnelles. Le sujet est en permanence en état limite de dissonance cognitive et de déconstruction de sa personnalité, dont il se préserve en adoptant une distance de conscience suffisante, un point de vue macroscopique, en somme, qui le préserve de l'abîme des *structures socio-anthropologiques autoréférentielles, infiniment repliées en elles-mêmes et enchevêtrées à toute échelle d'examen*. Carlos GINZBURG se définit d'ailleurs lui-même : «Sujet fractal», et donc implicitement en tant que complexité anthropologique génératrice de complexité artistique combinant inextricablement la théorie et la pratique artistiques, mais aussi le donné social et les concepts propres aux sciences physico-mathématiques et humaines.

Pratiquant essentiellement l'art conceptuel avant 1983, mais à mon sens toujours conceptualiste, Carlos GINZBURG adopte une stratégie artistique fractaliste après la période de ses errances touristiques, au cours desquelles il a amassé *une importante documentation photographique*. Le mathématicien MANDELBROT avait voyagé symboliquement sur les cartes de géographie qui faisaient l'objet de ses recherches de dimensions fractales, alors que l'artiste fractaliste GINZBURG a physiquement parcouru non la carte, mais le territoire : c'est en quelque sorte une autre version, empirique et subjective, de la quête de la dimension fractale appliquée à la mondialité de l'être socio-culturel. De 1983 au début des années 1990, il expérimente artistiquement les mânes de son codage photo-informationnel erratique et semi-aléatoire de la chaotisation du monde culturel, en créant des œuvres faites *d'assemblages aléatoires de fragments d'images les plus diverses*. Les assemblages photographiques de GINZBURG procèdent d'une déconstruction d'images par brisure, mise en pièces plus ou moins hasardeuse de photographies constituant la mémoire iconique du monde. Puis les images sont disséminées chaotiquement et collées sur le support, sans aucune recherche de syntaxe logique ou sémantique. C'est la négation du codage primitif de la photographie, mais aussi son réencodage virtuel par juxtaposition, empiètement et promiscuité spatiale où règne une *discontinuité déstabilisante* pour la reconnaissance des figures de base. Des images variées de la presse et de la publicité peuvent aussi s'y adjoindre.

Ainsi sont constitués, par exemple, *Chaos fractal* (assemblage, 100 x 160 cm, 1986) et *Fractal Dissemination* (assemblage, 100 x 150 cm, 1985), qui appellent de la part du spectateur plusieurs niveaux de regard, en fonction de la distance au tableau : *la vision de près*, quasi tactile ou haptique, qui permet de reconnaître des fragments figuratifs, réalistes, bien que mutilés, l'équivalent d'une vision à grande échelle topographique qui fait ressortir une énorme quantité de détails pour eux-mêmes sans lien appréciable avec l'ensemble; *la vision à moyenne distance*, équivalente à l'échelle mésoscopique des cartographes et des physiciens, à partir de laquelle les éléments entrent en turbulence entropique pour le regard, méconnaissables dans leur singularité informationnelle; enfin, *la vision à grande distance*, équivalente à la petite échelle topographique, celle des satellites d'observation de la terre, réinstaurant un simili-ordre macroscopique avec une certaine apparence d'équiprobabilité des accidents séparés ici ou là par des lignes et des zones plus prononcées mais toujours erratiques. L'impression de totalité est rétablie. On peut noter, dans cette progression scalaire, le passage d'une reconnaissance visuelle figurative à une prise de conscience abstraite, par l'intermédiaire du rapport mésoscopique/mésoscalaire existant entre le sujet et l'objet artistique en implosion subite. C'est précisément à de tels niveaux scalaires *transitionnels* que les physiciens reconnaissent l'évolution rapide de la complexité d'un système dynamique non linéaire, turbulent. Carlos GINZBURG a maintes fois souligné que le tableau assemblé par mini-fragments d'images prédonnées nie à la fois toute signification figurative et toute signification abstraite : sa dissémination constitutive fait seulement référence à lui-même dans un processus fractal de négation des codes sémantiques et syntaxiques établis par la tradition esthétique.

A partir de 1990-1991, Carlos GINZBURG a radicalisé sa philosophie socio-anthropologique de l'art fractal, en renforçant les sources proprement *techno-informationnelles* de son imagerie : les images fractales électroniques, binarisables et pourvoyeuses de surinformation esthétique, mais également tout l'arsenal moderne du traitement numérique de l'image et de l'information médiatique, offrent par excellence le matériau d'un art des similitudes *différentielles*, des combinaisons formelles indéfiniment réorganisables et des algorithmes transformationnels. Une image fractale, capturée photographiquement en une coupe instantanée, recèle en elle la virtualité infinie de sa mémoire génésiaque, mise en œuvre par le programme de calcul; en ce sens, elle condense toujours infiniment plus d'information que celle qu'elle présente avec ses couleurs ramifiées (c'est une sorte d'objet «platonicien» inépuisable, mais uniquement prouvable par l'expérience informatique) et elle n'est jamais *qu'une étape vite dépassée* sur la voie de son auto-reconstitution. A ce titre, l'imagerie fractale symbolise au plus juste, par l'activité artistique qui l'intègre dans une pensée totalisante, l'ensemble de la chaotisation du monde socio-culturel : «*Les fractales sont le schéma même, la condition du monde actuel. Pour l'œuvre : des photos d'images fractales (de préférence l'amassement des galaxies dans le cosmos ou l'ensemble de* MANDELBROT) *à l'intérieur de l'univers socio-culturel comme «chaos». Aussi des signes de l'univers socio-culturel fractalisé qui orbitent autour des sujets fractals qui eux-mêmes orbitent autour des objets fractals... J'essaye de montrer avec mes œuvres que la totalité de l'Art et la totalité du Monde sont des infinis fractals*», écrit GINZBURG (*La fractalisation esthétique*, Paris, 1992, *in* catalogue *La Fractalité dans l'Art*, La Science en fête, Institut National des Sciences Appliquées de Lyon, juin 1993).

L'artiste génère des images fractales sur ordinateur, photographie certaines d'entre elles ou réutilise des parties d'images fractales déjà publiées dans des livres en les vidéographiant pour les numériser au moyen de la caméra électronique, puis il les transforme chromatiquement à sa guise. Il inscrit ensuite électroniquement, sur ces images retravaillées, de brefs textes encadrés, en lettres capitales, qui parlent du fractal («Sujet Fractal», «Fractal Trop Fractal», «Dieu Fractal», «Baroque Fractal», «Le Fractal Toujours Et Partout», etc.) : ces inscriptions sont destinées à barrer la route à toute lecture esthétique ou scientifique de l'image. Il effectue généralement *des photographies cibachromes* de ces compositions électroniques, puis les assemble par accumulation non sérielle sur un mur, à la manière d'une distribution galaxique autosimilaire, entourées d'images photographiques classiques en noir et blanc sur lesquelles figurent, bien entendu, des rappels fractals d'amassements autosimilaires composés à la main sur des cartons et présentés par lui-même, «Sujet fractal», photographié en divers lieux géographiques. L'autoréférence est omniprésente dans cette œuvre et dans la pensée récursive qui l'anime.

Certains tirages photographiques cibachromes récents de Carlos GINZBURG (1993), créés à partir d'images traitées par ordinateur et laissant voir ostensiblement une trame pixellisée discontinue à petits carrés colorés, atteignent 1 m x 1,50 m. Il numérise le chaos de ces images disparates et composites au moyen d'un mini-ordinateur, non pour créer une œuvre d'art au sens classique du terme, mais pour rendre compte par la numérisation technologique rendue manifeste des images et des mots qu'elles contiennent, du champ totalitaire de l'informatisation sociale et artistique, tenant souvent lieu de discours justificateur de la politique comme de l'art contemporain. Il écrit à ce sujet : «*Le but de cette informatisation n'est pas tellement d'utiliser les nouvelles technologies pour produire une œuvre d'art — l'une des «modes» du Ministère de la Culture en France — mais plutôt de thématiser, avec la numérisation, le problème de la numérisation dans l'art et dans la société. C'est l'extase de l'informatique, sa dérision, son stéréotype, sa prolifération*» (extrait d'une lettre-manifeste personnelle inédite de l'artiste, sur *La Complexité fractale dans l'art*, juin 1993).

Soulignons enfin qu'absolument *tous les types d'images* existant au sein de la vie sociale (y compris les images de l'histoire des arts, le «Musée imaginaire» d'André MALRAUX) sont recyclées, par fragmentation, isolement, agrandissements successifs, traitement numérique des couleurs et hybridation iconique, superposition électronique, chaotisation, pour être, en dernier lieu, synthétisées photographiquement par tirage cibachrome de grand format. C'est l'univers entier des images et des mots qui s'offre potentiellement au recyclage fractal, à l'instar des êtres et des événements fourmillants qui occupent la scène turbulente du monde culturel et naturel. Nous sommes donc en présence d'une réflexion techno-esthétique mais surtout, plus largement, socio-culturelle, qui remet radicalement en question la validité d'une esthétique technologique qui se voudrait autonome en se rattachant au thème, jugé caduc et inopérant dans l'art fractal de Carlos GINZBURG, de la beauté optique des infinis gigognes, images informatiques évocatrices, pour beaucoup, d'une beauté aux connotations souvent trop métaphysiques... Carlos GINZBURG pratique un art de *l'inclusion fractale* dont, paradoxalement, l'hétérogénéité plastique et iconologique est réunifiée ou résorbée par le principe général de *la fractalisation scalante numérisée* (bien sûr non géométriquement mais métaphoriquement scalante, par mise en évidence de la discontinuité uniforme répétitive de la trame numérique de l'image). L'ordre tramé digital, *technologiquement fractalisant*, assume le désordre de la fragmentation et de la chaotisation iconique. Quant à l'image photographique terminale en grand format, elle assume *in fine* la synthèse analogique contradictoire de l'ordre digital et du désordre iconique [cf. planches XIII et XIV].

La pratique fractaliste de Carlos GINZBURG est l'expression d'une conception *non esthétisante*, inspirée par l'imagerie informatique de la complexité et du chaos, mais pour laquelle les images de la géométrie des nombres complexes ne sont utilisées qu'à titre de *métaphores* de la fractalité culturelle universelle. L'attitude de certains autres artistes fractalistes est différente : ils considèrent l'imagerie fractale comme une base esthétique directe pour leur création. Depuis 1989, l'artiste argentin Robert AZANK se sert du logiciel graphique pour générer d'énormes quantités d'images fractales, parmi lesquelles il choisit celles qu'il va intégrer *par transposition picturale* dans ses peintures acryliques sur toiles. Simplifiant la structure complexe des images informatiques, il utilise de préférence des couleurs pures ainsi que des lignes et des surfaces plus régulières que celles appartenant aux modèles techno-scientifiques. Travaillant patiemment et de façon très personnelle sur les instructions du programme fractal, AZANK considère qu'art et informatique sont intrinsèquement associés dans l'intention esthétique du créateur dont le rôle est de découvrir et de hiérarchiser les divers types d'organisations fractales dignes de figurer dans le «musée» de la fractalité artistique, et même de retrouver à travers elles une beauté toute classique, avec ses symétries et son harmonie esthétique. En 1990, il a fondé une société infographique («Fractal Generation») destinée à publier ses travaux fractals infographiques et picturaux, sous forme de cartes postales, d'affiches et même d'impressions sur tissus vestimentaires (tee-shirts, blousons, pantalons, vestes, chemises, vêtements de sport, etc.).

L'artiste québécois Laurent PILON est également motivé par le paradigme de la fractalité depuis 1984. Il emploie des matériaux et des techniques mixtes très représentatives de la modernité techno-scientifique. La dynamique topologique des nombres fractals en couleurs lui sert de modèle esthétique pour dessiner puis créer des *moulages d'objets en résine plastique*, matériau doté d'une grande souplesse de modelage. PILON retient essentiellement, des ensembles de MANDELBROT et de JULIA : a) leur caractère mathématique semi-aléatoire, générateur d'attracteurs irréguliers aux dimensions fractionnaires, b) leur recréation morphologique imprévisible à toute échelle de grossissement, permettant de sélectionner photographiquement une multitude de détails, c) de façon générale, leur aspect chaotique stimulant l'imagination, opposé à toute symétrie ou harmonie statique. Les fractales symbolisent l'art du *fragment autonome*, autoréférentiel, sans rapport d'appartenance à un ensemble formel unifié et pouvant entrer, par conséquent, dans une multitude

Planche XIII — *La Ruche Fractale*. Image d'ordinateur. Tirage Cibachrome original 1 m x 1,50 m. Carlos Ginzburg, 1993.

Planche XIV — *La Copie Fractale*. Image d'ordinateur. Tirage Cibachrome original 1 m x 1,50 m. Carlos Ginzburg, 1993.

de configurations hétérogènes, par processus cumulatif. L'imaginaire graphique et sculptural de PILON est donc directement stimulé par les configurations fractales dont il tire profit pour passer de l'expression en 2D à l'expression en 3D. Faites de résine synthétique, ses sculptures sont des assemblages guidés par une pratique en partie aléatoire, au sein *d'installations d'objets fragmentaires hétéroclites*, simulant le chaos et mêlant divers matériaux sans aucune hiérarchisation de valeurs. C'est tout le symbole de la luxuriance mosaïque de l'information, propre aux sociétés à fort développement médiatique et informatique : une information qui « informe » d'autant moins bien la conscience humaine qu'elle se neutralise par excès cumulatif et multiplication des canaux de transmission.

Les objets fractals étant par excellence des symboles de surdétermination informationnelle, ils sont également des facteurs de brouillage perceptif ou de *bruit* communicationnel : toujours ponctuellement *différents*, ils prolifèrent cependant par *l'analogie dimensionnelle non euclidienne* de leurs apparences abstraites et l'unité du processus logique de leur morphogenèse. Qui peut différencier spontanément, du premier coup d'œil, deux micro-zones différentes d'une même configuration fractale ou deux images fractales calculées dans la même micro-parcelle du plan complexe ? Pourtant les différences morphographiques existent en nombre incalculable : seule les révèle, avec le temps, la loupe fractale informatique. La confusion visuelle est liée à l'impression de redondance morphographique jouant comme *facteur de bruit générateur d'entropie perceptuelle*.

C'est précisément en agissant sur le rapport ambigu du bruit perceptuel et de l'information complexe, inépuisable dans une vision globale, que s'édifie l'œuvre photo-fractale de Marie-Bénédicte HAUTEM. L'artiste crée non pas des photographies fractales au sens mathématique du terme, avec une stricte autosimilarité dimensionnelle, impossible du reste à obtenir par la chimie photo-argentique, mais des photos *« simili-fractales »* qui sont des simulacres d'objets, visuellement très éloignés de leur référent. Les techniques de prédilection de l'artiste-photographe sont la surexposition et la superposition d'images. Par la surexposition calculée, un objet peut devenir turbulent et chaotique à tous les niveaux scalaires qu'il offre à la perception et en tous ses points : ainsi, Marie-Bénédicte HAUTEM a-t-elle photographié des turbulences aquatiques qui produisent une impression de chaos, d'instabilité perceptuelle, mais aussi de recouvrement dynamique de plans tourbillonnaires en continuelle mouvance (*La Grande Vague*, n° 1, 2 et 3, 60 cm x 50 cm, 1987 et 1988). Le flou chaotique de la surexposition plonge le spectateur dans une mer de dé-

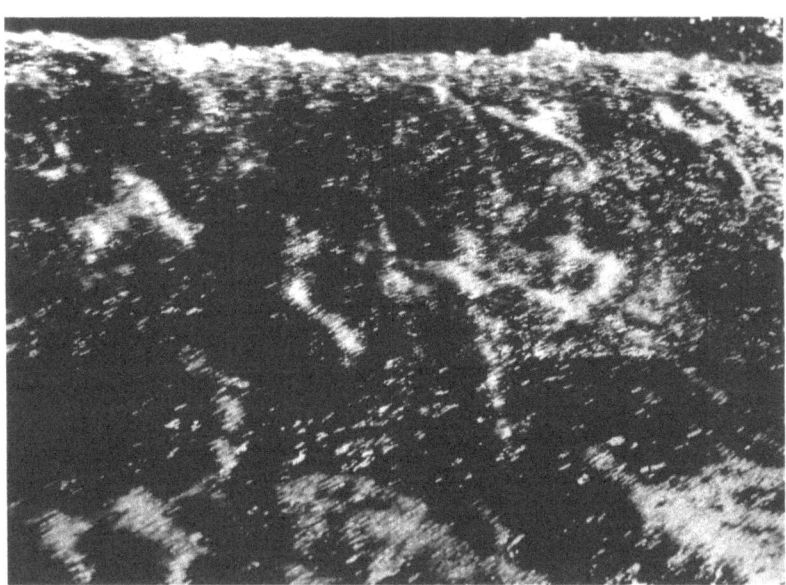

Planche XV — *En haut* : Marie-Bénédicte Hautem. *Impression Fractale*, 19 x 19 cm, 1988. *En bas* : Marie-Bénédicte Hautem. *La Grande Vague n° 3*, 40 x 50 cm, 1988.

tails infinis, vertigineux, inépuisables dans leurs nuances très contrastées de noir/gris/blanc, dans leur scintillement déstabilisant pour la vue.

Le haut et le bas, la droite et la gauche, n'ont plus de sens dans ces dispositifs photographiques observables à plusieurs échelles : à la loupe, les formes se dissolvent en une myriade de formes granulaires, parcelles fractales de la totalité infinie du monde. En tout point de l'image turbulente se trouve le centre potentiel provisoire d'un univers en expansion permanente, caché à toute appréhension globale. Vus à distance supérieure, ces détails sont redynamisés par un effet de roulement de vagues en rupture de rythme permanente. L'observateur est, en définitive, renvoyé instantanément à l'univers entier dont la photo n'est que l'émanation d'une infime parcelle fractale, présentant la propriété d'autosimilitude générale avec le Grand-Tout universel, car l'univers est tissé d'attracteurs étranges en tous ses plis et replis. La thématique des attracteurs chaotiques est d'ailleurs très directement présente dans cette œuvre (*Attracteur immanent*, 120 cm x 120 cm, 1991). Plus généralement, c'est à une théorie appliquée de *l'analogie universelle* des dimensions topologiques non entières que nous réfère l'œuvre de HAUTEM, ne conservant du réel que ses trames infraperceptuelles superposées, habituellement invisibles pour le regard macroscopique. Le fractalisme, photographique ou pictural, est parfois une forme déguisée d'essentialisme [cf. planche XV].

Surinformées, les photographies de HAUTEM sont saturées de bruit fractal infiniment fluctuant, de «bruit blanc» ou brownien. Elles captivent le regard en tout point, en un parcours aléatoire toujours sinueux, rompu, inassouvi. Le bruit comme synthèse contradictoire de l'extrême redondance et de l'extrême originalité différentielle en tout point, est le thème de l'œuvre intitulée *Impression de bruit fractal* (21 cm x 20 cm, 1988), dans laquelle est simulée la loi de la saturation fractale, autosimilaire à toute échelle d'examen. L'artiste crée également des sortes de cartographies animales, en captant l'image en gros plan de pelages d'animaux tels que des vaches, des chameaux. Ces pelages deviennent des matériaux irréguliers, fragmentaires, dont le référent photographique animal fournit le prétexte plastique (*Cartographie animale of cow*, 60 cm x 120 cm, 1990; *Identité Unilatéralité/Matériau*, 120 cm x 240 cm, 1991). Une photographie telle que *Survol fractal* (50 cm x 70 cm, 1992) est construite par superposition de signes abstraits surexposés (textes, lettres, chiffres, traits discontinus), sur une photographie de scène de rue, avec passants, immeubles, voitures, écriteaux publicitaires. Les signes disloqués modulent le chaos urbain.

Peintres, sculpteurs, photographes, infographistes plasticiens et mathématiciens, et même un poète brésilien tel qu'Horacio COSTA (jouant sur des structures littéraires et phonématiques *scalantes*), sont nombreux actuellement, dans divers pays, à la recherche d'une véritable philosophie fractaliste de la création artistique *multi-médias*, dépassant la simple création empirique d'images fractales mathématiques. Cette attitude est symptomatique de la volonté d'intégrer les concepts de la technoscience dans une véritable culture esthétique digne de réaliser le lien avec la tradition artistique. Elle est également le signe d'une prise de conscience de la nécessité culturelle de revivifier l'information pléthorique et disparate par le redéploiement métaphorique de la mémoire enfouie dans le sujet, car les œuvres fractales sont comprises d'une certaine manière en tant que prolongement personnel et transposition morphographique de l'artiste, «*Sujet fractal*» selon l'expression de Carlos GINZBURG.

L'activité artistique fractaliste semble donc très loin de l'objectivisme numérique ou scientifique des «objets fractals» mathématiques qui lui ont procuré ses racines. L'art fractal n'est pas un simple chapitre ou une dérivation de l'art mathématique ou du pythagorisme esthétique; il est bien plutôt une résurgence du *baroquisme esthétique*, sous-tendu par le modèle de la transduction électronique généralisée de l'information (sons, textes, images) et de ses transcodages numériques/analogiques virtuellement illimités. La médiatisation polymorphe et le brassage de l'information sonore et visuelle, relayée par ses transcodages digitaux, l'entraînent dans un flux culturel turbulent qui est autant créateur de complexité néguentropique que de chaos indifférencié. Le baroquisme fractal symbolise et simule cette hypertrophie de la création et de la diffusion informationnelles multi-médias, en même temps qu'il s'interroge sur ses répercussions dans la conscience individuelle ou collective en patchwork, forcément fragmentée, chaotique, du sujet humain.

A ce titre, l'art fractal peut être compris comme un art de la métaphore *de la mémoire subjective*, dans ses aspects chaotiques, fragmentaires, mais aussi en tant qu'art métaphorique de la mémoire planétaire émiettée, dispersée, indifférenciée à force d'accumulation, de banalisation médiatique et informatique. Le microcosme subjectif et le macrocosme spirituel planétaire sont quasi scalants, comme des fractales homothétiques de MANDELBROT. D'autre part, les fractales modélisent un processus de prolifération illimitée de l'information, chaque partie étant à la fois semblable et différente dans ses détails à tout autre microcosme d'une même zone d'exploration informatique. L'accident est la règle, mais il exprime cependant la loi du tout, à l'exemple du rapport du sujet individuel et du monde qui l'englobe. Les œuvres fractales sont, en partie, une variante des archives de l'époque informationnelle, des archives abstraites, symboliques, tout comme *l'art narratif et mémoriel* d'ERRO ou de Christian BOLTANSKI est aussi une forme d'archivage symbolique de l'information subjective, faite d'événements culturels en mosaïque qui s'émiettent chaotiquement en accidents psychosensoriels.

2. LE DESIGN INFORMATIONNEL

Nous conviendrons de nommer «design informationnel» ou plus brièvement *info-design*, la technoscience relative à la conception modélisée sur ordinateur, à la projection vidéo-informatique et à la fabrication assistée par ordinateur, d'objets de l'environnement visuel ayant une finalité esthétique et, éventuellement, fonctionnelle. Ces objets tridimensionnels ont donc tous en commun d'être créés à partir d'algorithmes de calcul de leur information morpho-esthétique. L'info-design peut en ce sens être considéré comme le renouveau informationnel, né du traitement électronique de l'information numérique, de *l'esthétique industrielle* des années 1950-1960 dont l'ingénieur français installé à New York, Raymond LOEWY, dès 1929, puis surtout Jacques VIENOT, au lendemain de la seconde guerre mondiale, furent les principaux promoteurs. Ce dernier fonda en 1951 l'Institut d'Esthétique Industrielle, puis réunit à Paris en 1953 le deuxième congrès international d'esthétique industrielle (le premier ayant eu lieu à Londres en 1951). Le programme de l'institut créé par VIENOT était d'associer beauté, fonctionnalité, économie des moyens matériels employés et rentabilité commerciale des objets fabriqués. Notre propos sur l'info-design sera beaucoup moins vaste, puisqu'il concerne exclusivement le rapport de la conception informationnelle *spécifiquement esthétique* de l'objet à sa mise en œuvre informatique, en dehors de toute considération commerciale.

2.1. Sculpture numérique

La technoscience de l'information numérique, combinée avec l'invention industrielle de *nouveaux matériaux chimiques*, rénove depuis le milieu des années 1980 les principes conceptuels et les méthodes de l'expression sculpturale. Les deux voies de la sculpture abstraite et réaliste sont offertes à l'info-design sculptural pour lequel une sculpture matérielle est toujours une sculpture *de nombres binaires stockés* en mémoire informatique. Les matériaux naturels ou, plus souvent, *synthétiques*, eux-mêmes nés du contrôle informatique et de la commande cybernétique, subissent un travail automatique de mise en forme qualitative générée par la programmation séquentielle d'instructions codées et définies en suivant l'exemple d'un modèle théorique, de nature strictement géométrique. Le langage originaire de l'info-design sculptural est *d'essence logico-algébrique*, quel que soit par ailleurs le type de matériau dans lequel il s'exprime.

L'universel numérique, réduit à son état de matrice binaire en mémoire d'ordinateur, constitue la «*cause formelle*» paradigmatique de l'info-sculpture, qu'ARISTOTE (384-322 avant l'ère chrétienne) désignait déjà comme étant l'essence ou le modèle essentiel de la sculpture. Dans sa *Métaphysique* (livre D, 2, 1013 a 25 - 1014 a 25) et dans sa *Physique* (II, 3, 194 b 16 - 195 b 30), ARISTOTE distingue quatre sortes de causes artistiques dans la sculpture : a) la «*cause matérielle*», désignant la matière dont la chose est faite (par exemple l'airain pour la statue, ou l'argent pour une coupe), b) la «*cause efficiente*» ou motrice, c'est-à-dire le travail pragmatique de l'artiste, c) la «*cause finale*», désignant ce pour quoi est fait l'objet : par exemple, exprimer la beauté, la vérité mimétique ou servir d'ornement, d) enfin, la «*cause formelle*», désignant la forme harmonique proprement dite, qu'ARISTOTE nomme aussi «*paradigme*», c'est-à-dire le modèle formel défini qualitativement par les propriétés mathématiques interrelationnelles existant entre les parties d'une sculpture ou bien celles existant entre les sons, en musique. De manière générale, dit ARISTOTE, la forme (il emploie le mot «*eidos*» : idée) ou cause formelle se ramène au *nombre*. C'est pourquoi la cause formelle est essentielle, paradigmatique, elle subordonne les causes matérielles et motrices à sa nécessité autonome, aux exigences de son idéalité abstraite.

L'*eidos* structure la matière en une totalité finie, bien délimitée, par la vertu ordonnatrice normative du nombre et de la mesure. La valeur esthétique de l'œuvre d'art, et de la sculpture en particulier, participe nécessairement pour ARISTOTE, tout comme pour PLATON avant lui, des critères liés à la beauté spécifique des mathématiques. Les mathématiques offrent à la sagacité de l'esprit humain les formes les plus élevées de la beauté qui font l'objet du raisonnement mathématique, car il traite non de l'accidentel mais de l'essentiel, de l'universel abstrait qui sous-tend, structure nécessairement toute chose sensible et concrète existant au monde. Les mathématiques déterminent quantitativement la qualité spécifique des objets fixes et animés dont elles ne peuvent être séparées, en tant qu'êtres absolus, que par abstraction intellectuelle. La loi des nombres exprime et démontre donc au mieux le sens et l'effet sensible de la beauté dont elle signifie la raison fondatrice : «*Les formes les plus hautes du beau sont l'ordre, la symétrie, le défini, et c'est là surtout ce que font apparaître les sciences mathématiques. Et puisque ces formes (je veux dire l'ordre et le défini) sont manifestement causes d'une multitude d'effets, il est clair que les mathématiciens doivent considérer comme cause d'une certaine manière, la cause dont nous parlons, le beau en un mot»* (Métaphysique, livre M, 3, 1078 a 35 - b 5).

Ce détour par la philosophie aristotélicienne des causes, et en particulier de la «cause formelle» en art, nous fait comprendre avec le recul du temps en quoi l'info-sculpture moderne n'est pas étrangère à l'action directe des nombres et de leurs lois mathématiques d'utilisation. Habituellement, la sculpture est comprise comme une activité empirique de soustraction ou de déformation de matière (pierre, bois, marbre, métal, etc.) taillée au moyen d'un ciseau, le sculpteur travaillant par approximations successives. Grâce à la sculpture informatisée, ce travail est délégué à une machine reliée à un calculateur qui commande l'exécution minutieuse et précise des formes en relief. La forme la plus simple d'info-sculpture, destinée avant tout à reproduire les formes avec réalisme, est *la vidéosculpture*. Un objet quelconque, un visage ou un buste humain tout entier, par exemple, sont *numérisés par balayage laser* rotatif régulier de leur surface, les coordonnées numériques de l'objet formant en quelque sorte sa «cartographie» 3D dans un repère géométrique tridimensionnel, interprétable dans un système infovidéographique. Les mesures précises définies par le balayage laser de l'objet sont enregistrées en langage binaire sur une vidéocassette ou un disque optique-numérique. Le système peut numériser la surface en relief à une vitesse supérieure à 20 000 points par seconde, définissant des séries de courbes de niveaux très rapprochées les unes des autres. Par exemple, un objet ou un buste humain pourront être définis numériquement par 550 courbes de niveaux comportant chacune 550 points ou davantage. En théorie, plus le nombre de courbes de niveaux et plus le nombre de points par courbe sont importants quantitativement, plus la finesse d'exécution sculpturale sera sensible au moment de la commande cybernétique de l'instrument à graver, généralement une fraiseuse à commande numérique capable de tailler avec précision dans un matériau de dureté élevée. Une visualisation 3D rotative à facettes polygonales ou sous forme de courbes continues, de l'objet numérisé, peut apparaître préalablement sur l'écran de la caméra vidéo, permettant de contrôler par anticipation l'effet esthétique qui sera induit de l'échantillonnage laser quantifié des formes en relief.

L'intérêt créatif du système d'info-vidéosculpture à commande digitale réside avant tout dans la possibilité de faire varier à volonté la *quantité d'information numérique* mise en mémoire pour produire un effet tantôt plus réaliste, tantôt plus expressionniste ou abstrait. En effet, l'info-vidéosculpture est fonction du nombre de points d'échantillonnage autant que du nombre de courbes de niveaux en relief, plus ou moins serrées. Il est facile d'admettre que si l'on choisit, par exemple, de ne sélectionner que 200 courbes de niveaux à 200 points d'échantillonnage chacune, au lieu, par exemple, de 550 courbes à 550 points chacun, la sculpture par fraiseuse à commande numérique qui en résultera sera beaucoup plus schématique, moins détaillée, et par conséquent plus abstraite, produisant un effet esthétique s'éloignant du réalisme mimétique. Un calcul simple montre que dans le premier cas (200 x 200) le nombre de points élémentaires s'élève à 40 000 pour un relief intégral, alors que dans le second (550 x 550) il s'élève à 302 500. Le rapport de définition est supérieur à 7,56 fois la plus faible définition sélectionnée. Intuitivement, le sculpteur informaticien peut déjà en déduire globalement l'impression générale de l'objet qu'il va reproduire, par rapport à l'objet quasi à l'identique provenant d'une excellente définition.

Mais cette impression d'ensemble est susceptible de plus de raffinement, par l'usage d'un calcul pratique simple de quantification relative de l'information. On sait qu'en théorie mathématique de l'information, il est d'usage de ramener la quantité d'information *aux logarithmes binaires* du nombre des éléments entrant en composition, puisque l'information élémentaire est toujours binarisée. Ainsi, en admettant que pour un système informatique et un objet donné, la meilleure définition possible (donc la plus réaliste en 3D) soit apportée par 550 courbes continues de 550 points chacune, soit 302 500 points au total, le calcul logarithmique en base 2 de ce nombre de points élémentaires échantillonnés sera égal à $\log_2 302\,500 = 18{,}206$ par approximation, qui servira de référence à la mesure de la quantité d'information relative des autres possibilités. Si l'info-sculpteur choisit la solution 200 x 200, la quantité d'information relative tombe à la valeur $\log_2 40\,000 = 15{,}287$ par approximation. Le rapport des deux valeurs logarithmiques n'est que de 1,19 alors que le rapport des définitions est de 7,56 fois la plus faible définition. Cela indique (très intuitivement) que la quantité d'information *relative* demeure élevée même en abaissant beaucoup (7,56 fois) l'information quantitative réelle.

Un effet esthétique vraiment abstrait et schématique requiert donc un beaucoup plus grand abaissement de la définition numérique réelle, par exemple jusqu'à 50 x 50 soit 2 500 points d'échantillonnage (quantité d'information réelle divisée par 121, quantité d'information binaire relative égale à 11,287 et rapport de cette valeur à la valeur de référence «hyperréaliste» égale à 1,613). Avec une résolution de 20 x 20, la quantité d'information réelle serait divisée par 756,25 et le rapport informationnel différentiel s'élèverait à 2,106 : est-ce à dire qu'une telle sculpture numérique serait environ « deux fois moins réaliste » (ou deux fois plus abstraite) par comparaison avec celle servant de référence? Cette déduction serait évidemment simpliste, voire dénuée de sens, mais les indices relatifs révèlent intuitivement qu'il faut supprimer vraiment beaucoup de détails réalistes pour « casser » la reconnaissance spontanée d'une forme référentielle. Un nombre minimal de courbes taillées dans le bois, la pierre ou le métal suffisent parfois pour indiquer l'existence d'une silhouette humaine ou la forme générale d'un objet, et cette constatation indique que certaines formes figuratives détiennent une forte prégnance visuelle malgré leur extrême schématisme. C'est, ni plus ni moins, ce que signifient les chiffres indiciaires obtenus par comparaison de l'information quantitative, concernant les configurations sculpturales hypothétiques que nous venons d'évoquer.

Le système de vidéosculpture assistée par ordinateur rend possible un calcul des variations formelles de l'objet, en jouant sur l'échelle de reproduction matérielle et sur la finesse d'échantillonnage des coordonnées ponctuelles des courbes surfaciques. L'information morphologique de l'objet de départ peut être variationnellement transformée, métamorphosée, en utilisant les ressources de la numérisation, puisque l'info-sculpteur attaque la matière en vertu d'un calcul de répartition spatiale des courbes en relief, mettant en action une véritable *esthétique différentielle de l'information digitale*. Outre la vidéosculpture, *la photogrammétrie numérique*, reposant sur l'enregistrement stéréoscopique et le calcul informatique tridimensionnel des formes numérisées d'un objet, permet également une restitution en relief par gravure en commande digitale, à partir de la comparaison mathématique des points homologues du stéréogramme (le couple stéréoscopique de clichés numérisés). Dans les deux cas, les nombres calculés par l'ordinateur guident la transformation du bloc de matière amorphe : en langage aristotélicien, on pourrait dire que la « forme paradigmatique », concrétisée ici par la loi des nombres mis en mémoire informatique, « informe » la matière, c'est-à-dire lui confère son apparence nécessaire, régie par l'harmonie mathématique de la structure de ses courbes en relief.

Un deuxième type de sculpture numérique, très révolutionnaire par les possibilités techniques et les matériaux synthétiques qu'il met en jeu, mais surtout par les perspectives *artistiques* qu'il offre, est apparu au début des années 1990. Il s'agit de *la stéréolithographie* numérique qui permet de transposer en trois dimensions, dans un matériau polymérisé entrant dans la composition des matières plastiques, des objets mathématiques dont la complexité géométrico-algébrique n'est pas exprimable physiquement au moyen d'une fraiseuse à commande numérique. Une modélisation en 3D sur écran d'ordinateur de tels objets mathématiques complexes, des surfaces minimales ou des structures géométriques quadridimensionnelles par exemple, peut être visualisée par une série d'images tridimensionnelles qui en procurent autant de perspectives partielles calculées à partir de leurs équations différentielles. Mais ces équations mathématiques demeuraient non matérialisables par sculpture automatisée, d'une part à cause de l'extrême variété morphologique des structures spatiales courbes, minces, repliées et souvent fragmentées qu'elles modélisent, d'autre part à cause de la faible capacité d'adaptation plastique des matériaux traditionnels, peu aptes de surcroît à supporter une gravure précise des cotes dimensionnelles de la pièce en relief.

Les remèdes apportés à ces difficultés par la stéréolithographie numérique sont, d'une part la gravure cybernétique *par rayon laser*, d'autre part l'invention de *matériaux chimiques polymérisables* qu'utilisent certains artistes surtout depuis le début des années 1980 (les *Expansions* de CÉSAR en mousse polyuréthane expansée remontent cependant à 1967), mais dont les propriétés chimiques sont à présent bien adaptées à la stéréolithographie numérique. Matières plastiques, caoutchoucs et textiles synthétiques illustrent des types très connus de matériaux *polymères* obtenus par réaction chimique d'addition en chaîne d'un très grand nombre de molécules identiques plus simples appelées *monomères* : par exemple le butadiène, l'isoprène ou le chloroprène, dans la fabrication du caoutchouc et de divers élastomères, ou l'éthylène dans celle de multiples objets moulés. La polymérisation n'est rien d'autre que cette soudure, mécaniquement obtenue par répétition d'un motif simple, de dizaines ou centaines de milliers de chaînons moléculaires identiques ou monomères, la substance chimique résultant de cet enchaînement linéaire étant le polymère macromoléculaire.

Les possibilités artistiques virtuelles de ces macromolécules synthétiques sont fonction de leurs propriétés spécifiques : certains polymères sont *liquides*, d'autres sont sensibles à la chaleur et ramollis par ce moyen avant de reprendre leur dureté par refroidissement, d'où la possibilité de les utiliser par moulage : ce sont des polymères *thermoplastiques*, d'autres sont *thermodurcissables* : la réaction chimique qui les produit en fait un condensé solide irréversible, enfin certains sont élastiques dans des proportions variables, comme le caoutchouc : ce sont des *élastomères*. Les chimistes ont aussi créé des polymères conducteurs d'électricité par dopage électronique des monomères. Les récents alliages plastiques de polymères hétérogènes, les *copolymères*, sont composés par synthèse de macromolécules comportant deux ou plusieurs séquences de monomères *différents*; ils offrent des qualités de résistance physique et de malléabilité technique que les architectes et les sculpteurs pourraient dès lors apprécier tout autant que les ingénieurs de l'industrie mécanique.

La stéréolithographie exige, comme matière première sculpturale, des monomères liquides (*résines liquides*) soudables et durcissables en un polymère solide sous l'effet de l'intensité photonique d'un rayon laser ultra-violet ou d'autre longueur d'onde. Les monomères s'assemblent donc par transformation macromoléculaire, en un polymère rigide engendré par *réaction photochimique* de polycondensation : c'est une forme de polymère thermodurcissable irréversible, que les chimistes nomment un «polycondensat». Le dispositif de stéréolithographie consiste donc dans le couplage d'un ordinateur commandant numériquement les orientations et les déplacements du faisceau laser, et d'un plateau mobile animé d'un mouvement vertical, contenu dans un bac transparent et baignant dans une résine liquide thermodurcissable. La forme mathématique en 3D, dont les mesures et les cotes exactes sont mémorisées numériquement, est visualisée sur l'écran de l'ordinateur, *telle qu'elle sera reproduite en trois dimensions* par le polycondensat. Au début de l'opération, le plateau affleure à la surface de la résine liquide et le rayon laser trace par polycondensation photochimique la première strate mince (un dixième de millimètre ou moins) qui se solidifie immédiatement. Puis le plateau est descendu automatiquement d'un niveau égal à un dixième de millimètre, le laser suit les instructions électroniques de la mémoire de l'ordinateur et trace la deuxième strate durcie. Le processus se reproduit identiquement jusqu'à ce que toutes les données morphologiques numérisées de l'objet virtuel soient épuisées, faisant apparaître alors par émersion finale l'intégralité de l'objet polymérisé en relief, teinté dans sa masse ou bien complètement transparent. Le procédé repose sur la sculpture numérique télécommandée de tranches ultra-minces successives, empilées régulièrement les unes sur les autres, et dont la finesse matérielle détermine à la fois l'importance du temps de polymérisation de l'objet intégral (plusieurs heures) et la précision morphographique de l'objet en plastique dur, cette précision n'ayant d'autre canon de comparaison que les nombres inscrits dans la mémoire informatique. L'objet peut évidemment être peint comme n'importe quelle sculpture si sa teinte synthétique ou sa transparence absolue ne sont pas jugées esthétiquement satisfaisantes.

Cette technologie d'origine américaine, déjà utilisée artistiquement par un créateur japonais, Masaki Fujihata, se répand industriellement en affinant ses procédés ainsi que la qualité des résines liquides dont les polycondensats offrent une intéressante variété en dureté ou souplesse, homogénéité microstructurale (les copolymères en particulier) et chromatisme artificiel. Comment un tel renouveau de la sculpture et de ses matériaux ne pourrait-il pas captiver les artistes de la tridimensionnalité, sculpteurs ou architectes? La chimie organique (c'est-à-dire la chimie des composés du carbone dont font partie les polymères) n'est plus seulement le domaine réservé de l'industrie des « hauts polymères » (le terme « haut » faisant référence à leur poids moléculaire très élevé), mais une discipline susceptible de s'intégrer de multiples façons au sein de l'activité artistique : nouvelles structures architecturales fonctionnelles ou décoratives, nouveaux supports picturaux et publicitaires, nouveaux matériaux de sculpture et de gravure, sans parler de toutes les ressources techno-esthétiques apportées par la chimie des polymères à la création des objets domestiques et industriels.

L'intérêt des artistes pour les polymères synthétiques s'accroît continuellement depuis les *Expansions* de CÉSAR en mousse de polyuréthane expansé, à la fin des années 1960. Ce polymère obtenu par polycondensation peut être dur (permettant la fabrication d'objets thermoplastiques moulés, très solides) ou au contraire mou et élastique : on parle alors de « mousse » plastique due à un dégagement de gaz carbonique au cours de la réaction de polycondensation. La dilatabilité du polyuréthane expansé séduit CÉSAR par ses coulées organiques apparemment hasardeuses, soudainement cristallisées, figées par la magie de la polycondensation. La sculpture molle d'abord en mouvement, en travail intermoléculaire intense, devient en quelques instants la résultante solidifiée, pétrifiée, de ce travail chimique de polycondensation. Ingénieur chimiste et ancien élève-assistant de CÉSAR, Louis DUROT plie également le polyuréthane et la technochimie aux désirs artistiques qui l'animent depuis l'époque des *Expansions* de CÉSAR. Cet artiste-chimiste aime jouer sur l'économie de matière première polymérisée (le peu produit beaucoup en volume) ainsi que sur le calcul et la répartition des temps de réaction chimique, afin de créer des formes en couleurs qui possèdent pour lui une valeur ludique autant qu'esthétique en soi.

C'est un éloge de la matière synthétique, *riche de virtualités plastiques et de vie organique intrinsèque*, que fait Louis DUROT à travers ses sculptures expansées. La matière est inventive par elle-même, pense-t-il, et conduit l'imaginaire artistique au-delà de ses limites conventionnelles, établies officiellement par l'histoire culturelle des styles, des idéologies et des théories artistiques. La technoscience des matériaux chimiques est alors conçue comme une libération des puissances de l'imaginaire, contrairement à l'opinion courante sur ce sujet. De plus, c'est un art tactile et pragmatique autant que visuel et intellectuel, qui s'édifie au cours de la mise en œuvre des réactions macromoléculaires de la matière. On connaît également le goût prononcé d'Ernest PIGNON-ERNEST, dès

1983, pour le travail sculptural effectué dans la mousse de polyuréthane rendue perméable à l'eau et à la lumière, et dans laquelle il incorpora, en collaboration avec des chimistes, des micro-organismes végétaux unicellulaires, pouvant réagir à l'action de la photosynthèse. Ces corps d'hommes et de femmes semi-synthétiques et semi-végétaux, mixtes de la nature et de la technologie avancée, célèbrent le mariage de l'art, de la technoscience et de l'inventivité propre de la matière, sur les troncs d'arbres qu'ils semblent escalader. Il s'agit là d'objets sculpturaux hybrides, qui bouleversent l'idée traditionnelle de l'usage des matériaux bruts et naturels, mais aussi qui remettent en question, comme les sculptures expansées de CÉSAR ou de DUROT, le sens et la finalité de l'activité sculpturale.

Le matériau chimique est en effet intégralement inventé et peut même être inventé ou adapté en fonction des intentions artistiques spécifiques d'un artiste. On sait en effet que la chimie industrielle des composés du carbone : polymères et copolymères, se prête admirablement bien à la synthèse macromoléculaire et que, par conséquent, ses produits dérivés sont en nombre potentiel quasi illimité, avec la polyvalence fonctionnelle et esthétique qu'implique cette profusion. Le sculpteur n'est plus limité aux seuls matériaux bruts qu'offre la nature, avec les restrictions d'usage qui les caractérisent. Chimiquement hybrides, les matériaux polymérisés sont originellement *informels* puisqu'ils naissent à partir de résines liquides : ce sont des matériaux primitivement amorphes pour le sculpteur, en dépit de la constitution moléculaire très répétitive de leurs monomères. A ce titre, ils ouvrent le champ indéterminé, en partie imprévisible, des formes possiblement inventables. Le sculpteur sur marbre ou sur bois doit, au contraire, prendre en compte la préconstitution formelle de son matériau de travail et jouer empiriquement avec celui-ci dans le sens qu'il suggère naturellement, sans quoi aucune œuvre matériellement cohérente ne pourrait naître.

La stéréolithographie numérique entraîne une libération supérieure de l'usage artistique des polymères, dans la mesure où la sculpture devient précise, préconçue en toutes ses étapes, mais aussi à cause de la rationalisation intégrale du processus de création matérielle. Les nombres adoptent des apparences tridimensionnelles, manipulables et exposables, rigoureusement conformes à l'essence digitale de l'information algébrique qu'elles concrétisent. Le formalisme mathématique sous-jacent à ces sculptures électroniques est en quelque sorte le véhicule de la pensée appliquée de l'artiste; sans l'ordinateur relié au laser traceur de formes polymérisées, aucune de ces équations complexes ne verrait le jour en trois dimensions, car la performance technique du système stéréolithographique n'est pas simulable manuellement ni même au moyen d'une fraiseuse à commande numérique. Le programme de sculpture numérique est seul apte à réaliser des figures impossibles sans lui, développant *l'esprit combinatoire expérimental* de l'artiste : par le changement des paramètres équationnels et la transformation des nombres binaires de la matrice iconique, une multitude de structures en 3D sont modélisables et visualisables sous de nombreux aspects, constituant autant de modèles rationnels de sculptures digitales. L'appréciation subjective anticipée reste le guide indéfectible de l'artiste, dont le choix des formes en relief et de leur installation spatiale se trouve considérablement compliqué par la richesse de cette bibliothèque virtuellement infinie de suggestions sculpturales.

La sculpture électrochimique fait entrer l'art mathématique dans une phase d'application pratique qui donne corps aux équations et aux nombres qu'elles déterminent : les algorithmes se matérialisent, *s'extériorisent* et gagnent en concrétude, en même temps que les sculptures en 3D *s'idéalisent* par la mathématisation abstraite de leur conception algébrique et de leur création technologique. En un sens, les formes de sculpture cybernétique qui apparaissent depuis les années 1980 (info-vidéosculpture, info-sculpture photogrammétrique, stéréolithographie au laser et autres techniques du laser : soudage de profils laminés découpés au laser, sculpture thermoplastique, agglomération de profils d'objets par frittage au laser) réalisent partiellement le programme esthétique proposé par la philosophie constructiviste des artistes russes Naum GABO et Anton PEVSNER, durant les années 1919-1920. L'art ayant pour mission, selon cette philosophie artistique, de dépasser le stade émotionnel et figuratif en valorisant les connaissances scientifiques objectives et les concepts de la technologie, son but essentiel est d'élever la conscience jusqu'à la saisie intuitive des lois ou des structures logiques qui régissent les formes : «*nous construisons notre œuvre comme l'univers construit la sienne, l'ingénieur un pont, le mathématicien ses formules*», écrivent GABO et PEVSNER en 1920, dans leur *Manifeste réaliste*.

Aussi leur programme sculptural a-t-il pour premier objectif d'affranchir le volume de la masse et de l'utilisation incontournable jusqu'alors des matériaux «nobles» traditionnels. Les matériaux inventés par la technologie moderne concentrent l'attention du sculpteur sur la géométrie vectorielle de la dynamique spatiale, et non sur la masse particulière à un matériau donné : «*Nous renions, dans la sculpture, la masse en tant qu'élément sculptural. Aucun ingénieur n'ignore que les forces statiques des solides, leur résistance matérielle, ne sont pas fonction de leur masse. /.../ Par ce moyen, nous restituons à la sculpture la ligne en tant que direction, ce qu'un préjugé séculaire lui avait dérobé»* (GABO et PEVSNER, *Manifeste réaliste*, 1920).

Il ne fait pas de doute, aujourd'hui, que la sculpture électrochimique des polymères puisse renforcer la conviction artistique que le matériau compte moins en lui-même que le système informationnel capable de l'organiser par les règles de sa logique scientifique, et que la distinction péjorative entre matériaux «nobles» (sous-entendu : naturels) et matériaux artificiels (synthétiques) devienne caduque et insignifiante au plan de la pratique artistique.

2.2. Conception/Fabrication assistées par ordinateur

a. Textiles

Les textiles représentent depuis l'âge du bronze (environ 2 500 ans avant J.-C.) la transmission d'un savoir-faire quasi inchangé dans l'art *d'entrecroiser les fils de chaîne et les fils de trame*, analogue à l'art de la vannerie dont il est probablement issu. Donnant naissance à la technique vestimentaire, cet art de la croisure s'est complexifié, mécanisé puis informatisé, développant de nouvelles esthétiques à chaque étape de son évolution. Les tissus, les vêtements et les étoffes décoratives constituent un domaine universel d'application de la créativité artistique qui associe à la fois l'extrême singularité du créateur et la tradition culturelle ancestrale des peuples. Le textile est un langage esthétique et sociologique à la fois collectif (la mode, le folklore, la mémoire historique) et individuel (chaque individu l'assume à sa manière), immédiatement perçu comme tel à travers cette complémentarité oppositive, quelle que soit la finalité pratique à laquelle il répond : se vêtir, parer, parader, décorer, accompagner les événements socio-culturels profanes ou religieux.

L'universalité de ce langage textile traduit l'universalité du procédé *basique* de la fabrication des tissus : la création des *armures*, à partir de l'entrecroisement des fils de *chaîne* verticaux, parallèles entre eux, et des fils de *trame* horizontaux, perpendiculaires aux précédents, dont les duites (c'est-à-dire leur longueur de fil déroulée d'une lisière à l'autre de l'étoffe) servent à créer l'entrelacement régulier des fils entre eux. Les modes de croisement de la chaîne et de la trame sont typiques des styles d'armures dont la plus simple et la plus ancienne est la toile : l'armure toile repose sur un principe d'alternance répétitif selon lequel la duite passe successivement *sous* un fil de chaîne, puis *sur* le fil de chaîne suivant, l'alternance se reproduisant identiquement pour les fils suivants. On exprime cette binarisation simple de l'armure toile par l'expression

« un fil pris/un fil sauté ». En langage chiffré binaire, on pourrait symboliser ce mode de croisure par des séquences 1/0 répétées indéfiniment, avec alternance *inversée à chaque insertion de la duite au rang suivant*, parallèle à celui qui le précède. L'armure toile peut donc être représentée symboliquement par des séquences parallèles inversées 1/0, 0/1 du type suivant (0 = « fil sauté » ou abaissé, 1 = « fil pris » ou levé) :

```
1 0 1 0 1 0 1 0 . . .
0 1 0 1 0 1 0 1 . . .
1 0 1 0 1 0 1 0 . . .
0 1 0 1 0 1 0 1 . . .
. . . . . . . . . . .
```

L'armure toile peut être complexifiée, par exemple, en armure nattée ou canelée (deux ou plusieurs fils de chaîne au-dessus/au-dessous, respectivement, de deux ou plusieurs fils de trame); le *sergé* et le *satin*, avec leurs différents motifs d'entrelacement, fournissent les deux autres types d'armures *élémentaires*, avec leurs multiples variantes. Ces variantes, précisément, sont susceptibles d'engendrer une complexité formelle extrêmement grande, dont la théorie mathématique des groupes, appuyée sur la logistique informatique, s'est emparée pour la rendre rationnellement compréhensible. Symbolisons en chiffres binaires, par exemple, le sergé très simple : « deux fils pris, cinq fils sautés », avec l'inversion ou le décalage propres à chaque rang successif :

```
1 1 0 0 0 0 0 1 1 0 0 0 0 0 1 1 0 0 0 0 0 . . .
0 0 0 0 0 1 1 0 0 0 0 0 1 1 0 0 0 0 0 1 1 . . .
1 1 0 0 0 0 0 1 1 0 0 0 0 0 1 1 0 0 0 0 0 . . .
0 0 0 0 0 1 1 0 0 0 0 0 1 1 0 0 0 0 0 1 1 . . .
1 1 0 0 0 0 0 1 1 0 0 0 0 0 1 1 0 0 0 0 0 . . .
. . . . . . . . . . . . . . . . . . . . . . .
```

Un motif simple et répétitif s'esquisse déjà rien qu'avec les séquences groupées et alternées de 0 et de 1; il pourrait se complexifier par tissage de *blocs ou groupes de motifs entrelacés* de structures différentes; l'algorithme de fabrication serait également plus complexe. Par exemple, on pourrait imaginer le motif ci-dessus combiné régulièrement (ou irrégulièrement) avec un sergé « six fils pris, trois fils sautés » :

```
1 1 0 0 0 0 0 1 1 0 0 0 0 0 1 1 0 0 0 0 0 . . .
0 0 0 0 0 1 1 0 0 0 0 0 1 1 0 0 0 0 0 1 1 . . .
1 1 1 1 1 1 0 0 0 1 1 1 1 1 1 0 0 0 1 1 1 . . .
0 0 0 1 1 1 1 1 1 0 0 0 1 1 1 1 1 1 0 0 0 . . .
1 1 0 0 0 0 0 1 1 0 0 0 0 0 1 1 0 0 0 0 0 . . .
0 0 0 0 0 1 1 0 0 0 0 0 1 1 0 0 0 0 0 1 1 . . .
. . . . . . . . . . . . . . . . . . . . . . .
```

On aura compris que les variétés d'armures sont en nombre illimité, car elles se ramènent toutes, théoriquement, à une combinatoire programmée de types d'entrelacements de la chaîne et de la trame. Les quadrillages d'armures, par la rationalité inhérente à leur conception, deviennent *ipso facto* des objets informationnels sous l'emprise de la technologie de l'information numérique. Au fond, leur principe de croisure, créateur de motifs indéfiniment variés, les éloigne substantiellement de la tradition historique et folklorique qui les a fait naître et qui a sauvegardé leur transmission de génération en génération depuis la préhistoire. Le textile s'édifie sur les bases rationnelles d'un rythme binaire, codé en langage technique universel : lever/abaisser. A cet égard, le tissage est comparable à une forme appliquée de religion dualiste, tel le taoïsme chinois pour qui le Yin (la féminité, l'ombre) et le Yang (la masculinité, la lumière) sont les deux forces antagonistes alternantes, mais virtuellement présentes l'une dans l'autre, qui régissent l'univers, le Tao étant le principe réconciliateur de ces antagonistes. Or, le *Yi-King*, livre sacré du taoïsme (environ mille ans avant J.-C.), figure de manière *binaire* les deux forces universelles du Yin et du Yang, respectivement par un *trait brisé* et par un *trait continu*. La combinaison de ces deux sortes de traits superposés engendre d'abord les *trigrammes*, au nombre de huit, symbolisant les éléments fondamentaux de l'univers, et la combinaison deux à deux par superposition de ces huit trigrammes donne soixante-quatre *hexagrammes*, symboles de l'astrologie chinoise antique. En fait, les hexagrammes taoïstes représentent une modulation binaire variable de Yin et de Yang, par la quantité et la position relative des traits, continus et discontinus, qui entrent dans leur composition.

Ainsi, les deux trigrammes figurés ci-après (la Terre et le Vent) représentent par superposition l'hexagramme symbole de l'esprit méditatif et contemplatif (il faut lire l'hexagramme de bas en haut) :

$$\begin{array}{ccc} \underline{-\ -} & \underline{\quad\quad} & \underline{\quad\quad} \\ \underline{-\ -} \ + & \underline{\quad\quad} \ = & \underline{-\ -} \\ \underline{-\ -} & \underline{-\ -} & \underline{-\ -} \\ & & \underline{\quad\quad} \\ & & \underline{-\ -} \end{array}$$

(1) (2) (3)

Les hexagrammes du *Yi-King* entrelacent le continu et le discret au moyen de deux éléments graphiques minimaux qui entrent dans la composition symbolique des tempéraments, comme des proportions relatives, des «pourcentages» de Yin et de Yang. Au-delà de la religion, on voit l'analogie structurelle avec les armures textiles, construites elles aussi sur une technique binaire facilement informatisable. En théorie, le nombre des arrangements permutationnels est infini aussi bien dans l'art du tissage que dans le taoïsme, sauf que dans ce dernier il est volontairement limité aux soixante-quatre hexagrammes cosmologiques. Mais les hexagrammes pourraient être combinés à leur tour deux à deux, donnant 4096 arrangements possibles, combinés à leur tour deux à deux et donnant 16 777 216 arrangements, lesquels combinés deux à deux donneraient plus de vingt-huit mille milliards d'arrangements différents, et ainsi de suite, sans parler des combinaisons d'hexagrammes pris trois à trois, quatre à quatre, etc., produisant un nombre astronomique d'arrangements. Il n'est pas certain que l'astrologue chinois s'y retrouverait dans cet affinement caractérologique !

Les principes structuraux du textile sont également comparables aux combinaisons de motifs décoratifs obtenus par la science très ancienne des «*carrés magiques*» ou «*multimagiques*». Un carré magique normal d'ordre n (qui n'a rien de magique en réalité, n'étant qu'une combinaison de nombres entiers) est composé de n^2 cases contenant les n^2 premiers nombres entiers, suivant un arrangement en lignes, colonnes et diagonales révélant la constance de la somme des nombres inscrits dans chaque ligne, dans chaque colonne et sur chacune des diagonales. Cette somme constante, appelée traditionnellement «constante magique», se calcule par la formule $(n^3 + n)/2$; elle est, par exemple, égale à 65 pour un carré d'ordre 5. Un carré multimagique est, quant à lui, constitué par des nombres élevés à une puissance entière (carré, cube, etc.) qui conservent la propriété de constance numérique en lignes, colonnes et diagonales.

La comparaison des armures textiles et des carrés magiques ne prend son sens qu'eu égard aux arrangements décoratifs en très grand nombre, permis par l'alignement des nombres situés dans les cases. En reliant en série ces nombres entiers par des traits droits ou courbes, dans leur ordre naturel de croissance ou suivant une autre règle (cases de nombre impair, puis cases de nombre pair par exemple), on obtient des motifs variés qui modélisent des armures possibles. Or, un seul carré magique d'ordre 4, comme celui représenté par DÜRER dans sa célèbre gravure sur métal de 1514, la *Mélancolie*, contient déjà 880 arrangements potentiels, donc 880 motifs graphiques différents par liaison des cases dans leur ordre numérique croissant, obtenus par permutations, rotations, substitutions. Un simple carré d'ordre 5 en contient plusieurs millions.

Il existe donc une logique du textile qui le prédispose naturellement à la modélisation informatique. D'ailleurs, une analogie encore plus pertinente existe entre l'identification binaire universelle en *séquences de barres noires et d'espaces blancs* de largeur variable, des produits commerciaux ou des informations relatives aux objets industriels ou culturels (livres, discographie, films, images), d'une part, et le tissage de motifs textiles, d'autre part. Les *codes à barres*, permettant le décodage automatique par des lecteurs optiques de toute information alphanumérique, entrelacent comme les textiles le 1 et le 0, le «oui» et le «non». Ils symbolisent l'entrelacs des formes minimales du discret de la représentation graphique informationnelle, ce qui favorise leur extrême polyvalence codificatrice. En particulier, ils représentent la combinatoire binaire des armures textiles, qu'ils peuvent coder très précisément en indiquant à quels types d'entrelacements plus ou moins complexes elles correspondent en mémoire d'ordinateur. La trame informatique binaire est en concordance théorique avec la trame textile depuis l'âge du bronze [cf. planche XVI].

L'art des tissus est accaparé par l'hyperrationalité logicielle des *bibliothèques électroniques* d'armures proposant non seulement des armures aux entrelacs indéfiniment variés, mais aussi des échantillons digitaux de tissus en couleurs, avec des épaisseurs, des teintes de fils et des types d'armures tous trois en nombre impressionnant, l'ordinateur disposant généralement de 256 nuances chromatiques par couleur RVB fondamentale, soit une palette de plus de seize millions et demi de couleurs. Les échantillons sont instantanément visionnables par comparaison entre eux sur l'écran vidéo, le système informatique restituant également de façon très réaliste la *texture* particulière des matières naturelles ou synthétiques utilisables dans l'entrecroisement de la chaîne et de la trame. Ces échantillons, composés *interactivement* en fonction d'un algorithme de calcul d'image personnalisé, permettent un choix indéfiniment modifiable de la part du créateur, qui peut même envisager de mélanger plusieurs catégories de fils. Le champ des variations quasi instantanément visionnables est ouvert sur une mer de possibilités, inconnues de l'histoire des tissus. En commandant au clavier de l'ordinateur des changements texturaux successifs de tissus naturels ou synthétiques, ainsi que leurs couleurs, mais en conservant l'armure, ou bien en effectuant le choix inverse, le concepteur surmultiplie ses modèles en abrégeant son temps de travail, l'étape du dessin manuel préparatoire n'étant plus nécessaire. La modélisation d'impressions en couleurs sur tissus est rendue tout aussi aisée par la palette graphique et le stylo optique qui conservent la spontanéité du geste graphique.

Au-delà du nouvel imaginaire d'origine technologique, créateur d'armures et d'échantillons textiles inédits et d'ailleurs souvent inimagina-

Planche XVI — Parentés formelles des Armures textiles : Matrice de nombres binaires, Codes à barres, Hexagrammes taoïstes, Carré «magique» (ici, carré magique d'ordre 4 à 880 combinaisons possibles, représenté par Dürer en 1514 dans sa gravure *La Mélancolie*).

bles et irréalisables sans l'aide du traitement informationnel (la CAO), l'ordinateur révolutionne l'ensemble de la conception et de la fabrication vestimentaires. Des styles très hétérogènes de vêtements, d'étoffes, de tapisseries ou de tissus d'ameublement, construits à partir de modèles de pièces individuelles digitalisées et stockées sur des bandes magnétiques ou des disques numériques, assemblées *comme des patchworks*, sont visualisables avant toute décision définitive de fabrication, et par conséquent ils peuvent être mis en réserve et reconsultés ultérieurement. Le vêtement intégral est projetable iconiquement à la manière d'un puzzle toujours virtuellement réajustable, reconstituable en un jeu compositionnel transitoire dont le choix arrêté résulte de multiples essais combinatoires. Il s'agit, en fait, d'une véritable éthique de l'industrie textile et vestimentaire qui ne décide plus de ses choix à partir des seules traditions, mais à partir des innovations permises par le traitement de l'information abstraite la plus universelle qui soit : la numération en calcul binaire.

Le textile représente l'une des formes par excellence de la mémoire des civilisations, avec l'écriture et la fabrication des outils. L'informatique ne lui retire pas cette qualité, au contraire, puisqu'elle pérennise cette mémoire en la modélisant et la prolonge, la dépasse, en déliant l'art du tissu de ses contextes folkloriques. Mais c'est une nouvelle étape de la mémoire textile qui s'édifie à travers le jeu illimité de la variation informationnelle. L'esthétique qui en résulte n'est pas figée, étroitement localisée ; elle subit la force d'entraînement de l'esprit combinatoire de la technoscience de l'information généralisée, ce qui lui permet de s'expérimenter en permanence et de se présenter sans contrainte au jugement et au choix subjectif souvent versatiles des individus. Cette particularisation qui va jusqu'à *l'individualisation* du textile et du vêtement, rendue possible précisément par l'interactivité des méthodes empiriques conduisant au choix unique des matières, des armures, des couleurs et des formes, n'est pas pour autant sans respect à l'égard des sources archaïques de la mémoire textile, puisqu'il s'agit toujours d'entrecroiser la chaîne et la trame selon des rythmes binaires immuables.

b. Architecture

Depuis la Renaissance italienne, une longue tradition fait de l'architecture un art subordonné à la fois aux *mathématiques* et au *dessin*. L'architecture est conçue précisément comme un art du *dessin* dans la mesure où le dessin des plans, coupes et élévations, c'est-à-dire le géométral, mais aussi le dessin en perspective réaliste, résument les calculs géométriques et les intentions esthétiques de l'architecte. Le dessin est une traduction des nombres (selon un niveau d'approximation scalaire) matérialisés par les formes graphiques. Aussi la technique du dessin d'architecture est-elle toujours considérée, depuis l'époque où Léon Battista ALBERTI (1406-1472) écrivait son traité d'architecture vers 1450 (*De re aedificatoria*, édition princeps 1485, Florence), comme le fer de lance de l'architecture : le dessin est l'essence de l'architecture, sa *trame idéelle*. ALBERTI résume la nature de l'édification architecturale par les mots latins «*lineamenta*» : lignes, traits, configuration graphique, et «*structura*» : construction, mais surtout organisation, ordonnance, structure organique. Le dessin doit transcrire un calcul précis de proportions des parties autant que de l'ensemble organique d'un édifice : c'est pourquoi le dessin «*ne retient rien qui se rapporte à la matière*», écrit ALBERTI. Il est donc l'expression la plus directe, immédiate, de la pensée abstraite de l'architecte, puisqu'il synthétise par ses lignes l'intégralité de la forme imaginaire projetée par l'artiste dans tous ses détails.

Créer, pour ALBERTI, c'est avant tout imaginer des rapports de formes sous-tendues par des nombres intelligibles, et les projeter sur le papier, car les préoccupations matérielles liées à la construction réelle de l'édifice sont pensées comme étant de nature secondaire. Dans son traité sur l'architecture, il écrit : «*Et l'on pourra préfigurer [praescribere] des formes entières par l'âme et l'intellect [animo et mente], hors de toute matière [seclusa omni materia]. Ce qui s'obtient en notant et déterminant les angles et les lignes selon une direction et une connexion certaines. En procédant ainsi, le dessin [lineamentum] sera en conséquence une inscription [perscriptio] exacte et uniforme, conçue par l'âme [concepta animo], faite de lignes et d'angles et parachevée par le désir et l'esprit d'érudition.*»

Le texte fondamental du *De re aedificatoria* d'ALBERTI définit la mission de l'architecte comme celle d'un modéliseur d'édifices qui s'attache à déterminer mathématiquement les moindres détails de sa construction future, ses cotes exactes à une certaine échelle de projection, ses dimensions et la mesure des angles qu'elle présentera. Son unique souci est la conception unifiée du *géométral* (plan, coupe, élévation, représentés en dimensions proportionnelles exactes *à une échelle arbitraire*), indépendamment des apparences perspectivistes dont se préoccupe habituellement le peintre dans une intention illusionniste. Il doit tout maîtriser du projet et de sa réalisation, sans pour autant se confronter physiquement au terrain : c'est l'imagination moulée dans les filets de la raison ordonnatrice qui guide d'un bout à l'autre le travail propre de l'architecte et des maîtres d'œuvres qu'il a sous sa direction, car il se définit comme un inventeur de formes graphiques nombrées. La leçon d'ALBERTI est éloquente : «*Il importe donc de construire des modèles harmoniques [modulos] de ce genre et de les examiner très scrupuleusement, à plusieurs reprises, /.../ en sorte que tu ne tiennes rien, de l'œuvre future, si infime que ce soit, dont la nature, le lieu, l'étendue et l'usage ne soient déterminés*».

L'évocation de la philosophie albertienne de l'architecture montre à quel point la conception intellectuelle prime sur la réalisation constructive, durant le quattrocento, mais surtout elle explique le rôle primordial de la théorie du dessin, sa valeur archétypale pour l'architecte. ALBERTI n'est en fait que l'exemple fondateur de la tradition architecturale fondée sur l'essentialisation graphique, jusqu'à l'époque incluse de la conception architecturale assistée par ordinateur. Depuis les années 1970, la CAO appliquée à l'architecture s'est tellement développée que les logiciels de conception graphique en 2D et 3D font de plus en plus de l'architecture une «architecture d'images», multipliant les possibilités de représentation géométrale, mais aussi de représentation en volume, sous des perspectives variables.

Le projet est modélisé et visualisé sur écran ou table traçante dès la première étape du *dessin d'esquisse* en 2D et 3D, qui correspond à la période de mise en place du projet, en vue de sa discussion avec le client. La seconde étape est celle du dessin technique administratif — l'APS : avant-projet sommaire —, principalement de type géométral, donc en 2D. Quant à la troisième étape, celle de l'avant-projet détaillé (APD), elle est faite de dessins techniques en géométral qui préparent les plans d'exécution d'ouvrage (PEO), le plus souvent en 2D, mais aussi au moyen de visualisations en volume, à l'intérieur du site fictif de la future construction. Des quartiers de villes entiers, voire des villes entières, sont ainsi modélisables et prévisualisables, sous différents angles de vue, y compris en vue aérienne simulée. Il s'agit de simuler aussi bien les intentions de l'architecte que ce qu'en percevra l'utilisateur. Les traceurs de courbes suivent les lois des algorithmes informatiques qui manipulent l'architecture en tant que langage programmé, superposé aux intentions esthétiques du concepteur. De même, les visualisations vidéographiques traduisent l'algorithmique des informations binaires de la matrice iconique. Jamais l'architecture n'avait suivi plus à la lettre les préceptes albertiens de la primauté de la conception nombrée et de la prévisualisation sur la construction, car l'informatique permet la multiplication des projets, leur confrontation indéfinie, leur dessin sous forme de rendu de l'ensemble ou des détails sélectionnés par agrandissement de parties constitutives d'un édifice. Bien entendu, l'architecte est aussi plus à même de modifier très rapidement toutes les étapes de son projet, dans la mesure où les modules du logiciel graphique lui facilitent cette tâche pour tous les types de projection graphique 2D et 3D : dessin d'esquisse, dessin géométral d'avant-projet et d'exécution, dessin perspectif.

La CAO permet avant tout de sélectionner un type particulier d'information structurale — façades, profils, parties détaillées, plan d'ensemble, étude de site, etc. — et de la faire varier à toute étape de la conception, selon l'échelle de représentation de l'édifice et les modifications chronologiques du projet. L'évolution conceptuelle entraîne des révisions architectoniques successives, par conséquent des transformations de l'information iconique initiale, souvent fonction de l'échelle à laquelle est considéré le projet et de son état d'avancement. Il faut souvent modifier des lignes, des surfaces, des volumes, des orientations spatiales, des jonctions ; le système doit recalculer l'ensemble des plans et des vues en 3D, ce qui demande une gestion globale rapide des dessins, correspondant aux intentions esthétiques et fonctionnalistes de leur auteur. Le système modélise des objets dynamiques, en restructuration permanente, et non des concepts figés. La technoscience du virtuel architectural est une mise à l'épreuve, *par rectification algorithmique comparative*, de l'imaginaire primitif de l'architecte.

Aussi la CAO architecturale engendre-t-elle des conceptions architectoniques *expérimentales* et non platoniciennes, comme celles que pouvaient avoir ALBERTI et les architectes du quattrocento qui pensaient en termes de nombres idéaux et de dessin comme transcription absolue des nombres : une «*inscription [perscriptio] exacte conçue par l'âme*», écrivait ALBERTI. Du fait de l'interactivité permise par les interfaces graphiques, la modélisation des principes architectoniques est en remaniement permanent à l'occasion de chaque projet particulier qui se modèle, progressivement, selon les exigences de la logique mathématique du logiciel de dessin, autant que sur la conception nécessairement évolutive du projet. Or, à la différence des projets idéalistes qui ont fleuri à la Renaissance italienne, la pensée de l'architecte doit se mesurer aux contraintes et donc aux limitations de la technologie des modules infographiques 2D ou 3D qui constituent des bases de données architectoniques préconstituées : représentation filaire ou par facettes polygonales, bibliothèque de volumes et surfaces standards, épaisseur des hachures, couleurs conventionnelles des rendus, éclairage et ombrage de l'objet en 3D, représentation des textures et des matériaux, cotation, etc. L'architecte respecte par conséquent les règles technologiques de la projection imaginaire pour donner corps à son projet : le «dialogue» interactif avec la machine implique l'acceptation de prototypes graphiques de base. Cependant, il possède toujours la possibilité de concevoir et programmer des objets et des prototypes graphiques *originaux* au moyen *d'instructions logiques* formulées en un langage adéquat de programmation. Outre le caractère fastidieux de cette opération, la syntaxe coercitive des langages dits « évolués » (de type Basic, Fortran, Pascal, etc.) impose encore l'autorité de son formalisme bien réglé à la conceptualisation architectonique, aussi originale soit-elle.

Les possibilités, en elles-mêmes appréciables pour l'architecte autant que pour l'utilisateur, de faire évoluer les représentations perspectives des profils d'un bâtiment, de « tourner autour » de l'objet à la manière d'une caméra mobile, de visionner par anticipation les pièces d'habitation ou, par exemple, de *se déplacer virtuellement* à l'intérieur d'un espace architectural visionné « activement » en stéréoscopie — sensations kinesthésiques à l'appui du parcours virtuel —, ont pourtant été critiquées par des architectes circonspects qui estiment que l'architecture très *communicative* de l'image perspective risque de se vouer trop à la représentation tridimensionnelle, par nature *illusionniste*, et pas assez à la représentation géométrale. Or, les plans et les représentations géométriques bidimensionnelles constituent l'essentiel du travail de l'architecte, estiment-ils. L'avalanche d'images 3D, voire d'images stéréoscopiques et kinesthésiques, est-elle une amplification ou un brouillage de la conception architectonique ? La question ranime, en apparence seulement, l'interrogation sur le bien-fondé de l'intellectualisme de l'esthétique architecturale classique, confronté à l'illusionnisme pictural et visuel de la civilisation de l'image, soi-disant substituée au concept et à la pensée discursive.

Il ne faut pas oublier que l'architecture ne se réduit pas à une grammaire architectonique ni à une syntaxe programmatique traduite par des plans et tout type de dessin géométral, pas plus qu'elle ne se réduit à des vues illusionnistes cinétiques sur un écran vidéo. La profusion d'images prospectives virtuelles n'est pas un jeu autonome, elle n'est qu'un adjuvant de la recherche esthétique et fonctionnelle qui sera sanctionnée par les habitants du projet réalisé pour de nombreuses années. Le dessin et les calculs mathématiques qui le sous-tendent ne font pas de l'architecture un « art du dessin », comme l'affirmaient les esthéticiens jusqu'au XIXe siècle et comme le prétendent encore certains inventeurs de logiciels d'architecture, puisant leur engouement infographique au sein de l'idéologie techniciste. L'architecture est vécue personnellement dans les activités quotidiennes, autant qu'elle est faite pour être regardée, voire admirée, et le dessin rationnel n'a d'autre but que de servir la cause d'une esthétique impliquée dans de multiples fonctions professionnelles, domestiques et culturelles.

LE CORBUSIER s'est affligé du fait que le dessin soit devenu «*la chausse-trape de l'architecture*», son utopie mentale réductrice autonomisée dans les écoles d'art au XIXe siècle, et pas seulement sa phase prospective et poétique originaire : «*la réforme est d'arracher l'architecture au dessin. Le dessin se fait en chambre, avec des outils dociles; les lignes prescrivent des formes qui peuvent être de deux natures : le simple encadrement sténographique d'une pensée architecturale régissant les espaces et prescrivant les matériaux employés dans leurs justes ressources — art venu de la tête qui gouverne, de l'imagination qui voit s'épanouir les formes /.../ — ou l'étalage miroitant des estampes, des enluminures ou des chromos, habiles mises en scène destinées à éblouir et à distraire l'observateur, des réalités qui sont en question. /.../ Le dessin est, en vérité, la chausse-trape de l'architecture*» (*Sur les quatre routes*, 1939).

A travers sa critique réformiste de l'enseignement de l'architecture trop inféodé au dessin et pas assez consacré aux questions techniques, LE CORBUSIER lançait un cri d'alarme en opposition à sa propre formation initiale par le dessin et la gravure. Le dessin représentait pour lui l'instrument de pensée et de communication par excellence, des principes de l'architectonique. Il fut longtemps parfaitement en accord avec la théorie esthétique de la *Grammaire des arts du dessin* de Charles BLANC (1880), pour qui l'architecture était un «art du dessin» au même titre que la peinture et la sculpture, car le dessin symbolisait selon lui la quintessence de la pensée de l'architecte, le prototype idéal du projet. Charles BLANC pensait à la manière d'ALBERTI : non seulement le dessin exprime le modèle idéal né de la pensée architectonique de l'architecte-démiurge (il est «*le principe générateur de l'architecture; il en est l'essence*», écrit-il), mais encore il symbolise l'éternité de la loi mathématique qui régit les formes géométriques archétypales. Le dessin générateur est donc l'unique origine intellectuelle et mathématique de l'architecture, «*par le caractère absolu de ses figures géométriques*», écrit Charles BLANC dans sa *Grammaire des arts du dessin*. Il s'ensuit que l'architecture représente par ses principes idéaux le premier des arts, supérieur à tous les autres, car il n'est fait que de rapports de proportions régissant des lignes droites et courbes qui sont les symboles les plus abstraits de la pensée architectonique.

La réforme de l'enseignement du dessin étant à l'honneur à la fin du XIXe siècle, un autre esthéticien des «arts du dessin», Eugène GUILLAUME, parlera en termes analogues dans ses *Essais sur la théorie du dessin et de quelques parties des arts* (1896). Pour lui aussi, l'architecture embrasse tous les arts de par son origine graphique et mathématique : il affirme qu'elle résume le dessin tout entier d'où elle tire son origine, expression qui montre bien l'inféodation intellectuelle de l'architecture à la théorie du dessin géométral. Signalons enfin qu'à la même époque le philosophe Félix RAVAISSON (1813-1900) s'attacha à définir une théorie du dessin qui en fasse un mode d'expression rationnelle de la pensée et de la vie.

Or, la conception corbuséenne de l'architecture est partiellement redevable de ses fondements à cette esthétique généralisée des arts du dessin pour laquelle, selon la formule de KANT dans la *Critique de la faculté de juger* (1790; § 14), le dessin est l'essentiel dans les arts plastiques et dans l'architecture en particulier, car il plaît par sa forme pure, abstraite, condition formelle du jugement esthétique. LE CORBUSIER déclarait dès 1924, dans un texte sur l'urbanisme de la revue *L'Esprit Nouveau*, que la géométrie graphique et les nombres sont les moyens que se donne l'architecte, géomètre-plasticien, pour faire éclater et vibrer la lumière et l'espace, «*quand le moment mathématique est touché*» selon des rapports de proportions architectoniques calculés, précisément anticipés par le dessin. Le Modulor (système universel de mesure harmonique à l'échelle humaine fondée sur une gamme de *thème section d'or*) est devenu, dès avant 1945, sa règle généralisée de pensée architectonique.

Aujourd'hui, Ricardo BOFILL insiste également sur la nécessité pour l'architecte de définir graphiquement une organisation syntaxique de l'espace, générée par des tracés régulateurs rigoureux : «*L'architecture se définit bien comme un système, permettant de composer et de relier des éléments selon des règles que l'on peut qualifier de syntaxiques. /.../ On ne fait pas un bon projet sans déterminer, auparavant, une géométrie : rien ne lui échappe, pas même une frise ou une poignée de porte. Tout n'est que jeu d'apparence si l'on n'organise pas sur le papier, avant même de passer au style que l'on va employer, les lignes, les surfaces et les volumes selon des figures et des séries géométriques*» (R. BOFILL, *Espaces d'une vie*, éd. Odile Jacob, Paris, 1989, p. 156-157).

La dénonciation du «*jeu d'apparence*» par BOFILL équivaut par conséquent à une quête de l'essence architectonique dont la véritable expression réside dans le dessin nombré et la recherche des rythmes harmoniques de l'espace, engendrés par ce qu'il nomme les «*nombres génératifs*» (entre autres, le fameux nombre d'or ou les partitions harmoniques de l'espace à thème irrationnel, comme $\sqrt{2}$) : la géométrie permet alors d'entrecroiser le microcosme individuel et le macrocosme collectif. Les conceptions d'ALBERTI présentent, à n'en pas douter, une sérieuse analogie avec celles venant d'être évoquées, de même que le Modulor corbuséen géométrise unitairement le microcosme individuel et son extension macrocosmique.

Il apparaît, face à ces rappels historiques permettant de mieux comprendre l'aboutissement moderne qu'est la CAO architecturale, que l'info-architecture n'a nullement désavoué les intentions artistiques d'ALBERTI et de ses descendants. Elle les a même amplifiées et systématisées par la logique des algorithmes de composition, obéissant avec rectitude à la pensée projective, et la mémorisation comparative des plans et des perspectives successives de la conception évolutive de l'architecte. Certes, la philosophie des nombres et des tracés régulateurs ne s'y affirme plus en tant que philosophie idéaliste, mais en tant que processus technique dépendant, invariablement, d'une pensée de l'ordre géométrique ou d'une volonté de rythmes spatiaux, donnant naissance à la représentation de prototypes ou de modèles formels.

La CAO peut d'autre part être surabondamment investie de la mission inventive absolument désintéressée que remplit *l'utopie architectonique* : les projets utopiques d'aujourd'hui sont parfois les réalisations architecturales de demain, ou, tout au moins, des idées futuristes pour une époque technologiquement (et idéologiquement) plus avancée. Les utopistes ne manquent pas dans l'histoire de l'architecture, pour démontrer que les idées qui semblent trop révolutionnaires à une certaine époque deviennent réalisables, au moins en partie, avec le changement des mentalités et des ressources technologiques. Et si les projets dessinés demeurent irréalisés, parce qu'ils sont aussi matériellement ou politiquement irréalisables, ils n'en constituent pas moins des interrogations critiques pour une esthétique novatrice de l'architecture urbaine. C'est sans doute l'une des voies parmi les plus intéressantes au plan prospectif que puisse adopter la CAO architecturale, renouant d'ailleurs avec la tradition philosophique de l'architecture, par vocation futuriste ou idéaliste, donc plus ou moins utopique. L'info-architecture virtuelle ranime le fantasme démiurgique des penseurs de l'architecture, autant qu'elle propose des solutions rationnelles à des problèmes pratiques. L'enthousiasme de l'imagination des signes virtuels du possible et de leur figuration utopique suffirait, à lui seul, à justifier la valeur pédagogique, mais aussi critique, de l'architectonique informationnelle.

Enfin, l'info-architecture détient un rôle archéologique et historique de tout premier plan quand elle sert *la modélisation* d'édifices anciens détruits ou en mauvais état, permettant leur *reconstitution hypothétique* par comparaison avec des systèmes d'éléments fonctionnels appartenant à des bâtiments analogues, ou bien à partir de documents techniques conservés et transmis par la tradition artistique. L'info-architecture regarde aussi bien vers le passé qu'en direction du futur; elle suggère par sa *virtualité combinatoire* luxuriante des solutions rationnelles aux énigmes et aux lacunes laissées par les morsures du temps, mais aussi à la quête des transformations architectoniques successives d'un édifice.

Jadis, dans son *Dictionnaire raisonné de l'Architecture française du XIe au XVIe siècle* (1854-1868), VIOLLET-LE-DUC proposait un modèle idéal de cathédrale gothique, représentation synthétique résumant en quelque sorte les caractères morphologiques de toutes les cathédrales gothiques du XIIIe siècle, en fonction du modèle particulier de la cathédrale de Reims, lui-même reconstitué d'après les plans primitifs (en 1212) de l'architecte Robert de COUCY, les notes de VILLARD de HONNECOURT (ami du précédent) et de nombreuses hypothèses historiques comparatives fondées sur l'étude d'autres cathédrales françaises. Il fut alors en mesure de dessiner dans son dictionnaire (à l'article *Cathédrale*) une perspective cavalière de la cathédrale-type, obtenue par des raisonnements hypothético-déductifs : «*Afin de donner une idée de ce que devait être une cathédrale du XIIIe siècle, complète, achevée telle qu'elle avait été conçue, nous reproduisons une vue cavalière d'un édifice de cette époque, exécutée d'après le type adopté à Reims. /.../ on peut admettre que le monument projeté par Robert de COUCY devait présenter cet ensemble*», conclut-il à ce propos.

C'est une systématisation de cette archéologie structurale qu'encourage l'architectonique infographique, tout autant que la prospection et l'inventivité esthétique. Couplé aux bases de données morpho-structurales alimentées par la thématique historique des styles et des procédés, l'outil infographique offre le moyen le plus rationnel de remonter dans le temps en lui donnant une grande variété d'aspects plausibles, nés d'un esprit combinatoire extrêmement conforté et élargi par le croisement polymorphe de l'information numérique.

c. Objets industriels

Le rapport du design des objets industriels avec la technoscience ne manque pas d'ambiguïté. En effet, si l'on doit légitimement admettre qu'il ne faut pas réduire le design à de l'art traditionnel, c'est qu'il paraît évident qu'il dérive ou dépend, en tant que pratique industrielle de l'ingénieur, d'une science spécifique de la *logique* interrelationnelle des formes et des fonctions. Pourtant, une telle science des formes n'est pas conçue comme étrangère à la recherche de critères objectifs de beauté qui définiraient, précisément, les fondements esthétiques de cet art des objets industriels qui peuplent l'environnement quotidien.

L'ambiguïté naît principalement de l'opinion très répandue selon laquelle les *fonctions* de l'objet seraient l'unique raison d'être des formes apparentes; la recherche proprement esthétique ne serait qu'une simple extension de la recherche technologique. Cela revient à expliquer la beauté de l'objet par l'organisation rationnelle de ses fonctions, d'où la croyance en une pure scientificité de l'esthétique design. L'école d'art du BAUHAUS a contribué à accréditer, la première, l'idée de scientificité de l'organisation conceptuelle de la forme, pensée comme un organisme fonctionnel homogène. Par extension implicite, la beauté se voit *de facto* rattachée de manière quasi déterministe à la science de l'organisation fonctionnelle. C'est dans cet esprit que l'on a pu parler d'esthétique scientifique. Au cours des années 1950, cette idéologie de la prétendue «science» de la beauté industrielle fut souvent présente dans le discours des designers : selon Jacques VIENOT, par exemple, l'esthétique industrielle impliquait une logique fonctionnaliste rigoureuse de l'harmonie plastique des rapports formes-fonctions. La technologie était donc pensée en tant que génératrice de beauté industrielle.

La science la plus extensive qui ait offert un tremplin pour la conception de l'harmonie techno-esthétique des produits industriels est la théorie générale de l'information et de la communication exposée par SHANNON, WEAVER et WIENER dans les années 1940. Pour cette théorie scientifique, toute forme (visuelle ou sonore) étant codable et communicable selon un processus binaire, un objet industriel est une forme visuelle modélisable et codable comme toute autre en langage binaire d'ordinateur, à dessein d'optimaliser les critères de la meilleure adaptation des formes aux fonctions techniques. L'informatique permet une intégration *algorithmique* radicale, car techniquement homogénéisante, du projet esthétique à la conception technique, si bien qu'il devient impossible de concevoir une technique des fonctions de l'objet indépendante du concept d'un «art» des apparences sensibles. L'informatisation des projets de création d'objets industriels réalise parfaitement la définition du design comme «*art impliqué*» par la technique des fonctions.

La conception assistée par ordinateur (CAO) détient une exceptionnelle capacité *combinatoire* qui relègue la traditionnelle question de la spécificité qualitative des matériaux au second plan par rapport à l'universalité du traitement digital de l'information formelle. Par conséquent, la réalisation numérique de formes-modèles ou «prototypales», projetées électroniquement sous diverses perspectives, fait de tout objet un concept informatique traduit par une série de prévisualisations virtuelles. L'objet design s'y affirme dans sa nature *transitionnelle*, indéfiniment transposable, redéfinissable. Cette potentialité structurelle semble être partagée, au premier abord, par tout type de création artistique de nature artisanale, susceptible de reconstruire indéfiniment le projet initial souvent incertain, hésitant et empiriquement réalisé. Cependant, l'œuvre traditionnelle inscrit avant tout dans un matériau une expérience sensible plus ou moins définissable en termes rationnels, parfois floue et chaotique, et non une combinatoire d'idées théoriques modélisantes qui viendraient donner forme de l'extérieur à un projet destiné à devenir un produit fonctionnel. Le design informationnel traite des *informations* morphologiques au sein d'un projet global de communication sociale et de diffusion commerciale des formes industrielles, tandis que l'art traditionnel vise plutôt à concrétiser dans une œuvre unique, non reproductible et surtout non abstraitement conceptualisable, l'histoire d'un affrontement ou d'une connivence entre le vécu psychosensoriel de l'artiste et la résistance ou les possibilités expressives d'un matériau.

La philosophie du design s'affirme essentiellement à travers l'esprit objectiviste de la volonté d'intégration de la complexité des fonctions à l'intérieur de *l'économie et de la simplicité des formes*. La simplicité organique de l'objet impose des formes épurées, excluant toute redondance comme toute discontinuité plastique gratuite, des formes empreintes, pour ainsi dire, de «nécessité esthétique» autant que d'évidence plastique. La valeur esthétique industrielle se fonde sur le pari technologique que l'idéalisation abstraite de la forme numérisée répond aux aspirations de la sensibilité de l'homme moderne, soucieux à la fois d'efficacité et de beauté techniquement intégrée, dénuée de rapport aux styles éphémères de la tradition historique. Car l'objet design est implicitement pensé comme devant être hors de toute tradition artistique, hors des modes et des caprices de la fantaisie esthétique subjectiviste ou anecdotique. Il appartient, par la force intégratrice de la technologie, à un univers d'objets prétendant à une valeur *d'éternité esthétique* en quête incessante d'elle-même à travers le langage programmé des calculs de courbes et des transformations géométriques dans l'espace imaginaire à trois dimensions.

La technoscience informationnelle repose, en somme, sous un jour original, l'antique problème de l'essence de *l'harmonie esthétique* des objets au sein de la vie sociale, et, par une évidente extension, des pratiques sociales elles-mêmes, puisqu'elles passent forcément par l'utilisation de ces objets industriels. Contrairement à l'opinion aveugle qui ne veut connaître que la stricte dépendance servile de l'esthétique formelle à l'égard de la fonctionnalité, le design se révèle modélisateur de l'intégration de la fonction au sein de la plastique formelle qui agit comme acteur de communication et de diffusion culturelle de la fonction : les mêmes fonctions peuvent être remplies par des objets ayant diverses apparences, mais c'est la recherche de la meilleure forme, celle qui stimule le sens majoritaire immédiat de l'harmonie formelle, qui aboutira à la popularisation de l'objet et à sa diffusion massive. Il est pour cette raison incontestable que le designer est un esthéticien des formes industrielles, au sens où Abraham MOLES avait lui-même défini l'esthéticien moderne de l'ère technologique comme «*le praticien des sensations*», procédant par études statistiques comparatives des choix d'une population d'utilisateurs potentiels, dont la mesure des préférences sensorielles conduit à redéfinir le beau d'un point de vue statistique : «*Le Beau se trouve lié à la société comme un point-carrefour d'un grand nombre de pensées individuelles*» (A. MOLES, *Art et Ordinateur*, éd. Blusson, Paris, 1990, p. 113-114).

Pour cet esthéticien-statisticien qu'est le designer, il s'agit bien, en effet, de nier plus que de survaloriser la matérialité fonctionnelle de l'objet, car celle-ci n'est pas par elle-même pourvoyeuse de plaisir sensoriel et encore moins de valeur esthétique. Le motif profond qui justifie la création de prototypes infographiques destinés à la reproduction en série, c'est l'émergence de formes porteuses d'une quantité d'originalité et de nouveauté qui satisfasse simultanément le sens de la valeur d'usage de l'objet et celui de sa valeur esthétique, mais ce n'est que la force persuasive de cette dernière qui porte la première à son accomplissement plénier. L'objet remplit spontanément une *fonction esthétique* qui détermine (plus ou moins positivement) le sens de la reconnaissance de sa valeur socio-économique et de son efficacité pratique, car, paradoxalement, le sentiment de plaisir esthétique justifie et assume inconsciemment l'idée de la valeur fonctionnelle. La majorité des objets industriels ne sont pas achetés pour leur seule et sèche utilité, mais surtout à cause du plaisir esthétique qu'ils stimulent par suite de l'intégration jugée harmonieuse de façon spontanée, perçue comme quasi naturelle, de leurs fonctions pratiques à leur apparence esthétique : preuve immédiate et quotidienne, dans les sociétés d'abondance matérielle, que la fonction esthétique prime psychologiquement sur la fonction utilitaire, voire la justifie.

Le design des objets industriels produits en série relève donc méthodologiquement, en tout premier lieu, de *l'esthétique informationnelle* qui mesure comparativement le rapport entre nouveauté, originalité et valeur d'usage définie en termes strictement (banalement) pratiques. L'information est précisément définie, selon la théorie de la communication, comme la mesure de l'originalité relative d'un message visuel ou sonore. La banalité extrême serait représentée par la fonction pure sans recherche d'intégration esthétique particulière ; l'originalité maximale serait, quant à elle, signifiée par l'autonomie dominante de la forme au détriment de la fonction ou même en opposition à la fonction remplie par l'objet. Dans le premier cas, tous les mécanismes, rouages et structures électroniques de l'objet seraient visibles dans leur simplicité la plus brute, et la forme enveloppante pourrait se réduire à une vulgaire caisse servant de contenu. Dans le second cas, on pourrait imaginer au contraire une exubérance de formes tendant au baroquisme le plus outré, pour abriter de banales fonctions pratiques. Il est immédiatement compréhensible que le premier cas tend à réaliser l'image absolue de la technicité, tandis que le second tend au contraire à s'en éloigner le plus possible en simulant la singularité irreproductible d'une œuvre d'art indépendante ou à l'antipode de toute finalité fonctionnelle.

Le design ne se situe évidemment ni dans un camp, ni dans l'autre. Il présuppose à la fois une analyse de la valeur d'usage de l'objet et une analyse de sa fonction esthétique, mais c'est bien la valeur esthétique qui donne corps et sens socialement à la fonction, et non l'inverse. Car l'intention qui anime le design est de créer un *« art » à l'échelle globale de la société*, et non un art seulement à l'échelle de l'individu. Il s'avère donc indispensable de définir un codage visuel des objets qui emporte l'assentiment général de la perception esthétique. C'est dans cette perspective globale et statistiquement majoritaire que le design peut être considéré comme une branche de la psychologie expérimentale de l'art des formes industrielles, reconnues comme des prototypes informationnels anhistoriques et universels. La fonction esthétique est, certes, entièrement rationalisée par la mise en mémoire opérationnelle des rapports de la forme et de la fonction, mais la stratégie de l'esthétique design demeure celle de l'harmonie plastique, par conséquent celle de la recherche de l'expression de la beauté, définie statistiquement par le compromis de l'agrément visuel et de l'agrément pratique dans une société où l'utile ne possède aucune valeur réelle s'il n'est attractif par son modernisme techno-esthétique.

Dans cette philosophie de l'objet industriel, l'objectivité informationnelle sert la cause du choix optimal qui n'est jamais celui de la neutralité fonctionnelle, contrairement à ce que laisse supposer l'emploi généralisé de la technoscience, mais celui de la « bonne forme » révélée par le consensus des subjectivités. L'informatique est une aide à la décision concernant le choix des formes reproduites en série, grâce en particulier à la prévisualisation numérique et aux analyses d'enquêtes et de tests d'appréciation esthétique. Elle traite l'esthétique de l'objet à partir d'un ensemble d'hypothèses infographiques comparatives (virtuelles) et de données statistiques (les tests d'analyse factorielle des préférences et des désirs). Cependant, au-delà du calcul à but commercial des paramètres esthétiques et fonctionnels, c'est la satisfaction fondamentale d'un désir de beauté dans le spectacle de l'environnement quotidien qui constitue le mobile incontournable du design informationnel, son projet humaniste en quelque sorte.

Lettres. Textes. Sons

1. DE L'INFO-CALLIGRAPHIE À L'INFO-LITTÉRATURE

1.1. Ecritures numériques

Depuis le début des années 1980, la typographie entièrement numérique se mesure — s'affronte? — aux techniques traditionnelles de création de la lettre depuis l'invention de l'impression xylographique à la fin du VIIe siècle, en Chine, et en Europe depuis l'invention des caractères mobiles en relief, gravés dans le métal, par GUTENBERG (ou le hollandais Laurent JANSZOON?) au XVe siècle. L'écriture numérique, née de la conjonction de *l'analyse mathématique* fine et de *la digitalisation informatique*, s'inscrit dans la ligne de la composition électronique «froide» de quatrième génération, pour laquelle tous les caractères typographiques sont binarisés et enregistrés en mémoire d'ordinateur, puis visualisés sur l'écran d'un tube électronique sous forme tramée, avant impression par rayon laser sur film photographique ou sur épreuve papier. Plus qu'une question de photocomposition, c'est une question *d'esthétique calligraphique* que permet de poser de manière neuve la typographie numérique. Une véritable écriture digitale à une infinité de facettes, impose la reconnaissance de sa dignité esthétique inscrite dans la tradition typographique de l'art très élaboré de la lettre. Un rapide parcours à travers les usages et conceptions historiques de l'écriture permettra de mieux en saisir la portée.

L'évolution formelle des écritures alphabétiques gréco-latines, depuis l'alphabet grec classique (IVe siècle avant J.-C.), puis surtout avec l'écriture romaine des inscriptions monumentales gravées et des papyrus, démontre une volonté de structuration calligraphique de plus en plus rigoureuse, en vertu de laquelle furent modulés les paramètres de la lettre : la taille ou *corps* des caractères, les *empattements* (terminaisons des jambages), les *styles* morphographiques (*angles* plus ou moins aigus; *poids* des caractères : rapport des pleins et des déliés) et les *orientations* d'écriture (droit, penché). Au premier siècle avant notre ère, les romains pratiquaient deux styles d'écriture : a) l'écriture «*commune classique*», au tracé rapide et simple, grâce à un *ductus* bref et cursif et un angle d'inclinaison prononcé (le *ductus* désigne le cheminement géométrique régulier de l'instrument scriptural, visible dans la transcription, mais aussi sa partie invisible, non transcrite); b) la «*capitale*» de grande taille, droite, d'aspect assez massif, au ductus plus sophistiqué. D'autres alphabets romains affirmeront leur singularité : par exemple, la «*nouvelle écriture commune*» (IIIe-IVe siècles), inclinée à droite, rapide, de style cursif et glissant, aux nombreuses ligatures, aux courbes dominantes. Par la suite, *l'onciale* latine (Ve siècle) imposera la force de ses caractères séparés aux formes rondes, à la hauteur de corps relativement unifiée, mais beaucoup moins rapide à cause de l'absence de ligatures entre lettres.

Les diverses formes d'écritures latines, leur *ductus* en particulier, ont conduit aux deux grandes classes d'écritures médiévales : la *caroline* (imposée par CHARLEMAGNE à la fin du VIIIe siècle) et la *gothique* ou «Fraktur», appelée ainsi à cause de son caractère anguleux et brisé (XIIe-XIIIe siècles). Au cours du XVe siècle, une *rationalisation* du tracé de la lettre permettra de l'adapter à l'invention de l'imprimerie par caractères mobiles, gravés dans le métal. La typographie imposait une normalisation formelle des caractères, susceptible de les faire coexister dans une même ligne de texte imprimé. Le rythme organisateur des rapports de lettres devient mécanique : il perd sa subjectivité gestuelle en gagnant de l'objectivité technique, répondant à la normalisation géométrique des structures littérales. Les recherches de *systèmes de proportions* et les calculs de construction graphique définissent rigoureusement des types de formes scripturales, selon des morphologies et des échelles variées. Une esthétique complexe et raffinée de la lettre se développe dans un climat métaphysique, à partir du XVe siècle.

La spéculation métaphysique sur la lettre est représentée magistralement par le moine et mathématicien italien Luca PACIOLI, dans son traité *De la divine Proportion* (achevé en 1498, publié à Venise en 1509). En collaboration avec Léonard de VINCI, il conçut des tracés de lettres romaines capitales selon le système harmonique du nombre d'or : spéculations géométriques et métaphysiques sur le bien-fondé esthétique de la normalisation scripturale y rejoignent le thème religieux de la perfection éternelle de la divinité. La lettre sert, en effet, les desseins des Saintes Ecritures de révéler la vérité religieuse. La calligraphie représente l'une des voies privilégiées de la révélation divine par les textes sacrés. Une intention spirituelle analogue inspira Albert DÜRER en 1525 dans son traité intitulé *Instruction sur la manière de mesurer*. La recherche de la norme esthétique dans le tracé des lettres revient à une quête de *modèles idéaux rationnels*, dont le nombre d'or n'est pas le seul principe mathématique générateur. La géométrie des figures simples juxtaposées ou entrelacées (triangles, rectangles, carrés, losanges, arcs de cercles) rend pertinente, à la fois techniquement et spirituellement, l'analyse structurale des lettres standardisées, ainsi que leur matérialisation typographique en relief dans le métal. DÜRER s'est livré, en particulier, à une mise en forme très précise des caractères *gothiques* selon un quadrillage méticuleusement réglé : ces lettres présentent une hauteur importante et une étroitesse de corps; les vides y sont par conséquent étroits et peu épais, tandis que les traits brisés pleins sont au contraire renforcés. Le réseau de lignes droites, obliques, verticales et horizontales, associé à quelques contours circulaires, forme une partition structurale, valable pour tous les signes alphabétiques, sous-tendue par un calcul de proportions universalisable en typographie. DÜRER a aussi, comme tous ses contemporains, fait des tracés de *capitales romaines* selon la section d'or, mais dans un esprit plus technique que métaphysique.

En revanche, seule l'idéologie religieuse de la symbolique divine de la lettre justifia un autre système de proportions idéales : celui de Geoffroy TORY, en 1529, dans son ouvrage *Champ Fleury*. L'auteur précise qu'il tient la lettre en grand respect, car elle doit témoigner de la perfection divine ; à cet effet, le modèle idéalisé des proportions littérales réside dans les proportions *du corps et du visage humain*, régies par la section dorée. Les lettres de TORY appliquent des canons mathématiques mythiquement fondés sur une anthropométrie entièrement arithmologique ! De manière plus générale, TORY superposa des formes de capitales romaines à des représentations de visages et de corps dessinés sur des carrés quadrillés. Contrairement à DÜRER, Geoffroy TORY revendique la prééminence de la capitale romaine sur la gothique allemande qui est de tradition moins ancienne et qui s'adapte moins facilement aux normes typographiques.

L'histoire de la calligraphie est foisonnante ; peu de domaines ont prêté à une telle richesse de création artistique depuis l'antiquité. Depuis le

XIXe siècle, deux classes principales de caractères furent beaucoup utilisées en typographie : *l'égyptienne et l'antique*, faisant partie respectivement de la famille *des mécanes et des linéales*. Les *mécanes* possèdent des empattements massifs rectangulaires, elles sont assez lourdes, mais les pleins et les vides sont bien contrastés ; les *linéales* évoquent l'ère de la machine par leur caractère bâton très simple, sans empattement ni délié : ce sont les caractères de prédilection des compositions des artistes des années 1920, dans leurs collages et leurs peintures. Les linéales sont à la fois simples typographiquement et efficaces dans la lecture des messages. Un renouveau d'intérêt s'est fait jour pour la famille des *scriptes*, pour *l'anglaise* en particulier, car elles imitent l'écriture manuscrite courante, droite ou penchée, avec des pleins et des déliés subtils, ainsi que des ligatures coulées très légères. Les *scriptes* s'intègrent harmonieusement aux affiches et aux pages publicitaires, contrastant avec l'écriture de presse standardisée ; elles se réfèrent explicitement à la tradition occidentale et surtout orientale de la calligraphie (les peintres-calligraphes chinois) qui concevait l'écriture poétique comme une peinture, avec ses pulsations rythmées de vide et de plein, symboles des souffles vitaux de l'univers.

Il était une époque où les enfants des écoles élémentaires apprenaient à reproduire des modèles parfaits de lettres majuscules et minuscules (nommées «capitales» et «bas de casse» en typographie), en écriture cursive droite ou penchée spécifique de *l'anglaise*. La calligraphie scolaire avait un but éducatif et socio-culturel : développer simultanément le sens de l'esthétique et de l'habileté manuelle, tout en fortifiant la volonté et l'attention soutenue. Exercice quotidien pratiqué jusqu'au certificat de fin d'études primaires (enfants de douze ans environ), la calligraphie associait *l'anglaise* et l'écriture *script*, enseignée à partir du cours moyen seulement, car ce style d'écriture est plus mécanique, morcelé, discontinu, imitant les caractères standardisés des machines à écrire. *L'anglaise*, au contraire, avec ses rythmes liés très harmonieux, ses pleins et ses déliés orientés, traduisant la souplesse de la plume métallique et du mouvement de la main, est un reflet de la personnalité de l'écrivain : c'est un véritable art de la forme rythmique. L'usage du stylo à bille a supplanté celui de la plume, *chassant la pratique de l'anglaise en faveur de l'écriture script*. En fait, c'est la tradition des lettres ornées et enluminées des manuscrits médiévaux qui s'effaçait encore un peu plus. Les scribes du Moyen Age, dans les ateliers monastiques (les *scriptoria*), créaient de superbes lettrines révélatrices de l'originalité esthétique de leur créateur. Le texte était image à part entière dans ces précieux livres enluminés.

La *typographie numérique* ne révèle toute son originalité esthétique qu'en rapport à cette tradition calligraphique assumée autant qu'orientée par l'invention de l'imprimerie. Née de l'association de l'ordinateur, du scanner et de l'imprimante à laser, la typographie digitale repose sur les quatre fonctions logicielles réalisées par la technologie informationnelle : a) *l'analyse* de caractères-modèles en composantes spatiales bidimensionnelles de valeurs noir/gris/blanc (éventuellement en couleurs), b) - *l'échantillonnage quantifié* de ces composantes enregistrées en mémoire électronique binaire, c) la synthèse ou recomposition numérique des formes de caractères, d) enfin, *leur transformation digitale* créative, par l'intermédiaire de *fonctions mathématiques d'interpolation* ou «fonctions splines».

L'originalité première de cette nouvelle typographie réside dans la manière hyper-analytique de concevoir et de traiter la lettre. Tandis que dans la typographie traditionnelle, dérivée des techniques calligraphiques artisanales, la lettre dans son ensemble était seule prise en compte, en tant que forme globale (les tracés régulateurs préparatoires n'étant que des étais), dans la typographie digitale une lettre devient un ensemble discontinu de petits points élémentaires ayant chacun leurs coordonnées et leurs valeurs mathématiques. *L'analyse des valeurs lumineuses en composantes physico-optiques* considère la lettre-modèle, conçue graphiquement, comme une succession de signaux électroniques correspondant à chaque point numérisé : pour le physicien, la lettre typo-numérique «-s'immatérialise» comme tout autre type d'image, dans la mesure où une image analysée en composantes spatiales revient à une somme d'ondes sinusoïdales superposées, orientées par rapport à une direction donnée du plan. Ce sont par conséquent des composantes physico-optiques sinusoïdales qu'analyse le physicien, et non des images ou des lettres proprement dites.

Ces ondes sinusoïdales, réfléchies après l'impact du *balayage séquentiel de la lettre-modèle* par le rayon laser, et transformées en impulsions électriques par une cellule photo-électrique, ont des phases, des amplitudes et des fréquences différentes, mais des orientations spatiales identiques par rapport au système physique d'analyse. L'analyseur prend en compte, pour la lettre en noir et blanc, d'une part les fréquences spatiales basses, correspondant à la tonalité moyenne du corps de la lettre, d'autre part les fréquences élevées, correspondant à ses bords et à ses détails les plus fins (empattements, pointes des hampes, ligatures, par exemple). Pour une même lettre en noir et blanc, la plage des fréquences peut s'étendre au-delà de 120 Hertz (ou périodes) en fonction d'un *angle de vision de un degré*.

L'échantillonnage numérique traduit ces ondes sinusoïdales, et donc leur rapport fréquence/amplitude, observé à intervalles réguliers, en un réseau spatial discontinu de points très denses ou «pixels», *quantifiés* sous forme d'intensités électriques (en microvolts). En vertu du théorème physico-mathématique de SHANNON, l'échantillonnage doit s'effectuer à une fréquence supérieure au double de la fréquence maximale composant le caractère : par exemple, si la fréquence spatiale la plus haute composant le caractère est de 120 périodes par seconde, la fréquence de l'échantillonnage doit être supérieure à 240 périodes par seconde, afin de ne perdre aucun détail morphographique. A ce stade, la lettre-modèle n'est plus qu'un objet abstrait et *quantifié* dans la mémoire de l'ordinateur : elle se réduit à des suites ordonnées de chiffres binaires 0/1, correspondant aux valeurs tonales en des micro-points régulièrement espacés. En typographie numérique, l'échantillonnage du corps de la lettre à une rapidité un peu supérieure à 240 Hertz par degré d'angle visuel permet une finesse de résolution graphique par impression laser de 472 lignes par centimètre. La lettre d'origine numérisée est ainsi parfaitement représentée en tous ses détails. Avec une fréquence d'échantillonnage inférieure, elle deviendrait plus morcelée et irrégulière.

Les propriétés spatiales de *périodicité mathématique* des caractères (phase, fréquence, amplitude), codées sous forme de matrice digitale, sont alors exploitables par *synthèse numérique* fondée précisément sur lesdites propriétés. Le théorème du mathématicien Joseph FOURIER, formulé en 1807, précisé vers 1825 par DIRICHLET, généralisé par les physiciens et les ingénieurs électriciens pratiquant *l'analyse harmonique généralisée* depuis environ 1900, fournit l'instrument théorique par excellence de la synthèse numérique des caractères littéraux de l'info-typographie. Ce célèbre théorème, généralisé, énonce que n'importe quel signal ou n'importe quelle fonction, continus ou discontinus en un nombre fini de points, et périodiques ou pseudo-périodiques (période supposée infinie), peuvent être *décomposés en un nombre fini ou infini de signaux vibratoires sinusoïdaux plus simples (leurs harmoniques) dont la fonction ou le signal représentent la somme.* La fonction ou le signal sont développables en une série de FOURIER convergente unique; ils sont par conséquent intégralement représentables et reconstituables par la combinaison des harmoniques sinusoïdaux de rangs successifs de la série trigonométrique finie ou infinie, caractérisés chacun par leur fréquence, leur amplitude et leur phase.

L'application du théorème de FOURIER permet donc de reconstruire ou de synthétiser n'importe quelle forme visuelle (ou sonore, en musique synthétique), à partir de la superposition de leurs harmoniques sériels de rangs successifs, ce que réalise précisément la typographie numérique de manière créative, *à partir de la représentation spectrale* des éléments composant la série harmonique spatiale d'un caractère. Les signaux optiques sont numérisables et codables en mémoire informatique, sous forme d'une représentation spectrale discontinue du rapport amplitude/fréquence (ou phase/fréquence) de chaque harmonique successif. Ce codage bidimensionnel du spectre fréquentiel équivaut à un *compactage* des données numériques caractérisant les informations propres à l'image de la lettre, qui est en conformité avec les techniques de l'échantillonnage discontinu et de la discrétisation de l'information morphologique des signaux. La révolution info-typographique repose précisément sur ces technologies du compactage des données et de la discrétisation informationnelle.

Un caractère numérisé peut en effet être défini en mémoire d'ordinateur uniquement par quelques-uns des points critiques de son contour (points principaux d'orientation des lignes) associés à une fonction mathématique permettant de les relier au moyen de *courbes d'interpolation*. Ce sont des «fonctions splines» de degré un, deux ou trois (segments de droites, arcs de cercles, ellipses, paraboles, spirales logarithmiques, etc.). La lettre est construite par des calculs vectoriels plus ou moins longs, mais cela permet de réaliser une économie de place en mémoire pour le stockage du caractère générique simplifié. Ce caractère générique peut alors devenir une matrice numérique pour engendrer des *variantes* multiples de la lettre originale (corps, hampes, empattements, échelle de grandeur, anamorphoses, fioritures décoratives, etc.), définie par son spectre harmonique. L'algorithmique des fonctions splines ouvre la voie à toutes les innovations morphologiques codées à partir d'exemples graphiques traditionnels, ce qui est une façon de revivifier la tradition calligraphique en lui donnant des prolongements esthétiques inattendus. La lettre gravée ou dessinée sert toujours de référence esthétique, même dans la perspective de sa transformation logicielle.

Engendrée par un programme graphique polyfonctionnel fondé sur l'analyse harmonique de FOURIER, l'esthétique de la lettre digitale, *discrétisée*, s'est détachée des principes classiques de la création calligraphique et de ses dérivés typographiques, fondés sur la conception globale et continue d'une forme *analogique*. Seuls subsistent les calculs d'interpolation, qu'il s'agisse de tracés régulateurs à la manière ancienne ou bien de fonctions splines programmées *ad hoc* dans l'intention de synthétiser des formes littérales qui renouvellent l'univers illimité de la lettre. Certains programmes d'interpolation mathématique reposent sur l'imitation d'un *ductus* d'écriture script manuscrite, avec ses pleins et déliés, ses ligatures et son inclinaison, simulant les particularités d'une plume et d'un geste *virtuels* : taille de la plume, forme et finesse de sa pointe, orientation angulaire par rapport au plan d'écriture, souplesse et rythme du geste scriptural. L'enluminure conquiert également une jeunesse esthétique nouvelle avec les logiciels infographiques qui traitent la lettre comme une image dans un contexte décoratif.

La mémoire esthétique des caractères traditionnels reposait sur la copie invariable, gravée et imprimée, des tracés manuels ; celle des caractères digitaux repose sur les paramètres numériques codés en langage binaire universel, qui décrivent une forme bidimensionnelle quelle qu'en soit la nature. Mais l'universalité du codage paramétrique n'est pas un handicap à la créativité de l'info-typographe, au contraire, car les caractères digitaux étant avant tout des matrices de transition morphologique, leur mémoire formelle les rend aptes à faire naître une floraison illimitée de caractères inconnus, adaptés à tous les contextes imaginables. Alors que le plaisir de l'écriture est de moins en moins associé à l'instrument graphique manuel, il semble que l'info-calligraphie induise une nouvelle satisfaction d'écrire, passant par la conception de programmes d'écriture, mais conduisant à de vraies découvertes de formes infiniment variées et renouvelables. Les polices de caractères multipliables à volonté, enrichissent l'univers des lettres, donc celui des textes qui constituent l'une des parts les plus importantes de notre information visuelle quotidienne. L'imprimante à laser répond parfaitement aux innovations esthétiques de cette typographie numérique dont elle est la traductrice analogique. Son avantage majeur sur l'invention de la presse à imprimer de GUTENBERG, est sa capacité d'adaptation instantanée aux variations des formes littérales programmables et mémorisables par le système informatique auquel elle est reliée.

Les lettres sont omniprésentes dans l'environnement humain ; pourtant, l'œil a parfois trop vite tendance à ne les apprécier qu'à titre d'élément subordonné de signification. La typographie numérique, à l'encontre de cette indifférence, souligne et ranime l'intérêt esthétique intrinsèque, potentiellement inépuisable, des classes de lettres qui sont des variétés d'images dont la logique de construction est une source d'information sémantique autant qu'une source d'information esthétique liée à la fonction iconographique de la lettre [cf. planche XVII].

1.2. Littérature informationnelle

La littérature informationnelle ou littérature « assistée par ordinateur » (poésie ou roman), ne peut être comprise dans ses méthodes qu'à partir

LETTRES. TEXTES. SONS 177

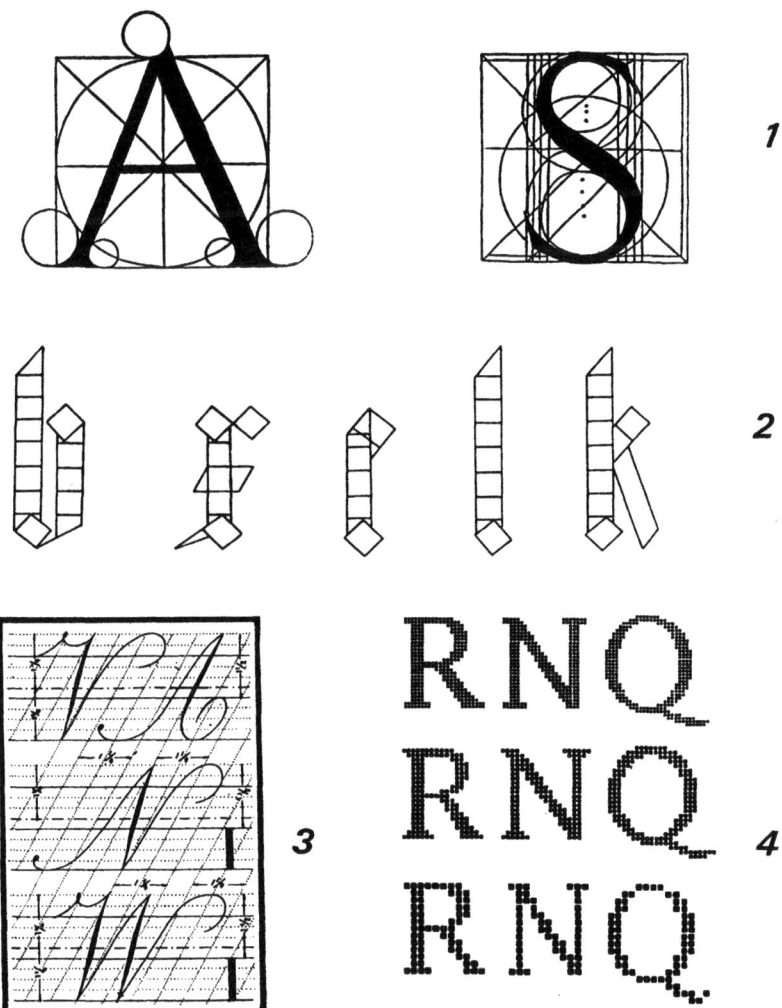

Planche XVII — 1. Majuscules romaines, d'après Léonard de Vinci, dans le traité de Luca Pacioli, *Divina Proportione* (paru en 1509). 2. Minuscules gothiques, d'après Albert Dürer (XVIe siècle). 3. Calligraphie scolaire traditionnelle (Anglaise penchée). 4. Majuscules numérisées (trois types de résolution).

des deux domaines de recherche complémentaires que sont d'une part *la linguistique quantitative* apparue aux Etats-Unis et en Russie dans les années 1950, et d'autre part *la littérature expérimentale combinatoire*, représentée essentiellement par l'OULIPO : l'Ouvroir de Littérature Potentielle, créé à l'initiative de Raymond QUENEAU et de François LE LIONNAIS en 1960. La théorie scientifique de l'information, qui est en fait la théorie de la *complexité* des formes en tous genres dont les messages linguistiques font partie, sous-tend ces recherches sur le langage et offre le cadre universel de conception de la littérature informationnelle.

a. Lexicométrie

L'approche lexicométrique des textes littéraires implique un *regard objectivant* sur les signes linguistiques, mettant méthodologiquement entre parenthèses la question du *sens* afin de pouvoir mieux l'appréhender ensuite, mais d'un point de vue relationnel (structural) et quantitatif. La lexicométrie, usant avant tout de *méthodes statistiques comparatives* appliquées aux textes les plus divers, fait donc partie de «l'analyse de contenu» dont elle forme l'armature. Elle permet, en conséquence, de modéliser des programmes d'engendrement informatique de textes littéraires, à partir de caractéristiques chiffrées du discours écrit dont les normes sont extrêmement variables. Les signes du langage écrit ou oral étant discontinus, puisqu'ils forment des chaînes linéaires, on peut considérer la linguistique quantitative comme une application particulière des *mathématiques combinatoires*, opérant par définition sur *le discontinu*, le discret formé d'unités distinctes en nombre fini.

Une distinction préalable s'impose au linguiste statisticien : celle existant entre *le vocable ou lexème*, unité du lexique, et *le mot*, unité élémentaire de texte que distinguent les conventions typographiques et scripturales. Les mots représentent les occurrences particulières des vocables dont les dictionnaires offrent la liste ; mais les éléments du lexique n'existent pas *ne varietur* en nombre fini : le lexique possède une extension potentiellement infinie, puisqu'il s'enrichit continuellement selon les usages évolutifs spécifiques faits par les locuteurs et les écrivains. Les mots d'un texte sont au contraire strictement finis : ce sont des échantillons du lexique dans la forme précise d'un type de discours, dans une langue et un style donnés. Le mot est donc un vocable singularisé par ses occurrences et le tissu relationnel, morphosyntaxique, qui l'intègre dans le discours textuel. L'intention majeure de la lexicométrie consistera donc à extrapoler statistiquement le lexique, *état de langue virtuel*, à partir de son exemplification textuelle dans un vocabulaire fragmentaire et quantifiable. Cela revient à modéliser statistiquement la langue et son lexique théorique après classement et catégorisation des mots du texte (opération nommée «*lemmatisation*»), c'est pourquoi il est justifié de parler de structuralisme lexicostatistique, dont le linguiste américain Zellig HARRIS (*Structures mathématiques du langage*, 1968) et le linguiste russe Roman JAKOBSON (*Essais de Linguistique générale*, 1949-1961) représentent deux tendances fondamentales.

L'unité la plus couramment prise pour objet de mesure est *le mot*, mais ce peut être aussi la proposition ou la phrase entière, ou bien encore le phonème, la syllabe, le vers, voire la lettre ou les blocs de signes (ligne, paragraphe, page). C'est donc l'unité sémantique minimale qui fait le plus fréquemment l'objet des études métrologiques, sans pour autant exclure ses aspects phonétiques : dans son article *Structure of Language and its Mathematical Aspects* (American Mathematical Society, 1961), Roman JAKOBSON souligne la nécessité scientifique de la décomposition analytique du discours, écrit ou parlé, en ses composants discrets ultimes ou unités distinctives minimales : les phonèmes d'une langue, en nombre limité, groupés séquentiellement en monèmes lexicaux et grammaticaux, en nombre indéfiniment extensible selon les besoins et les usages des locuteurs et des écrivains, puis les monèmes à leur tour forment des *chaînes syntagmatiques* emboîtées. C'est pourquoi JAKOBSON considère que «*la forme, dans le langage, a une structure manifestement granulaire et est susceptible d'une description quantique*» (*Essais de Linguistique générale*, éd. de Minuit, Paris, 1963, p. 88).

Plus généralement, le langage possède une structure probabiliste dans toutes ses actualisations discrètes, et la mathématique des *chaînes transitionnelles de MARKOV* lui fut appliquée dès le début des années 1920 par des linguistes russes : la probabilité d'occurrence d'une unité prise pour référence (phonème, monème, mot en tant qu'unité discursive sémantique et syntagmatique) est une probabilité *conditionnelle*, liée aux probabilités conjuguées de toutes les unités discrètes l'ayant précédée dans le déroulement temporel de la chaîne. Le discours détient donc une structure stochastique puisque la *transition* d'un état du discours au suivant est déterminée conditionnellement par la somme des probabilités successives cumulées de ces états, formant une chaîne de MARKOV. La théorie mathématique de l'information de SHANNON et WEAVER (*The Mathematical Theory of Communication*, 1949) généralisa cette conception stochastique en considérant les signes discrets du langage sur le modèle génératif d'une source discontinue de signaux binaires (binary digits) dont les probabilités d'occurrence dépendent des probabilités de choix successives de tous les signaux temporels conjugués dans un ordre particulier d'apparition. Même une source continue d'information peut être considérée comme une source discrète après échantillonnage et quantification temporelle des signaux qu'elle émet (les signaux radiophoniques ou télévisuels par exemple, mais aussi la voix continue d'un locuteur). Du point de vue de l'ingénieur des communications, tout phénomène de transmission d'informations discrètes peut être considéré comme réalisant un processus stochastique, relevant de structures statistiques séquentielles interdépendantes, et *vice versa*. Les langues écrites naturelles (le français, l'anglais, l'allemand, le chinois, etc.) exemplifient de tels processus stochastiques transitionnels, précise SHANNON. De plus, parmi les processus stochastiques de MARKOV, certains, comme le montre l'usage moyen des mots et des tournures dans une langue donnée, présentent une propriété *d'ergodicité*, c'est-à-dire une relative stabilité statistique à l'échelle globale du phénomène de création d'information. Les langues naturelles sont partiellement *des sources ergodiques* d'information eu égard à un corpus suffisamment important de textes de référence possédant une originalité stylistique et sémantique de même nature. La langue parlée «moyenne» recèle une ergodicité analogue, témoin d'une homogénéité statistique de la forme qui définit son degré d'entropie à l'échelle globale.

Etayée sur ces concepts probabilistes et statistiques, la lexicométrie se propose de calculer *l'étendue théorique d'un vocabulaire* spécifique à un fragment de texte extirpé d'un ensemble plus vaste : roman, recueil poétique, nouvelles. A partir de ces *échantillons* de textes intégraux, il s'agit de créer des modèles probabilistes théoriques, valables pour caractériser l'œuvre entière aux plans stylistique et lexical. En langage statistique, cela revient à estimer les paramètres stylistiques et lexicaux de l'ensemble de la *population* linguistique à partir des paramètres de l'échantillon : par exemple, dans un poème de 2 000 vers, un échantillon de 70 vers pris au hasard ou selon une méthode justifiée, ou bien, dans un roman de 10 000 lignes de 10 mots en moyenne, un échantillon de 500 lignes d'environ 10 mots, puisées dans différentes parties du texte intégral ; ou toute autre méthode d'échantillonnage adaptée. Le linguiste statisticien étend les résultats de ses mesures statistiques à tout le texte de référence, voire à l'ensemble d'une œuvre littéraire s'il dispose de nombreux échantillons puisés dans l'ensemble de celle-ci, son raisonnement métrologique étant fondé *sur des hypothèses probabilistes* servant de fil conducteur aux tests lexicométriques : par exemple, des lois probabilistes de distributions des effectifs lexicaux et des structures stylistiques.

L'introduction de la mesure et de structures d'ordre dans les textes littéraires est la propédeutique de toute simulation informatique de textes virtuels, puisqu'il faut connaître préalablement, à cet effet, les règles contextuelles générales d'une langue pour les imiter ou au contraire les travestir. La connaissance statistique la plus générale d'une langue porte sur les fréquences moyennes de ses unités littérales et sémantiques. Il est intuitivement évident qu'en français les lettres A et E, par exemple, sont utilisées beaucoup plus fréquemment que les lettres K et Z; ce n'est pas nécessairement le cas dans d'autres langues; un raisonnement analogue s'applique aux fréquences d'utilisation des mots. Le philologue statisticien George Kingsley ZIPF (1902-1950) a démontré l'existence d'une loi probabiliste selon laquelle la *fréquence* des mots dans une langue et un texte donnés répond à une régularité statistique qui est fonction du rang occupé par ces mots à l'intérieur d'un classement lexical par fréquences décroissantes d'utilisation (*Human Behavior and the Principle of least Effort*, 1949). ZIPF a remarqué qu'en classant ces vocables appartenant à des textes quelconques, le produit de la fréquence f par le rang r est sensiblement égal à une constante C, sauf pour les termes n'apparaissant qu'une seule fois (les *hapax*). La « loi de ZIPF » : $f \times r = C$, fut généralisée par Benoît MANDELBROT dans sa théorie fractale des arbres lexicographiques dont les origines remontent à 1953 (*An Informational Theory of the Statistical Structure of Language*, éd. W. Jackson, New York), pour aboutir à une caractérisation dimensionnelle fractale de la loi de ZIPF dans son ouvrage célèbre *Les Objets fractals* (1re éd. Flammarion, Paris, 1975, chapitre XII). La formule généralisée de MANDELBROT s'adapte empiriquement aux langues les plus diverses, dans la mesure où elle prend spécifiquement en compte, par une sorte d'homogénéisation ou de régularisation statistique, la fréquence des mots rares, par hypothèse expresse (conjecture *«peu réaliste»* reconnaît l'auteur) que «l'arbre lexicographique» est régulier dans ses distributions fréquentielles, ou, tout au moins, que son irrégularité est uniforme (sous-entendu : scalante).

La loi de ZIPF-MANDELBROT démontre une forte stabilité du lexique, avec pour conséquence l'usage massif d'un petit nombre de mots (moins de cent), peu originaux et redondants, dans les textes les plus divers. Or, ce sont précisément les mots peu usités ou rares, possédant une forte valeur sémantique distinctive, que l'analyse lexicométrique considère, à juste titre, comme essentiels pour ses interprétations comparatives. Les fréquences mesurées ne deviennent esthétiquement instructives que lorsqu'elles sont rapportées à l'étendue du texte dans son ensemble. Ainsi, Charles MULLER, spécialiste français de lexicométrie (*Principes et Méthodes de Statistique lexicale*, éd. Hachette, 1977) a comparé certaines formes lexicales identiques dans la pièce théâtrale de CORNEILLE : *Le Cid* (1637), et dans celle de RACINE : *Phèdre* (1677). *Le Cid* comprend en fréquences *absolues* 137 formes du verbe «faire» sur 3409 formes verbales en général : à l'intérieur du groupe des formes verbales, la fréquence *relative* du verbe «faire» est donc égale à 0,040. D'autre part, le nombre total d'occurrences recensées dans la pièce étant de 16 424 mots, la fréquence *relative* du verbe «faire» par rapport à ce dénombrement exhaustif est égale à 0,0083.

Pour *Phèdre* de RACINE, le même verbe «faire» apparaît 52 fois, les formes verbales sont au nombre de 3 005, et par conséquent la fréquence *relative* du verbe «faire» vaut 0,017. Le nombre total d'occurrences étant de 14 217 mots, la fréquence relative de «faire» rapportée à toute l'étendue du texte est de 0,0036. Or, bien que les densités respectives des formes verbales des deux textes soient très voisines : 0,20 pour *Le Cid* (3 409/16 424) et 0,21 pour *Phèdre* (3 005/14 217), le verbe «faire» apparaît selon des rythmes nettement différents d'un texte à l'autre : 7,23 fois pour 100 vers en moyenne dans *Le Cid*, contre 3,14 fois pour 100 vers en moyenne dans *Phèdre*. Il revient à l'historien de la littérature de dégager les hypothèses de lecture qui lui semblent être ainsi suggérées, mais ces comptages statistiques, simples et plutôt mécaniques, rendent déjà explicites à ce niveau élémentaire la méthodologie et la finalité de la lexicométrie comparative. En un premier temps, il s'agit de rapporter le nombre des vocables (formes lexicales différentes) au nombre total des occurrences du texte, afin d'estimer empiriquement le degré de variété ou d'originalité des formes lexicales en présence. C'est une grille de lecture entrecroisant l'ordre des mots avec leur évaluation chiffrée, qui ne peut se révéler qu'à travers ces procédures instrumentées, l'usage de calculateurs pouvant s'avérer indispensable quand les données deviennent quantitativement importantes.

Dénombrements et statistiques opérés sur des fragments, des échantillons, ne sont qu'une première étape vers la constitution de modèles théoriques définissant *des états de langue virtuels*, déterminés par la grammaticalité propre à un idiome, mais aussi par le style forgé par l'écrivain et l'arrière-plan des conventions stylistiques spécifiques d'une époque et d'un genre littéraire. Le jugement lexicométrique doit passer des discours, des textes, donnant lieu à des calculs de fréquences, au raisonnement probabiliste fondé sur des tests d'hypothèses théoriques : au vu d'observations empiriques sur des *échantillons*, il s'agit d'identifier des paramètres théoriques valables pour la *population* tout entière dont l'échantillon est extrait. La méthode des tests d'hypothèses permet de dire quel *écart différentiel* entre les valeurs réellement observées et les valeurs théoriques peut être estimé significatif de la validité de l'hypothèse théorique, concernant en l'occurrence un phénomène lexical ou stylistique. La valeur heuristique de la lexicométrie implique de faire l'hypothèse de la *règle* ou de la *norme*, les structures théoriques de la langue écrite ou parlée échappant à l'observation immédiate.

Afin de faire comprendre plus concrètement l'indispensable processus de modélisation théorique qui préside aux tests d'hypothèses linguistiques, nous exposerons brièvement les principes du test de PEARSON ou test du « Khi 2 », appliqué à quelques données lexicales extraites du livre de Charles MULLER évoqué précédemment. Ce test est appliqué à la pièce de théâtre de CORNEILLE : *L'Illusion Comique* (1636), ou, plus précisément, à l'un des rôles joués dans cette pièce, celui de Matamore. Il faut distinguer deux étapes : les dénombrements et statistiques, puis le calcul du test et ses interprétations possibles.

Les données sur lesquelles s'effectue le calcul sont : nombre total des mots de la pièce : 16 600 ; nombre total des substantifs : 2 980 ; nombre de mots dans le rôle de Matamore : 2 438 ; nombre de substantifs dans ce rôle : 484. Puis viennent les calculs de proportions : proportion de substantifs dans l'ensemble de la pièce : 0,179 (ou 17,9 %) ; calcul des *effectifs théoriques en substantifs*, du rôle de Matamore : 2 438 x 0,179 = 436,4. Le but de cette dernière opération est de constater si le rôle de Matamore est homogène ou non par rapport à l'ensemble du texte.

L'hypothèse d'homogénéité entre l'effectif *théorique* de la population des substantifs et l'effectif *réel* des substantifs de l'échantillon n'est pas empiriquement vérifiée : il existe en effet un écart de 484 - 436,4 = 47,6 substantifs en plus, dans le rôle de Matamore, mais ce comptage est *partiel et surtout non étalonné*. Selon la formule du calcul du « khi 2 » de PEARSON : $(O - C)^2/C$, où O désigne la valeur réellement observée et C la valeur théorique — respectivement 484 et 436,4 — le « khi 2 » vaut 5,191 (valeur approchée).

La même évaluation doit ensuite être effectuée globalement sur la totalité des mots *autres que les substantifs* : des calculs simples montrent qu'il existe dans le rôle de Matamore 1 954 vocables autres que des substantifs et que dans l'ensemble du texte il y a 13 620 vocables autres que des substantifs. La proportion de ces derniers représente par définition 1 - 0,179 = 0,821 (ou 82,1 %). On en déduit *l'effectif théorique* des mots autres que les substantifs dans le rôle de Matamore : 2 438 x 0,821 soit 2 001,598 (les nombres décimaux représentant des valeurs strictement théoriques, on peut les conserver tels quels dans les calculs, même si une fraction de mot est sémantiquement un non sens). Appliquée à nouveau à ces données, la formule du « khi 2 » pour les non substantifs réellement observés du rôle de Matamore vaut 1,131 (valeur approchée).

Les « khi 2 » précédemment calculés étaient partiels (substantifs/non substantifs); afin d'avoir une vision *globale* de ces statistiques permettant de comparer l'ensemble de la pièce de CORNEILLE au seul texte du rôle de Matamore, il faut conjuguer les tests partiels en calculant un « khi 2 » cumulé selon la formule additive : « khi 2 » = Σ $(O - C)^2/C$, soit : 5,191 + 1,131 = 6,322. A ce stade, il faut consulter *la table de la loi du « khi 2 »* pour procéder à la vérification du test d'hypothèse.

Sans nous attarder ici sur le mode de constitution de cette table probabiliste de PEARSON, il faut simplement remarquer qu'elle est formée de lignes et de colonnes, au croisement desquelles est situé un nombre représentant une valeur critique qui est fonction d'un *seuil de tolérance* allant de 0,10 (ou 10 %), signifiant un *fort rejet* de l'hypothèse, à 0,001 (ou 0,1 %) signifiant un *faible rejet*. Ces seuils de tolérance, inscrits sur la ligne du haut de la table, sont successivement de 10 %, 5 %, 2 %, 1 % et 0,1 %, les taux de tolérance s'étalant dans une gamme de 1 à 100, en fonction de la finesse du seuil critique désiré. Quant à la colonne de gauche, solidaire des seuils, elle est formée d'une suite de chiffres de 1 à 30 (éventuellement plus si nécessaire) représentant le nombre de *degrés de liberté* du modèle théorique. Ce nombre est défini par *le nombre de classes d'observation* servant à déterminer le modèle théorique de la population, *moins une* : ainsi, pour le rôle de Matamore, deux classes d'observation ont été définies, celle des substantifs et celle des mots autres que les substantifs. Le modèle théorique de la distribution lexicale est donc à 2 - 1 = 1 degré de liberté. Si, en plus des substantifs, avaient été pris en compte les verbes, les adjectifs et tous les autres mots différents de ceux-ci, nous aurions défini 4 classes d'observation et un modèle de distribution lexicale ayant 4 - 1 = 3 degrés de liberté pour le test du « khi 2 ». Nous renvoyons à présent le lecteur à la présentation de la table du « khi 2 » pour en comprendre le mode d'utilisation [cf. planche XVIII].

Le principe de lecture de la table consiste à comparer le « khi 2 » *calculé* au « khi 2 » *lu dans la table*, pour un ou plusieurs seuils de probabilité (de 0,10 à 0,001) allant d'une faible tolérance d'admission de l'hypothèse (fort critère de rejet à 10 %) à une grande tolérance d'admission de l'hypothèse (faible critère de rejet à 0,1 %) et pour un degré de liberté fonction du nombre des classes d'observation (de 1 à 30 en général). *Si le « khi 2 » calculé est supérieur au « khi 2 » lu dans la table*, on peut affirmer que les effectifs réellement observés *diffèrent significativement des effectifs théoriques*, pour un seuil de probabilité judicieusement sélectionné. Inversement, *si le « khi 2 » calculé est inférieur à celui lu dans la table*, la différence ne peut pas être considérée comme significa-

DEGRES DE LIBERTE	SEUILS				
	.10	.05	.02	.01	.001
1	2,71	3,84	5,41	6,64	10,83
2	4,60	5,99	7,82	9,21	13,82
3	6,25	7,82	9,84	11,34	16,27
4	7,78	9,49	11,67	13,28	18,46
5	9,24	11,07	13,39	15,09	20,52
6	10,64	12,59	15,03	16,81	22,46
7	12,02	14,07	16,62	18,48	24,32
8	13,36	15,51	18,17	20,09	26,12
9	14,68	16,92	19,68	21,67	27,88
10	15,99	18,31	21,16	23,21	29,59
11	17,28	19,68	22,62	24,72	31,26
12	18,55	21,03	24,05	26,22	32,91
13	19,81	22,36	25,47	27,69	34,53
14	21,06	23,68	26,87	29,14	36,12
15	22,31	25,00	28,26	30,58	37,70
16	23,54	26,30	29,63	32,00	39,25
17	24,77	27,59	31,00	33,41	40,79
18	25,99	28,87	32,35	34,80	42,31
19	27,20	30,14	33,69	36,19	43,82
20	28,41	31,41	35,02	37,57	45,32
21	29,62	32,67	36,34	38,93	46,80
22	30,81	33,92	37,66	40,29	48,27
23	32,01	35,17	38,97	41,64	49,73
24	33,20	36,42	40,27	42,98	51,18
25	34,38	37,65	41,57	44,31	52,62
26	35,56	38,88	42,86	45,64	54,05
27	36,74	40,11	44,14	46,96	55,48
28	37,92	41,34	45,42	48,28	56,89
29	39,09	42,56	46,69	49,59	58,30
30	40,26	43,77	47,96	50,89	59,70

Planche XVIII — Table du khi 2.

tive, mais cela ne signifie pas qu'il y ait identité entre les effectifs théoriques et les effectifs réels.

Comparons le «khi 2» calculé (6,322) pour les probabilités de rejet successives, avec les valeurs lues dans la table pour 1 degré de liberté. On a successivement, en alternant seuils et valeurs critiques : 0,10 - 2,71 ; 0,05 - 3,84 ; 0,02 - 5,41 ; 0,01 - 6,64 ; 0,001 - 10,83. Plus le test est exigeant, plus la différence en faveur du «khi 2» *calculé* (6,322) est importante et donc objectivement significative. Ce dernier demeure *supérieur* aux valeurs de la table jusqu'au critère de rejet 0,02 inclus, tandis que le rapport s'inverse pour 0,01 et surtout pour 0,001 qui représentent une très grande tolérance pour l'hypothèse d'homogénéité relative entre effectifs théoriques et effectifs réellement observés. Le vocabulaire relatif au rôle de Matamore, concernant les classes d'observation : substantifs/non substantifs, est donc fortement déviant par rapport à l'ensemble du texte : c'est un fait de style et de composition affectant l'originalité et la valeur sémantique des termes. Les effectifs observés ne sont pas du tout homogènes aux effectifs théoriques de la population parente dont ils sont extraits. Il revient alors à l'esthéticien de la littérature d'en tirer les remarques et les conclusions qui lui semblent justifiées.

Les multiples tests statistiques, plus ou moins complexes et sophistiqués, appliqués à l'examen des textes littéraires, sont en fait comparables à *des loupes et des télescopes* à travers lesquels ces textes peuvent être scrutés à diverses échelles d'originalité sémantique et compositionnelle. Ainsi, l'utilisation du test de PEARSON pour le seul rapport des deux classes : substantifs/non substantifs (on aurait pu le complexifier en faisant entrer en jeu tous les autres types de vocables de façon distinctive, ainsi que les difficiles questions de tournures stylistiques, ou même spécifier les types de substantifs eux-mêmes, etc.) est éclairant à cet égard. En effet, si l'on adopte les faibles critères de rejet (0,01 et surtout 0,001), donc peu *d'exigence* pour l'adoption de l'hypothèse d'homogénéité entre effectifs *théoriques* et effectifs réels, sans être vraiment homogène par rapport à sa population parente théorique, le rôle de Matamore perd l'essentiel de son originalité, il gagne de la grisaille et une certaine uniformité sémantique dans l'ensemble de la pièce dont il ne se distingue pas alors fondamentalement. Les faibles critères de rejet agissent comme des points de vue banalisants et neutralisants à l'égard du «sous-texte» de ce rôle. Ces points de vue sont *équivalents à une vision à petite échelle cartographique*, le point de vue de Sirius en quelque sorte, pour lequel la trop grande distance d'observation noie les détails significatifs dans l'uniformité de l'ensemble.

Au contraire, vu sous l'angle d'une plus grande exigence du seuil probabiliste de rejet de l'hypothèse d'homogénéité, qui agit *comme une loupe* valorisant toutes les singularités lexicales, ce rôle devient riche et original en détails significatifs, il se différencie à l'extrême de l'ensemble des substantifs du texte. C'est *l'équivalent d'une représentation à grande ou moyenne échelle cartographique*, faisant ressortir un maximum de particularités afférentes à ces échelles. Le regard porté sur les particularités, les reliefs et les nuances syntaxiques et sémantiques du texte lemmatisé est, dans ce cas, un regard proche et attentif. Cela est évident dès que l'on observe les seuils à 2%, à 5% et beaucoup plus encore à 10%, l'écart entre la norme hypothétique et les valeurs de la table se creusant de plus en plus (6,322 contre 2,71 dans le cas du seuil de 10%).

L'esthétique quantitative de la littérature ne s'arrête pas, bien entendu, aux seules statistiques portant sur la présence ou l'absence des mots, mais elle concerne tout autant *leur ordination* stylistique au sein du discours, qui fait également la matière des tests d'hypothèses probabilistes. L'effet esthétique et informatif d'un texte est hautement dépendant de l'ordre et de la disposition relative des termes employés par l'écrivain. Aussi est-il important pour la critique esthétique de révéler objectivement dans l'œuvre d'un auteur les méthodes qui déterminent l'ordre d'apparition des occurrences lexicales. Par exemple, il est évident que l'ordre qui préside à la disposition des mots du premier vers du poème *Le Pont Mirabeau* (recueil *Alcools*, 1913), de Guillaume APOLLINAIRE :

«*Sous le pont Mirabeau coule la Seine*»

n'est pas neutre ou insignifiant, comparé à l'ordre très banal de cette phrase : «La Seine coule sous le pont Mirabeau». APOLLINAIRE bouleverse ici poétiquement l'ordre habituel : sujet-verbe-complément, au profit d'une inversion grammaticale ou hyperbate qui est une figure stylistique constituant un écart par rapport à la norme. De même ces vers célèbres du *Cimetière Marin* de Paul VALÉRY (recueil *Charmes*, 1922), évoquant la surface de la mer :

«*Ce toit tranquille où marchent des colombes
Entre les pins palpite, entre les tombes*»

n'auraient pas du tout la même prégnance poétique formulés ainsi : «Des colombes marchent sur ce toit tranquille qui palpite entre les pins et les tombes», et encore moins sans l'usage des *métaphores* du toit, de la marche et du rythme biologique de la palpitation cardiaque : «Des colombes volent bas sur la mer qui étincelle entre les pins et les tombes». Les métaphores et autres figures de rhétorique constituent aussi des *écarts* par rapport aux usages sémantiques ordinaires, et peuvent donc faire l'objet de procédures statistiques comparées à travers divers textes.

Aussi l'esthétique quantitative doit-elle s'attacher à catégoriser tous types d'écarts par rapport aux normes et usages classiques d'une langue écrite : l'hyperbate, mais également, parmi eux, *l'inversion d'épithète* par rapport au nom : antéposée («une sublime architecture») ou postposée («une architecture sublime»), la règle générale en français étant la postposition de l'adjectif dans une majorité de cas. Mais la place de l'épithète peut parfois être sémantiquement indifférente («un savant prestigieux» ou «un prestigieux savant»), ou bien au contraire très significative («une drôle d'idée» n'est pas «une idée drôle»). Dans son livre *Structure du Langage poétique* (Flammarion, Paris, 1966), Jean COHEN s'est livré à des dénombrements et statistiques comparées d'inversions d'épithètes chez des auteurs très variés. Prenant comme prose de référence les textes scientifiques (textes de BERTHELOT, PASTEUR et Claude BERNARD), il constate statistiquement que l'inversion libre de l'épithète (quand l'antéposition n'est pas obligatoire) ne dépasse pas en moyenne 2 % du langage scientifique, admis comme modèle normatif du discours. De plus, les adjectifs antéposés sont rares dans l'expression de langue française. La postposition est donc la règle tandis que l'antéposition s'affirme en tant qu'écart et donc comme fait stylistique.

L'inversion libre d'épithètes est pratiquée en effet fréquemment par les écrivains de textes à finalité esthétique. Mais la fréquence de l'écart diminue sensiblement des écrivains classiques aux écrivains modernes : pour CORNEILLE, RACINE et MOLIÈRE réunis, la moyenne statistique des inversions est de 55,6 %, tandis que pour LAMARTINE, HUGO et VIGNY réunis, elle n'est plus que de 33,3 %. Elle tombe à 30,3 % pour RIMBAUD, VERLAINE et MALLARMÉ. Pour expliquer ces résultats, Jean COHEN prend en compte d'une part l'habitude courante d'utiliser l'antéposition au XVIIe siècle, d'autre part le rapport syntaxe/sémantique. Si l'adjectif est d'ordre *évaluatif*, péjoratif ou mélioratif, (bon/mauvais, grand/petit, beau/laid, etc.), l'antéposition est plutôt habituelle; si au contraire l'adjectif s'éloigne de cet aspect évaluatif, l'antéposition se raréfie tout en acquérant un effet stylistique amplifié. Il s'ensuit qu'elle ne détient une réelle *valeur poétique* que lorsqu'elle affecte des épithètes non évaluatives; dans les autres cas elle est peu originale : son écart à la norme est majoritairement faible voire nul. Les statistiques prouvent d'ailleurs que dans la littérature scientifique les rares inversions sont toujours de type évaluatif, et que les adjectifs non évaluatifs ne sont jamais antéposés.

Jean COHEN a également testé le taux moyen *d'épithètes redondantes* (non véritablement déterminatives car implicitement supposées, donc *informativement superflues* et banalisantes : «l'humain bipède», «le feu brûlant»), dans les trois classes d'observation de la prose scientifique et littéraire et de la poésie, à partir d'échantillons de 100 épithètes prélevées aléatoirement dans chacun des textes d'auteurs *du XIXe siècle* sélectionnés (trois scientifiques : BERTHELOT, PASTEUR, Claude BERNARD; trois romanciers : HUGO, BALZAC, MAUPASSANT; trois poètes : HUGO, BAUDELAIRE, MALLARMÉ). Les résultats vont de 3,66 % en moyenne pour les scientifiques, à 16,66 % chez les romanciers et 35,66 % dans le langage des poètes. Ces résultats sont établis par rapport à la totalité indifférenciée de la population des épithètes, pertinentes *et impertinentes*, c'est-à-dire celles qui présentent des *écarts sémantiques* d'ordre prédicatif par rapport à l'usage normal, «sensé», réunissant des termes habituellement *incompatibles* selon le code d'expression linguistique. Par exemple, les épithètes suivantes ne remplissent plus leur fonction déterminative normale comme prédicats fonctionnels des noms auxquels elles se rapportent : «un nuage *érudit*», «la mer *trapézoïdale*», «le rocher *hippophage*», etc.

En ne conservant que les épithètes pertinentes pour établir le taux proportionnel d'épithètes redondantes, les résultats précédents sont encore renforcés chez les mêmes auteurs : respectivement 3,6 % (scientifiques qui n'utilisent pas d'épithètes impertinentes), 18,4 % (prose littéraire avec peu d'épithètes impertinentes) et 58,5 % (poésie avec abondance d'épithètes impertinentes). Le raisonnement conclusif généralisateur de Jean COHEN, fondé sur ces comparaisons chiffrées, procède d'une véritable démonstration expérimentale de l'hypothèse de *la spécificité esthétique* de la redondance épithétique : «*Nous avons donc le droit de conclure que la redondance est un procédé qui caractérise comme tel le langage poétique*» (Jean COHEN, Structure du Langage poétique, Flammarion, 1966, p. 140).

Impertinence et redondance formant les deux cas *d'anormalité* épithétique, Jean COHEN pratique enfin la méthode statistique comparative inter-textuelle, appliquée uniquement aux œuvres littéraires de même genre, écrites à diverses époques historiques. Trois groupes sont représentés : les poètes *classiques* (CORNEILLE, RACINE, MOLIÈRE), les *romantiques* (LAMARTINE, HUGO, VIGNY) et les *symbolistes* (RIMBAUD, VERLAINE, MALLARMÉ). Prélevant au hasard dans chaque œuvre étudiée un échantillon de 100 épithètes, il recherche le *taux global d'anormalité épithétique* (épithètes impertinentes et redondantes cumulées) concernant chaque auteur. Cette proportion est de 42 % en moyenne chez les auteurs classiques, de 64,6 % chez les romantiques et de 82 % chez les symbolistes, MALLARMÉ étant le plus représentatif de cette anormalité avec 86 %! Jean COHEN se demande si la littérature poétique comporte dans son histoire un record supérieur à celui de MALLARMÉ, et même si certains auteurs atteignent 100 % *d'anormalité épithétique*, car leurs œuvres auraient alors complètement abandonné le niveau linguistique informatif pour accéder au niveau purement esthétique : «*A ce taux, on aurait alors rejoint, au sens rigoureux du terme, la* poésie pure» (J. COHEN, *ibid.*, p. 142). Nous verrons que la littérature combinatoire apporte des éléments de réponses et des méthodes d'étude à cette question d'épistémologie littéraire.

Le test du «khi 2» révèle d'autre part une forte *homogénéité du critère d'anormalité* entre les œuvres de chacun des trois groupes, dont les différences internes négligeables ne sont pas significatives, à tous les seuils critiques de probabilité, bien que pour les classiques cette différence interne ne soit non significative qu'à partir du seuil de 1 % de rejet, fait imputable, selon COHEN, à la différence stylistique existant entre le genre comique et le genre tragique. Pour les œuvres d'une même période de l'histoire de la littérature, l'esthétique quantitative est donc en mesure de révéler un taux identique d'anormalité linguistique entre les auteurs, témoignant d'une sorte de semi-déterminisme souterrain dans le travail de création littéraire, pourtant toujours personnel et original dans ses écarts à la norme : «*Rien ne montre mieux l'essence formelle de la poésie. /.../ Chaque poète dit ce qu'il veut, et par là ne ressemble à personne. Mais si ce qu'il dit lui reste personnel, sa manière de dire ne lui appartient pas en propre. Elle reste qualitativement celle d'un genre et quantitativement celle d'une époque*» (J. COHEN, *ibid.*, p. 143).

On peut aisément percevoir, à travers ces conclusions généralisatrices déduites des tests lexicométriques fondés sur l'objectivation métrologique des termes du langage, elle-même guidée par des hypothèses normatives, stylistiques et sémantiques, quel indispensable enseignement procure la statistique linguistique aux techniques de la littérature informationnelle. Le codage informatique des règles d'ordination des mots est la base de tout engendrement de *textes virtuels* dont les structures linguistiques s'inspirent afin de les simuler, ou, au contraire, de les transgresser. Mais la linguistique quantitative, dans la mesure où elle fait émerger des modèles théoriques de la littérature, déploie également ses méthodes d'examen dans le champ plus global de l'analyse des *fonctions narratives du discours*, telle qu'elle fut déjà pratiquée en 1928 par l'ethnologue et linguiste russe Vladimir PROPP à propos des contes folkloriques de son pays décrits dans son ouvrage : *Morphologie du Conte*.

Vladimir PROPP fonde son analyse structurale des fonctions narratives sur la base d'un corpus de *cent contes merveilleux* qui constituent l'échantillon de travail, un surnombre de contes folkloriques n'apportant selon lui aucun argument supplémentaire, car, dit-il, «*Ce n'est pas la quantité des contes qui est importante, c'est la qualité de l'étude qui s'y applique. Cent contes constituent notre corpus de travail. Le reste est un corpus de contrôle d'une grande portée pour le chercheur, mais dont l'intérêt ne va pas plus loin*» (V. PROPP, Morphologie du Conte, éd. du Seuil, 1970, p. 34). Les cent contes lui sont apparus comme amplement suffisants, parce qu'ils présentent une grande répétitivité structurale des fonctions narratives essentielles. Mais que faut-il entendre par «*fonction*»?

Une «*fonction*» se définit, dans sa perspective, comme l'action interrelationnelle d'un personnage du récit au sein d'une intrigue qui donne une signification précise à cette action. Par exemple, la seule *généralité* du meurtre d'un personnage par un autre ne constitue pas une fonction proprement dite, car le meurtre peut être recensé maintes fois dans les milliers de contes folkloriques existants. En revanche, le meurtre par haine, par amour, par ambition personnelle, par pure gratuité, par inspiration mystique ou par accomplissement d'une mission divine, parmi d'autres éventualités, sont autant de spécificités de la fonction «meurtre» au sein de l'intrigue.

PROPP fait cinq observations principales à partir du corpus des cent contes folkloriques russes : 1) les contes merveilleux possèdent tous des fonctions constantes identiques, quels que soient les personnages (dieux, rois, reines, magiciens, chevaliers, etc.) et la manière de remplir ces fonctions (il y a identité d'action, mais non de signification) : «*Les fonctions sont les parties constitutives fondamentales du conte*» (*Morphologie du Conte, ibid.*, p. 31); 2) le conte est un ensemble ordonné de fonctions en nombre limité, ce qui rend possible la création de modèles combinatoires d'enchaînement des fonctions, comparables d'un conte à un autre; 3) le hasard est banni dans l'ordre de succession des fonctions, ou tout au moins la liberté d'enchaînement y est-elle étroitement canalisée : «*La succession des fonctions est toujours identique*» (*Morphologie du Conte, ibid.*, p. 32), ce qui constitue une caractéristique qui appartient en propre aux seuls contes folkloriques; 4) toutes les fonctions-types ne sont pas toujours présentes dans tous les contes du corpus, mais leur absence ne modifie en rien la disposition relative de celles qui demeurent présentes au sein de la chaîne séquentielle; 5) enfin, tous les contes folkloriques sont construits selon un seul et même axe, car *ils appartiennent tous au même type structural* : il en résulte qu'ils développent tous un seul type morphologique de récit.

Cet exemple d'analyse des fonctions narratives du discours nous conduit en fait à l'orée de la littérature combinatoire, mais le repérage de *l'ordre des fonctions* dans la totalité des pièces d'un corpus donne également lieu à des comptages et des statistiques concernant la régularité de cet ordre. La linguistique quantitative réalise donc parfaitement le programme universel de la mathématique comme science de l'ordre et de la mesure, les explications que nous en avons données n'étant bien entendu qu'une simple ouverture sur l'analyse des données linguistiques dont les techniques présentent de nombreuses et complexes ramifications mathématiques et informatiques, de nature à stimuler les méthodes de la création littéraire *informatisée*.

b. Littérature combinatoire

D'un point de vue strictement *syntactique*, un texte est une combinaison de mots, d'espaces vides et de signes (ponctuation, chiffres, symboles idéographiques) régie par des règles grammaticales, des usages conventionnels, un genre littéraire et un style d'écriture manuscrite ou typographique, mais aussi par *la liberté de transgression ou de transformation* qui les affecte dans un but d'originalité stylistique. Il s'ensuit que tout texte détient à la fois une valeur *informative* et une valeur *esthétique*, la première désignant globalement son intelligibilité sémantique, sa signification en tant que message, et la seconde son originalité stylistique. En faisant interagir ces deux niveaux fondamentaux de l'expression linguistique, l'écrivain peut s'approcher du maximum *de banalité expressive*, ne transmettant que des informations parfaitement intelligibles en un style d'écriture grammaticalement hyperconventionnel, ou au contraire du maximum *d'originalité esthétique*, en vertu de laquelle *la forme* s'impose au détriment du strict contenu informatif, ce dernier pouvant à la limite tendre vers sa complète éviction, en poésie par exemple.

Selon le point de vue de la théorie scientifique de l'information, de nature probabiliste et statistique, on estime que *l'information esthétique* croît en proportion inverse de *l'information sémantique* dénommée plus proprement «*signification*» : plus cette dernière devient dominante, insistant sur le caractère conventionnel de l'intelligibilité de la présentation (banalisante) des contenus du message, plus la forme du message manque d'originalité et donc de *complexité*. L'information esthétique véhiculée par un texte, en tant qu'elle se distingue radicalement de la signification attachée au niveau de la compréhension de ses termes élémentaires, mesure son degré relatif de complexité interne par rapport à l'imprévisibilité subjective d'apparition des occurrences lexicales et des structures syntactiques. De manière générale, plus un texte est intelligible sémantiquement dans les formes habituelles («moyennes») de sa présentation syntactique, moins il offre de complexité : son information esthétique est donc voisine de zéro. C'est pourquoi Abraham MOLES définit, de manière générale, la valeur informationnelle quantitative d'un message par le rapport qu'il entretient avec sa complexité structurale d'essence probabiliste, plus ou moins imprévisible : «*l'Information n'est que la mesure de la Complexité*» (Abraham MOLES, *Théorie de l'Information et Perception esthétique*, éd. Denoël, Paris, 1972, p. 299). Une œuvre littéraire digne de cette prétention artistique présente donc toujours beaucoup plus que de l'information en tant que simple signification; elle contient pour ainsi dire de l'information «en surcroît» ou en excès, qui est à proprement parler la manifestation intuitive de son information esthétique, elle-même expression de sa complexité structurale.

L'idée d'une mesure esthétique *objective* de la forme (littéraire ou plastique) a été proposée par le mathématicien américain George David BIRKHOFF (1884-1944), dans une série d'articles publiés entre 1928 et 1944, ainsi que dans son ouvrage *Aesthetic Measure* (Cambridge, Harvard University Press, 1933). Cette idée s'oppose aux définitions philosophiques idéalistes de la beauté dans l'art, peu soucieuses d'asseoir leurs conceptions, de nature verbale, sur des expériences concrètes et mesurables. Voulant importer en esthétique une méthode quantitative digne des sciences expérimentales, BIRKHOFF situe le problème de la beauté dans le rapport de l'ordre à la complexité, inhérents aux formes les plus diverses. Il cite à l'appui de sa conception, à plusieurs reprises, la définition de la beauté donnée en 1769 par le philosophe hollandais HEMSTERHUIS dans sa *Lettre sur la Sculpture* : «*Le beau est ce qui provoque le plus grand nombre d'idées dans le minimum de temps*». On pressent à travers cette définition l'interaction complexe, subtile, de l'ordre et de l'originalité qui fondent la perception subjective instantanée des impressions esthétiques : c'est pourquoi BIRKHOFF a précisé que cette définition traduisait qualitativement l'essentiel de sa formule fondamentale de la mesure esthétique.

En effet, cette mesure M établit un rapport objectif entre l'ordre O d'une configuration, textuelle par exemple, et sa complexité C, autre nom du taux d'information quantitative qu'elle véhicule : $M = O/C$. L'expérience esthétique est principalement fonction de l'effort d'attention, *proportionnel à la complexité de l'objet perçu*, attaché à l'acte perceptif. Le sentiment de plaisir esthétique représente la mesure implicite du rapport d'ordre et d'imprévisible — la complexité structurale — qui est afférent à l'objet visuel ou sonore. Les critères de complexité concernent à la fois *le nombre et la variété différentielle* des éléments entrant dans la composition de la forme, d'un texte littéraire par exemple. Plus l'objet est hétérogène, plus il recèle de complexité : ainsi en est-il des textes poétiques ou romanesques, dont nous avons précédemment expliqué qu'ils donnent lieu à des quantifications différentielles et comparatives très significatives quant à leur niveau de complexité sémantique et stylistique. Parmi les *critères d'ordre*, l'énumération sélective des formes littéraires conventionnelles d'une époque ou d'un auteur pourrait fournir une base comparative, tandis que parmi les *critères de complexité*, les déviances et singularités estimées statistiquement, propres à un auteur et à son œuvre, fourniraient le second volet, oppositif ou différentiel, de la mesure esthétique comparative.

En supposant que les tests statistiques aient permis d'aboutir à de telles estimations, on comprend que plus la mesure esthétique M = O/C serait voisine de 1, plus le texte serait original et donc globalement complexe, car elle signifierait que le nombre de formes originales ou déviantes (C) tendrait à égaler le nombre de formes classiques et banales (O) *auxquelles elles se substituent* dans le texte. Inversement, si la mesure esthétique tendait à égaliser la valeur de l'ordre O, cela signifierait une grande conformité du texte aux normes classiques, donc peu d'originalité et de complexité formelle ou syntaxique. Par exemple, si l'on a dénombré sélectivement, dans un échantillon textuel, 35 formes lexicales ou syntactiques différentes («normales» et déviantes), qui peuvent par principe être toutes exprimées *d'une manière traditionnelle et conventionnelle* en un langage peu original qui serait leur commun dénominateur, et si parmi ces 35 formes, 34 d'entre elles sont significativement déviantes ou anormales, la mesure M = O/C serait ici voisine de 1, signifiant une très grande originalité/complexité ; inversement si seulement 1 forme était estimée anormale, la mesure vaudrait exactement 35/1 soit 35, égal à l'ordre normatif O, l'absence complète d'originalité (C = 0) correspondant par convention au chiffrage indiciaire M > 35 dans une échelle de classement allant de 1 à M > 35, la division par zéro n'ayant arithmétiquement aucun sens, il est évident que ce ne sont pas les mesures arithmétiques absolues qui comptent ici, mais leur seule qualité d'appréciation différentielle et classificatoire des éléments textuels pris en compte.

Nous avons, à vrai dire, simplement transposé de manière générale la formule de BIRKHOFF à la question littéraire du rapport : ordre normal/complexité stylistique et sémantique, le mathématicien ayant surtout appliqué sa méthode à l'étude des formes plastiques. Mais le calcul de M pourrait très bien faire intervenir d'autres facteurs, celui de la dimension lexicométrique *fractale* de MANDELBROT, par exemple. La complexité C pourrait être affectée d'un exposant dimensionnel fractal D qui traduirait *le degré d'irrégularité* des formes quantifiées au sein de l'ensemble supposé homogène et régulier des formes lexicales habituelles, «moyennes» : M = O/C deviendrait alors O/C^D *où D est un coefficient fractionnaire d'irrégularité à l'échelle de l'échantillon examiné*, traduisant, par exemple, la moyenne pondérée de toutes les irrégularités linguistiques prises en compte dans la formule. On ferait ainsi entrer en jeu un critère *d'échelle d'observation*, lié aux hypothèses probabilistes de répartition ainsi qu'à la quantité des éléments de référence, en fonction duquel serait comparé l'échantillon linguistique à sa population parente théorique.

L'idée que la littérature, poétique en particulier, soit une combinaison savamment dosée, calculée, de régularité ou d'ordre, et d'irrégularité ou de complexité informationnelle, constituait l'essentiel du programme poétique d'Edgar POE, pour qui un texte *planifié* devait être le développement de thèmes et d'effets esthétiques concourant dès le premier mot au dénouement, «*avant que la plume attaque le papier*», écrit-il dans sa *Philosophie de la Composition* (1846), exposant la méthode de composition de son poème *Le Corbeau* (1845). Dans ce texte célèbre, traduit par Charles BAUDELAIRE sous le titre *La Genèse d'un Poème*, Edgar POE prétend démontrer l'absolue rigueur logique qui préside à la composition d'un poème guidée par des contraintes combinatoires mûrement énoncées : «*Mon dessein est de démontrer qu'aucun point de la composition ne peut être attribué au hasard ou à l'intuition, et que l'ouvrage a marché, pas à pas, vers sa solution, avec la précision et la rigoureuse logique d'un problème mathématique*» (*La Genèse d'un Poème*, traduction C. BAUDELAIRE, *in Histoires grotesques et sérieuses*, Librairie Générale Française, 1973, p. 222).

La recherche obstinée de combinaisons originales d'événements et de procédés stylistiques destinés à les mettre en valeur oriente toute la méthode de versification d'Edgar POE, exigeant «*une certaine somme de complexité, ou, plus proprement, de combinaison*» (E. POE, *La Genèse d'un Poème, ibid.*, p. 235), aux antipodes de la spontanéité de l'intuition. En versification, la recherche systématique de l'originalité doit conduire l'écrivain à créer de l'information esthétique par diversification renouvelée des procédés métriques et rythmiques, ainsi que de ceux régissant la consonance et l'assemblage successif des vers.

A l'appui d'Edgar POE, on peut faire observer, par exemple, qu'une *strophe* (ou stance) se définit selon trois principaux critères : le nombre de ses vers (quatrain, tercet, etc.), la nature des *mètres* qui la constituent : isométriques (vers d'égale longueur) ou hétérométriques (vers d'inégale longueur), et *la manière dont les rimes sont entrelacées* : plates ou suivies (aa, bb, cc, dd, ...), croisées (abab cdcd), embrassées (abba, cddc), redoublées (répétition des rimes 2 ou plusieurs fois), mêlées (sans ordre uniforme), etc. Ainsi, le *sonnet* (deux quatrains suivis de deux tercets) qui fut importé d'Italie en France au seizième siècle par MAROT, était primitivement *décasyllabique*, avant d'être écrit en *alexandrins* par les poètes de la Pléiade (RONSARD et du BELLAY en sont les plus connus). Mais le sonnet connut par la suite des formes de versification beaucoup plus libres et originales, admettant diverses métriques, fruit d'une *combinatoire novatrice* des mesures (succession de syllabes déterminant la durée du vers), *des rythmes* (*césures*, généralement à l'hémistiche, marquant un repos net ou un arrêt entre deux groupes rythmiques, ou *coupes* séparatrices sans suspension ou repos, entre deux groupes rythmiques de syllabes formant une mesure) *et des rimes*. Cette variation combinatoire, génératrice de complexité esthétique, est encore beaucoup plus importante dans *les poèmes à forme libre*. La poésie concrétise donc le règne de la liberté de la création combinatoire de formes virtuelles originales, exaltée précisément par Edgar POE : «*En admettant qu'il y ait peu de variété possible dans le rythme pur, toujours est-il évident que les variétés possibles de mètre et de stance sont absolument infinies*» (*La Genèse d'un Poème*, ibid., p. 230).

En linguistique statistique, les corrélations entre les morphèmes lexicaux ou grammaticaux, les rimes, les phonèmes, les syllabes, les rythmes, les durées, les vers et les phrases, donnent lieu à des appréciations métrologiques sur la répartition structurale, de nature *probabiliste*, des co-occurrences appartenant aux différents répertoires examinés. Les séquences d'unités co-occurrentes présentent des degrés d'imprévisibilité variables qui sont autant d'indices de la *complexité informationnelle* des messages esthétiques qu'elles véhiculent. La théorie probabiliste de l'information offre le cadre universel de l'étude de cette complexité statistique, reposant sur les dénombrements, les calculs de corrélation et les hypothèses d'écarts par rapport aux normes théoriques (P. GUIRAUD, C. MULLER, G. HERDAN, W. FUCKS, M. BENSE, H.W. FRANKE, A. MOLES, font partie depuis les années 1950-1960, de ces théoriciens de la complexité statistique appliquée aux textes). La combinatoire des unités textuelles est l'un des domaines majeurs de l'inventivité esthétique qui combine les deux concepts clés de la théorie informationnelle : *l'entropie et la redondance*, calculées en unités binaires d'information.

Dès 1928, l'ingénieur électricien américain Ralph HARTLEY avait déjà relié proportionnellement la mesure de la quantité d'information, véhiculée par un système de télécommunication, au logarithme binaire du nombre total des signaux différents que ce système est capable de transmettre : c'est la mesure de *l'imprévisibilité* du signal, quantité proportionnelle au nombre de signaux individuels reçus par unité de temps. L'unité binaire d'information («*bit*», contraction de «*binary digit*») représente l'information la plus élémentaire possible, procurée par la connaissance du résultat d'une alternative entre deux possibilités ou éventualités incompatibles et également probables *a priori* (pile ou face, oui/non, 1/0, etc.). La quantité d'information se définit par conséquent comme une grandeur susceptible de variation séquentielle discontinue, mesurée par la somme des unités binaires indivisibles nécessaires pour déterminer le résultat cognitif a posteriori d'une suite d'alternatives. Elle relève d'une algèbre binaire, alternative, dont l'unité booléenne était appelée, primitivement, le «*hartley*», avant de porter les noms de «*bit*» ou «*logon*», l'usage informatique ayant consacré la première dénomination pour la mesure informationnelle à base de logarithmes binaires.

Faisant intervenir le rapport de la probabilité conditionnelle *a priori* d'occurrence des signes ou signaux et de sa connaissance réelle *a posteriori*, la mesure de l'information, appliquée aux textes littéraires en particulier, revient à *quantifier le degré d'entropie et de redondance des messages* conçus comme une combinatoire d'éléments plus ou moins originale et donc imprévisible par rapport à des normes ou des moyennes. Considérant que l'on peut regarder toute occurrence de signes formant, par exemple, un *message textuel* écrit en une langue et à une époque données, compte-tenu des fréquences-types littérales, lexicales et stylistiques spécifiques de la langue et de l'époque, la mesure de l'information d'un tel message (poétique, romanesque, journalistique, philosophique, scientifique, etc.) revient à traiter le texte *comme une partition* formée de sous-ensembles linguistiques : les classes ou catégories lexicales ou syntaxiques auxquelles s'intéresse précisément la mesure. L'imprévisibilité des occurrences est fonction *du taux de redondance* : plus les mots et signes du texte se répètent sous des formes banalisantes, plus *l'entropie* générale de l'information esthétique et sémantique qu'ils apportent s'accroît, neutralisant la teneur moyenne en information. Inversement, une originalité esthétique et sémantique forte accroît la néguentropie informationnelle, l'information devenant de plus en plus imprévisible pour le lecteur, à la mesure de sa *complexité* structurale ou conceptuelle.

Claude E. Shannon associa l'entropie d'un message partitionné quelconque à son degré d'improbabilité, donc d'originalité, en une formule mathématique qui résume tout le principe de la mesure de la complexité relative de ce message (*The Mathematical Theory of Communication*, University of Illinois Press, 1949). Etant donnée une partition d'événements quelconques, appartenant tous à un même ensemble de référence (par exemple : les catégories distinctes de vocables et tournures appartenant à un même idiome de référence), et connaissant les probabilités relatives a priori d'apparition de ces événements (par exemple : les fréquences relatives des lettres dans une langue, celles des mots ou expressions d'un corpus ou, entre autres éventualités, celles des types de relations syntaxiques), *l'entropie d'une partition donnée*, classifiée et quantifiée, dans un ensemble de fragments textuels par exemple, est égale au degré d'incertitude ou d'imprévisibilité théorique, mesuré par *la somme des quantités d'information binaire apportées par chacun des sous-ensembles de la partition* :

$$H_2 = (\sum_{i=1}^{i=n} p_i \log_2 p_i^{-1}) = (-\sum_{i=1}^{i=n} p_i \log_2 p_i)$$

où ($\log_2 p_i^{-1}$) représente la quantité d'information binaire, mesurée en bits ou en logons, apportée par chaque événement distinct de l'ensemble partitionné, et (p_i) leur probabilité respective *a priori*. Un texte étant par définition un ensemble combinatoire fini d'occurrences répertoriées dans un certain but démonstratif (dans l'équation H_2 : la somme Σ des quantités d'information événementielles de 1 à n), son taux moyen d'entropie ou d'incertitude, indiquant son *degré de complexité*, est toujours compris entre 0 (*banalité néguentropique* maximale et *grande redondance*) et un nombre positif plus ou moins grand, fonction à la fois du *nombre d'événements partitionnés* pris en compte et de leurs probabilités respectives. Dans le premier cas : H_2 égal ou voisin de 0, l'incertitude cognitive et esthétique serait nulle ou très faible à chaque apparition occurrentielle, témoignant d'une complexité syntaxique et lexicale minimale, productrice de peu ou pas d'information positive. L'éventualité extrême serait celle d'une redondance de 100% par répétition uniforme de la même occurrence. Toutes les formes linguistiques n'étant *habituellement pas équiprobables*, ce qui signifierait une absence de contrainte syntaxique, grammaticale et sémantique, le taux d'entropie croît en fonction de la richesse esthétique et sémantique des textes, mais il tient nécessairement compte d'une certaine dose de redondance, indispensable pour «faire passer le message».

D'autre part, les mots successifs d'un texte réalisant partiellement une chaîne de MARKOV, à cause des contraintes syntaxiques moyennes et des usages littéraires d'une époque, la fonction H de SHANNON peut être éventuellement généralisée au cas des probabilités conditionnelles conjuguées des occurrences linguistiques (au prix d'une importante complication des calculs de probabilité!) :

$$H_2 = -\sum_{(i,j,k,...)=1}^{(i,j,k,...)=n} p(i, j, k, ...) \log_2 p(i, j, k, ...)$$

Le modèle probabiliste qui préside à cette conception combinatoire du langage est évidemment celui du *processus stochastique discontinu*, représenté par l'extraction d'une urne d'éléments successifs en nombre limité, dont les probabilités générales d'apparition sont fixées. Les éléments peuvent être représentés ici par des lettres, des phonèmes, des monèmes, des séquences lexicales, des groupes syntaxiques, selon le registre auquel s'intéresse le linguiste. Cependant, le processus stochastique ne peut être ergodique, puisqu'il y a théoriquement création d'information nouvelle tout au long du développement d'un texte littéraire, sauf intention expresse de créer une forte dose de redondance qui homogénéise les propriétés statistiques du texte. Ainsi, SHANNON observe-t-il sommairement que le vocabulaire anglais de base possède un taux de redondance d'environ 50 %, tandis qu'inversement l'œuvre de James JOYCE, *Finnegans Wake* (commencée en 1922, parue en 1939), élargit à profusion la richesse lexicale, et donc le taux d'entropie linguistique, *par condensation ou compression maximale du contenu sémantique*, témoignant d'une beaucoup plus grande liberté de choix des termes et des tournures que dans l'expression anglaise de base.

La théorie probabiliste de l'information constitue par conséquent le champ théorique unificateur de la pensée combinatoire en littérature aussi bien qu'en linguistique : dans ce dernier domaine, Roman JAKOBSON fait justement remarquer que l'analyse linguistique du discours oral est parvenue à résoudre celui-ci en une séquence finie d'unités binaires d'information qui forment la trame dichotomique sous-jacente de tout type d'information *phonologique* associée à la communication verbale. Mais l'information, celle qui est véhiculée par un texte ou un discours oral, ne naît pas mécaniquement : elle est engendrée à partir d'une conscience plus ou moins objectivée des combinaisons linguistiques *virtuelles*, intuitionnées avant leur réalisation effective, car leurs structures potentielles sont connues implicitement du locuteur ou de l'écrivain. Ces derniers évaluent donc aussi par anticipation quel sera leur libre champ de manœuvre parmi ces contraintes normatives. C'est là, sans doute, l'essence de la philosophie de l'information résumée par Raymond RUYER en cette phrase lapidaire : «*L'intuition des possibles est la clé du problème de l'origine de l'information*» (Raymond RUYER, *La Cybernétique et l'Origine de l'Information*, éd. Flammarion, 1968, p. 125).

La conscience *raisonnée* et *méthodique* des possibles se situe précisément au cœur des théories et des expériences de la *littérature combinatoire*, depuis la fondation de l'Ouvroir de Littérature Potentielle : l'OULIPO, par François LE LIONNAIS et Raymond QUENEAU, en 1960. Mais, sans doute, la conscience du possible hante-t-elle universellement l'esprit des écrivains comme le moteur plus ou moins conscient qui guide leurs expériences d'écriture combinatoire, toute forme d'écriture reflétant d'ailleurs, par principe, une recherche combinatoire, ainsi que le démontre très objectivement la théorie probabiliste de l'information. A la conception philosophique *possibiliste* de l'information littéraire peut alors faire écho la phrase de Jorge Luis BORGES, dans sa nouvelle de 1941, *La Bibliothèque de Babel* : «*Je le répète : il suffit qu'un livre soit concevable pour qu'il existe*» (J.L. BORGES, *in Fictions*, éd. Gallimard, 1991, p. 79). Le narrateur imaginaire parle, à cette occasion, de la quête d'un livre fictif «total» qui serait la clé et le résumé synthétique idéal de tous les livres d'une bibliothèque infinie, mais il convient aussi d'y voir plus largement l'expression d'une *combinatoire potentielle* infiniment variée de signes typographiques.

Dans ses ouvrages sur la théorie des probabilités, le mathématicien Emile BOREL (1871-1956) développait la fiction du *singe dactylographe* : si un tel singe devait taper sur les touches d'un clavier de machine à écrire durant un temps illimité, il reproduirait avec une certitude absolue tous les textes existants ou à venir composés avec ces signes, y compris par exemple, telle ou telle traduction de la Bible, ou tel roman complet de Victor HUGO ou de BALZAC, ou encore n'importe quel roman ou texte philosophique qui sera écrit dans le futur avec ces mêmes signes. Evidemment, il y aura aussi une multitude de textes qui différeront de ces derniers seulement d'une virgule ou d'une lettre, ou qui seront complètement incohérents, ou tronqués en divers endroits, et entrecoupés par d'autres textes d'autres auteurs ou du même auteur. La fiction de BORGES dans *La Bibliothèque de Babel* est en fait *un théorème du calcul des probabilités composées*! L'information semble donc bien pouvoir être engendrée mécaniquement de façon aléatoire, selon le modèle stochastique du tirage au sort d'éléments équiprobables en nombre infini, à condition, toutefois, de disposer d'un temps infiniment long pendant lequel le hasard pourra s'exercer. Cependant, une œuvre à l'échelle humaine ne se crée pas en une éternité de temps, ni d'après un stock d'éléments linguistiques équiprobables. Aussi exige-t-elle des contraintes stylistiques et syntactiques auxquelles doit se plier l'écrivain pour la mener à bien. En ce sens, la littérature est *potentielle* par définition : elle procède d'un très grand nombre de présélections linguistiques virtuelles qui s'actualisent en une combinatoire originale, toujours singulière, de termes lexicaux.

La préoccupation fondamentale des écrivains-théoriciens de l'OULIPO était précisément de se fixer des contraintes de types divers s'exerçant sur le langage considéré comme un pur et simple objet de manipulation structurale, indépendamment de toute source présumée d'inspiration spirituelle et de tout rapport à un référent extra-linguistique : «*Le langage est un objet concret*» dit Jean LESCURE (*OULIPO. La Littérature Potentielle*, éd. Gallimard, 1973, p. 29). La littérature potentielle fournit des modèles structuraux possibles pour des créations de textes virtuels en nombre illimité. D'innombrables méthodes de contrainte structurale sont imaginables et formalisables. Parmi elles, la contrainte *alphabétique à l'origine des lipogrammes* : un lipogramme (du grec «manquer de lettre») est un texte dans lequel une ou plusieurs lettres sont systématiquement évincées, par exemple, les poèmes ou romans *sans E* de Georges PEREC et Raymond QUENEAU. La difficulté s'accroît si l'on omet deux ou plusieurs lettres (exemple : poème lipogrammatique *en A, en E* et *en Z* de Raymond QUENEAU). Georges PEREC a pu faire remarquer que n'importe quelle phrase de n'importe quel auteur, quelle que soit sa langue d'expression, possède une probabilité quasi totale d'être lipogrammatique, car un énoncé *pangrammatique* (contenant au contraire toutes les lettres de l'alphabet) est beaucoup plus difficile à produire qu'un énoncé lipogrammatique, la contrainte des *fréquences relatives* des lettres d'une langue donnée participant substantiellement de la difficulté (loi de ZIPF-MANDELBROT).

Raymond QUENEAU a même mesuré la difficulté lipogrammatique d'un texte en multipliant la fréquence de la lettre omise par le nombre total des mots du texte : «*La difficulté lipogrammatique est évidemment nulle, si l'on utilise toutes les lettres de l'alphabet. La fréquence de W étant 0,02 (en anglais), écrire un texte de 100 mots sans W est donc de difficulté 2. La fréquence de E étant 0,13 écrire un texte de 100 mots sans utiliser la lettre E sera de difficulté 13. Ecrire une page dactylographiée de 300 mots sans E serait de difficulté 39. Mais écrire un texte de difficulté 10 413 ?*» (Raymond QUENEAU, *Littérature Potentielle*, 1964, in *Bâtons, Chiffres et Lettres*, éd. Gallimard, 1965, p. 325).

Un autre type de contrainte linguistique est la contrainte *logique* ou *numérique*. La première repose sur les concepts fondamentaux de la théorie des ensembles et de l'algèbre de BOOLE : intersection, réunion, inclusion, différence, différence symétrique, etc., de sous-ensembles d'un ensemble linguistique de référence. Par exemple, étant donnés *trois poèmes différents* de trois auteurs écrivant à la même époque, formant *trois sous-ensembles* linguistiques de référence à l'intérieur de l'ensemble virtuel des mots de la langue utilisée, construire un nouveau poème, donc un nouveau sous-ensemble, qui soit *la différence symétrique* des trois sous-ensembles donnés, c'est-à-dire *la différence entre la réunion et l'intersection* des mots des trois textes. La *réunion* étant la liste complète des mots différents se trouvant soit dans le premier, soit dans le second, soit dans le troisième texte, et *l'intersection* étant au contraire la liste restrictive des mots appartenant en commun aux trois poèmes, *la différence symétrique* est la liste des mots appartenant exclusivement à un seul des trois ensembles (ou bien au premier, ou bien au second, ou bien au troisième, et uniquement à l'un d'entre eux).

Un exemple simple fera intuitionner la différence symétrique : soit le sous-ensemble A = {a, b, c, j, k, l, m}, le sous-ensemble B = {b, j, m, x, y, z} et le sous-ensemble C = {c, j, l, m, p, t}, les lettres représentant ici des mots. La réunion de A, B et C est {a, b, c, j, k, l, m, p, t, x, y, z}. L'intersection de A, B et C est {j, m}, et *la différence symétrique* est {a, k, p, t, x, y, z}. En supposant que les lettres soient des mots (en beaucoup plus grand nombre évidemment que celui des lettres de l'exemple) appartenant aux trois poèmes fictifs, on aura compris le principe général des *poèmes booléens* créés par François LE LIONNAIS; les solutions textuelles sont d'ailleurs très nombreuses, puisqu'il existe de multiples façons d'assembler les mots entre eux, à partir d'un grand nombre d'exigences logiques différentes. Fait également partie des contraintes logiques relevant de la théorie des ensembles, *la littérature matricielle* de Raymond QUENEAU pour qui la formation d'une phrase est comparable au *produit arithmétique deux matrices* dont les unités sont des mots, la matrice de gauche étant composée de *formants* (articles, verbes auxiliaires, pronoms) tandis que celle de droite est composée de *signifiants* (substantifs, verbes conjugués, adjectifs, etc.). Les combinaisons possibles : formants x signifiants se prêtent à d'intéressantes variations si les mots pertinents sont en grande quantité.

Les contraintes de type *numérique* sont également innombrables. Elles se divisent, grosso modo, en contraintes relevant d'une *méthode transformationnelle* d'un texte en un autre, et contraintes *permutationnelles ou combinatoires* proprement dites, c'est-à-dire au sens mathématique des mots «permutation» et «combinaison». Une méthode transformationnelle propre à l'OULIPO, plus spécialement à Jean LESCURE, est la méthode «M ± n». Etant données une ou plusieurs catégories de mots M choisies arbitrairement : substantifs, adjectifs, verbes, pronoms, etc., *remplacer* dans un texte existant chaque occurrence de cette catégorie par la n^e occurrence de même catégorie qui la suit ou la précède dans un lexique donné (pratiquement : un dictionnaire quelconque), en l'adaptant grammaticalement au texte primitif. L'opération peut être répétée en chaîne un nombre quelconque de fois, transformant successivement les textes nouveaux obtenus à chaque étape. Ainsi, la méthode «M ± n» de LESCURE peut-elle être spécifiée en «S + 7» ou «V + 7» par exemple, signifiant que chaque substantif S ou chaque verbe V rencontrés doivent être remplacés par le septième qui les suit dans un dictionnaire de référence. Les combinaisons possibles sont innombrables et peuvent même faire appel à *l'aléatoire* : «S - 4; V + 11 ou V - 9 selon qu'un lancer de dé donne un résultat supérieur ou inférieur à 3; A ± 4 selon que l'adjectif A possède un nombre impair de lettres (A + 4) ou bien un nombre pair (A - 4)». La complexité du résultat final peut être inouïe, requérant l'aide d'un ordinateur à la mesure de la longueur du texte et des exigences numériques conjuguées. Jean LESCURE a envisagé par ce type de moyens une extension maximale de sa méthode, dont les effets pratiques pourraient devenir si complexes que l'on peut se demander si elle serait concrètement applicable : «*Enfin, une méthode générale pourrait être désignée par M ± n, où M désigne la totalité des mots du discours et n l'infini des nombres. On voit que l'on s'est appliqué ici à élaborer une méthode permettant des applications pratiquement infinies à un même texte — où du moins le nombre des possibilités d'intervention dépasserait de beaucoup le temps d'exercitation d'un homme quel qu'il soit*» (OULIPO. *La Littérature Potentielle*, éd. Gallimard, 1973, p. 140).

Les contraintes *permutationnelles* sont l'effet de calculs combinatoires qui forment l'outil mathématique proprement dit de la littérature potentielle *permutationnelle ou combinatoire*, représentée aussi bien par les membres actifs habituels de l'OULIPO que par les théoriciens de l'esthétique informationnelle, comme Abraham MOLES et Max BENSE par exemple (A. MOLES était d'ailleurs invité d'honneur de l'OULIPO).

On appelle *permutations* les arrangements *ordonnés sans répétition* de N éléments pris p à p (avec $p \leq N$). La formule combinatoire qui en exprime le nombre est : $[N!/(N - p)!]$; si p = N, ce nombre est par conséquent égal à N! (le symbole ! désignant traditionnellement l'opération *factorielle*). Admettons que les éléments soient des mots du lexique et que nous ayons 50 occurrences différentes dans une suite de vers ou de propositions, il y aurait 50! manières différentes de les ordonner 50 à 50, soit un nombre déjà supérieur à $(3 \times 10^{6\,4})$. Supposons à présent que nous imposions la contrainte supplémentaire d'ordonner ces 50 mots p à p *avec* répétitions des mêmes éléments (p ≤ N ≤ p). La formule donnant le nombre d'arrangements ordonnés avec répétitions est : N^p. Dans l'hypothèse où p = N = 50, 50^{50} arrangements différents avec répétitions seraient recensés, soit un nombre supérieur à 8 fois 10^{84}. Nul ne pourrait les écrire manuellement durant le cours de sa vie. Pourtant, un simple texte comportant 50 mots représente à peine cinq ou six lignes d'un livre ordinaire...

Un autre concept mathématique essentiel à la base de la littérature combinatoire est celui du nombre de *combinaisons*, dans lesquelles l'ordre positionnel des éléments n'est pas pris en compte (une combinaison est *toujours non ordonnée*), de N éléments pris p à p. Si les combinaisons sont faites sans répétitions *des termes*, ce nombre est égal à [N!/p!(N-p)!] où p ≤ N. Admettons qu'un texte poétique comporte 200 mots, et que l'on se propose de *recombiner* une série de sous-poèmes qui seraient des sous-ensembles du premier, en prenant chaque fois des combinaisons de 30 mots, sans considération de l'ordre et *sans tenir compte de la ponctuation*, pour simplifier la tâche. Le nombre de telles combinaisons 30 à 30 serait supérieur à (4×10^{35}); sachant que chacune des 30 combinaisons donne lieu théoriquement à 30! permutations sans répétition, soit plus de ($2,6 \times 10^{32}$), l'ensemble des combinaisons permet théoriquement plus de 10^{68} permutations différentes. Or, on n'a envisagé qu'une sorte de combinaison parmi les 200 possibles, la combinaison 200 à 200 étant connue d'avance, puisqu'elle est *le texte intégral*, mais permettant rien qu'à elle seule 200! permutations sans répétition, soit presque (8×10^{374}) arrangements.

D'autre part, il n'a pas été tenu compte des *signes de ponctuation*, pourtant essentiels dans la construction d'un texte, et que l'on doit compter comme des unités à part entière, ni des *espaces blancs* entre les mots, que l'on aurait numérotés distinctivement d'après l'ordre de leurs occurrences dans le texte de base : leur prise en compte accroîtrait considérablement le nombre des permutations. Les combinaisons prenant en considération tous ces éléments produiraient de curieux télescopages de mots et de bizarres imbrications d'unités (signes de ponctuation, espaces vides et mots) dignes des meilleurs calligrammes ou des plus étranges poèmes dadaïstes. Le travail combinatoire pourrait aussi s'exercer sur les réunions, les intersections ou, entre autres, les différences symétriques de ces combinaisons et de ces permutations. Des siècles incalculables de travail manuel ou informatisé s'offriraient au poète «combinatoriste».

Evidemment, toutes les combinaisons ou permutations ne présenteraient pas le même degré d'intérêt littéraire, mais la question du sens est ici temporairement hors-jeu, seule comptant la disposition relative des mots et des signes dont la suite produit, par contrainte combinatoire sélective, des *confrontations phonétiques, rythmiques (intégrant la ponctuation et les blancs) sémantiques et graphiques* inattendues. L'OULIPO a donné quelques essais de littérature combinatoire fondée sur le principe de la permutation. La *littérature «factorielle» et combinatoire* est représentée par Raymond QUENEAU, mais aussi par Harry MATHEWS, Georges PEREC, Jean QUEVAL, François LE LIONNAIS, Jean LESCURE, Jacques ROUBAUD, Claude BERGE, Marcel BENABOU et potentiellement par tous les membres de l'OULIPO.

L'exemple sans doute le plus célèbre de littérature combinatoire est concrétisé par les *Cent Mille Milliards de Poèmes* de Raymond QUENEAU (éd. Gallimard, 1961). Le principe de cette «machine» livresque consiste pour le lecteur — qui est donc aussi un auteur — à fabriquer *des sonnets* de manière automatique *par permutations d'alexandrins* écrits séparément sur des petits volets de papier. Pour cela, QUENEAU compose tout d'abord *dix sonnets générateurs* (dix fois quatorze alexandrins groupés en quatrains et tercets) servant de matrice poétique, soumis à des règles générales de composition : rimes ni trop rares ou uniques ni trop banales ; au moins quarante mots différents dans les quatrains et vingt dans les tercets ; unité thématique et continuité de chaque sonnet ; identité et invariance de structure grammaticale pour tous les vers des dix sonnet occupant le même rang. Le lecteur-créateur peut donc substituer à volonté à chaque vers de n'importe quel sonnet générateur, *l'un des neuf autres* qui occupent le même rang dans leurs sonnets primitifs. Il est susceptible de générer par cette méthode très mécanique, fort laborieuse au demeurant, 10^{14} sonnets dérivés différents ayant une structure grammaticale cohérente, soit *cent mille milliards*, exigeant près de deux cents millions d'années de lecture, en lisant 365 jours par an durant 24 heures sur 24, et en comptant 45 secondes pour lire un sonnet et 15 secondes pour procéder à la substitution des volets...

Dès le début des travaux de l'OULIPO, le sentiment de la nécessité de recourir à l'informatique s'est affirmé avec conviction, sans pour autant pouvoir se réaliser de manière facile ou satisfaisante. La littérature potentielle, d'essence combinatoire, est en effet *une littérature programmatique*, dans la mesure où elle concilie à la fois des contraintes variées, et des procédés mathématiques qui s'appliquent le plus souvent aux très grands nombres : les exemples évoqués en témoignent avec éloquence. Sans même toujours relever du traitement de très grands nombres dont seuls des ordres approximatifs d'importance peuvent être connus, la littérature potentielle est par nature programmatique : la méthode lescurienne « M ± n » le démontre à l'évidence, de même que la combinatoire poétique de QUENEAU.

D'autres « oulipiens » ne sont pas dénués d'intention programmatique, parfois plus simple : ainsi, les *Sonnets Irrationnels* de Jacques BENS sont des poèmes à forme fixe de type sonnet, mais dont la structure est régie par les cinq premiers chiffres du nombre Π : 3,1415 (d'où la dénomination « sonnet irrationnel »). Les poèmes comportent cinq stances successives de 3, 1, 4, 1 et 5 alexandrins, les stances à vers unique ayant la fonction de refrain et les stances de 3, 4 et 5 vers marquant une progression harmonieuse, le poème étant construit d'autre part sur quatre rimes avec alternance des rimes féminines et masculines. Un nouvel exemple de littérature programmatique est celui des *hypertropes* de Paul BRAFFORT : ce sont des poèmes dont la thématique formelle est celle de la suite de FIBONACCI : 1, 1, 2, 3, 5, 8, 13, 21, 34, etc., chaque entier naturel étant la somme des deux qui le précèdent, le rapport « à l'infini » de deux entiers successifs b/a (où b>a) tendant vers le nombre irrationnel $(1 + \sqrt{5})/2$, autrement dit le fameux nombre d'or (1,61803398...). BRAFFORT applique à cette suite infinie, et aux textes qu'il engendre à partir d'elle, le théorème de ZECKENDORF : *tout entier naturel, compris ou non compris dans la suite de FIBONACCI, peut être représenté comme la somme d'un certain nombre d'éléments de cette suite* (exemples : 26 = 21 + 5 ; 41 = 34 + 5 + 2 ; etc.). Le théorème de ZECKENDORF joue en tant que contrainte mathématique pour engendrer une suite de poèmes, en nombre virtuellement illimité ; il s'agit de *transposer* la structure mathématique impliquée par le théorème en contrainte littéraire de nature *sémantique* : le contenu sémantique du poème de rang N dépend du contenu sémantique des poèmes occupant les rangs déterminés par application du théorème. Le 20e poème, par exemple, dépend sémantiquement des poèmes de rangs 13, 5 et 2 (car 20 = 13 + 5 + 2 qui sont dans la suite de FIBONACCI). Aux contraintes sémantiques s'ajoutent des contraintes *prosodiques* (les durées, brèves ou longues, des syllabes composant les vers successifs).

Il faut évoquer aussi *le roman programmatique* qui s'inspire directement des procédures algorithmiques de résolution de problèmes par adressage d'instructions alternatives. Les séquences narratives se combinent différemment selon le choix du lecteur. On peut en donner pour exemple le conte à libre parcours de lecture de Raymond QUENEAU : *Un Conte à votre façon*. A chaque étape de l'histoire, le lecteur est invité à choisir entre les deux possibilités *numérotées* d'une alternative lui proposant de bâtir lui-même l'histoire jusqu'à son dénouement (exemple : préférez-vous une autre description ? *si oui* passez à n° x, *si non* passez à n° y). François LE LIONNAIS a également imaginé ce type de nouvelle alternative (roman policier) dotée d'une structure «en arbre» dont les bifurcations sont laissées au choix du lecteur. *Le Conte à votre façon* de QUENEAU fut aisément programmé sur ordinateur, étant construit à l'origine selon un principe algorithmique d'engendrement des séquences narratives. Les éléments combinés sont ici des phrases regroupées en paragraphes suivis de questions proposant l'alternative au lecteur : après les choix successifs, le texte mis en forme est édité automatiquement. *Les Cent Mille Milliards de Poèmes* présentent un problème de combinatoire plus vaste, car les choix sont beaucoup plus nombreux ; les dix sonnets générateurs ont été enregistrés en mémoire informatique, les suites d'octets de la mémoire binaire remplaçant avantageusement les languettes de papier. La sélection est automatique en fonction des lettres et de la longueur du nom de l'utilisateur (critère arbitraire); le sonnet sélectionné parmi les 10^{14} virtuels est cosigné des deux noms de QUENEAU et de l'utilisateur. D'autres poèmes ou nouvelles combinatoires ont été ainsi programmés, la programmation ne jouant que sur les fonctions narratives ou propositionnelles du discours (le *Conte Médiéval* choisi de Paul FOURNEL et Jean-Pierre ENARD, procédant par choix dichotomiques, les *aphorismes programmés* de Marcel BENABOU, les poèmes permutationnels de F. LE LIONNAIS, BRAFFORT, PEREC et MATHEWS ou encore le roman de Michel SAPORTA, *Composition I*, paru en 1962, dans lequel les parties fragmentaires du récit, imprimées sur des feuilles mobiles séparées, sont combinables de façon aléatoire, y compris par programmation éventuelle sur ordinateur).

A vrai dire, le niveau de difficulté et de créativité mécanique de la machine est variable, suivant qu'il s'agit simplement de combiner *des structures syntactiques rigides ou des fonctions narratives autonomes*, qui s'emboîtent telles quelles en fonction de contraintes sémantiques ou syntactiques, ou bien d'assembler des lettres, des mots et des tournures qui se substituent les uns aux autres en une combinatoire originale, douée de valeur esthétique imprévisible. Les *manipulations lexicographiques* sont, à cet égard, parmi les plus intéressantes. L'informatique permet de suractiver les déconstructions lexicographiques qui s'affirment par assemblage comme de véritables *reconstructions phonétiques*, poétiques et sémantiques. Le langage de programmation ALGOL a lui-même donné lieu à de telles manipulations reconstructrices originales, praticables par ordinateur : les *Poèmes ALGOL* de Noël ARNAUD (éd. Temps Mêlés, 1968) concassent les instructions de programmation et le vocabulaire technique de ce langage créé en 1960-1962, pour les recombiner en associations insolites de syllabes et de lettres extirpées de leur vocable d'origine (exemple : «*L'obus enterre, entier, leur tank :* avec t*ableau, début,* comment*aire, entier,* val*eur, tant que*», Noël ARNAUD, *Poèmes* ALGOL, 1968, *in* OULIPO. *La Littérature Potentielle,* éd. Gallimard, 1973, p. 222). Il est bien évident que cette forme de poésie reposant sur les équivalences graphiques des syllabes et leur capacité d'association en vers très brefs, suppose que toute la technique de la poésie se réduit à des manipulations lexicales et phonétiques dont l'unique matériau est le mot en soi, origine et fin de la littérature : «*Qu'est-ce que la littérature, sinon l'art — à quelques exceptions près — de combiner des mots ?*» (F. LE LIONNAIS, *Préface à Poèmes* ALGOL, 1968, *in* OULIPO. *La Littérature Potentielle,* éd. Gallimard, 1973, p. 216).

Il semble par conséquent tout à fait logique que l'ordinateur soit maître en l'art de la permutation lexicale, phonétique ou littérale, plus encore que dans celui de la combinatoire des séquences de scénarios de roman ou de théâtre, qui présuppose une programmation intégrale des séquences narratives et de leurs incompatibilités (Italo CALVINO — *Le Château des Destins croisés,* 1973 — jouant sur la combinatoire des fonctions narratives). Les termes du langage, avec leurs contraintes grammaticales et phonologiques, sont les seules unités programmées que puisse prendre en compte directement l'ordinateur en les codant en langage binaire, ramenant les lettres à des chiffres élémentaires et répétitifs. Ce travail implique un inventaire lexicographique, par définition toujours ouvert, et un codage précis des règles syntaxiques ; le recensement informatisé des formes lexicales et grammaticales pourrait aussi s'étendre aux fréquences d'emploi de ces formes, propres à des auteurs particuliers. Ces méthodes permettraient d'aboutir, dit Jacques BENS, «*à une critique enfin basée sur le* matériau *réel, concret, pondérable, et non plus sur des considérations dites «esthétiques», c'est-à-dire fantaisistes, discutables et brouillonnes*» (J. BENS, *OULIPO. La Littérature Potentielle,* éd. Gallimard, 1973, p. 162).

Parmi les permutations lexicales ou littérales les plus connues de l'OULIPO, programmables sur ordinateur, nous évoquerons brièvement les «*quenines d'ordre n*» (du nom de R. QUENEAU qui a généralisé la sextine du XIIIe siècle) et les *anagrammes formés à partir d'hétérogrammes* (énoncés ne comportant aucune répétition de la même lettre). Les oulipiens appellent «*quenine d'ordre n*» un poème de *n* strophes ayant chacune *n* vers terminés par *n* mots-rimes différents que l'on retrouve identiquement dans toutes les strophes, mais dans un ordre variable défini par la règle permutationnelle suivante : un mot-rime situé dans une strophe de référence quelconque, occupant un rang $k \leq n$, se place à la rime au rang $2k$ si $k \leq n/2$, ou bien au rang $2n + 1 - 2k$ si $k > n/2$. Considérons l'exemple de la *sextine* (poème à forme fixe de six strophes et demie, dont les rimes des six strophes de six vers sont régies par la règle des permutations indiquée ci-dessus). Virtuellement, le nombre total de permutations est égal à 6! = 720, mais la règle détermine une séquence de seulement six permutations circulaires : 123456/615243/364125/ 532614/451362/246531, après quoi le cycle des permutations recommence à la première série de rimes. En programmant des contraintes syntaxiques et grammaticales, combinées avec les règles permutationnelles cycliques des mots-rimes, l'ordinateur est susceptible d'engendrer une pléthore de «*quenines d'ordre n*», parmi lesquelles peuvent apparaître de véritables joyaux poétiques. Harry MATHEWS a même conçu un algorithme associant sextine inverse (permutant les mots des *débuts* de vers) et sextine normale.

Quant aux *anagrammes* d'un hétérogramme, ils peuvent également faire l'objet d'un programme poétique combinatoire plus ou moins contraignant ou aléatoire, incluant des signes de ponctuation interlittéraux et des regroupements de lettres. Georges PEREC en a donné un exemple typique avec l'hétérogramme composé des onze lettres les plus fréquemment employées dans la langue française : «*ULCERATIONS*» (ESARTINULOC), cet hétérogramme étant aussi le titre d'un poème obtenu par *réorganisation littérale* de 400 vers sélectionnés parmi les 11! anagrammes de la suite «ESARTINULOC» (soit 39 916 800 anagrammes au total). Deux types de contraintes ordonnent la mise en forme poétique : a) la contrainte permutationnelle, b) le découpage des suites d'unités au moyen de la ponctuation. Un bref exemple extrait de la *Bibliothèque Oulipienne, n° 1* éclairera ce principe mis en œuvre par PEREC : les sept derniers anagrammes du poème «*ULCERATIONS*» et leur dérivé poétique obtenu par réorganisation (G. PEREC, *in Atlas de Littérature Potentielle*, éd. Gallimard, 1988, p. 337) :

TALIONCREUS	«*Talion : creuset.*
ETLAOINCURS	*Là, O, incursion! Tu as*
IONTUASLECR	*l'écriture, la conscrite.*
ITURELACONS	
CRITENULOSA	*Nu, l'os à traces.*
TRACESLOIUN	*Loi : un silo,*
SILOUNECART	*un écart.*»

En littérature informationnelle, dont la littérature *potentielle* exprime la signification logico-combinatoire, c'est toujours l'inattendu des effets lexicaux et syntaxiques qui détermine la valeur esthétique. La programmation informatique des contraintes (sémantiques, grammaticales, combinatoires) n'est pas assimilable à une création artistique au sens traditionnel du terme, mais plutôt à *un ensemble ouvert de conditionnements logiques* plus ou moins forts, plus ou moins aléatoires, pour une création textuelle potentiellement illimitée, à l'intérieur de laquelle le lecteur (éventuellement aussi programmeur) effectuera librement son choix préférentiel. La première machine à créer des textes (dénommée *Calliope*) par contraintes combinatoires et syntactiques, imitées de la stylistique d'auteurs réels, remonte au début des années 1960, lorsque Louis COUFFIGNAL et Albert DUCROCQ, tous deux spécialistes d'ingénierie cybernétique, entreprirent de stocker en mémoire numérique de la machine un lexique à dominante littéraire (de 300 mots seulement à l'origine) ainsi que des règles syntactiques et grammaticales utilisées en langue française. La machine devait fonctionner de nombreuses heures avant de produire des phrases syntactiquement cohérentes, évoquant le style d'auteurs consacrés par l'histoire littéraire.

Que les extensions informationnelles de la littérature, depuis les travaux oulipiens, revendiquent un ressourcement au sein de la *tradition combinatoriste* de la littérature européenne depuis le Moyen Age, cela est révélateur d'un esprit moderniste en quête de logique créative universelle, en opposition à l'idéologie romantique de l'inspiration. QUENEAU fait référence à des écrivains des IVe-VIe siècles pour situer l'origine des lipogrammes, à Arnaud DANIEL (XIIe-XIIIe siècles) pour la sextine et ses généralisations, à HARSDÖRFER (XVIIe siècle) pour ses distiques factoriels, ancêtres de la poésie permutationnelle, ou bien entre autres à Quirinius KUHLMAN (XVIIe siècle) pour ses $10^{6\ 7}$ poèmes combinatoires virtuels (*Le XLIe Baiser d'Amour*).

Les essais de poésie combinatoire fractaliste (au premier plan, le poète brésilien Horacio COSTA) n'échappent pas à cette conception paralittéraire. En poésie fractaliste, l'intention n'est pas de créer des effets sémantiques et poétiques au moyen de chaînes linguistiques markoviennes, répertoriées et grammaticalement codées. Elle est au contraire de déconstruire le sens des expressions linguistiques, en les concassant jusqu'à l'élément phonématique, morphématique, propositionnel, phrastique ou métrique, apte à figurer *à son échelle d'irrégularité ou de discontinuité relative*, dans des configurations linguistiques répétitives à plus grande ou plus petite échelle. Il s'agit donc aussi d'une philosophie (toujours inassouvie dans sa quête) de la *combinatoire* du «tout» et des parties dont les emboîtements scalaires sont symbolisés par l'ordonnance gigogne des unités linguistiques. Le fractalisme poétique est l'affirmation de *l'uniformité algorithmique pour la recherche de la différence esthéti-*

que quasi infinie, préoccupation commune à toute la littérature combinatoire, y compris à travers son extension informatique.

Abraham MOLES, défenseur enthousiaste de *l'art combinatoire permutationnel*, voyait dans la science des permutations un véritable renouveau du champ des possibles artistiques, et, plus largement, une expression de la *potentialité* esthétique, seul moteur profondément intuitif de la création artistique, en littérature, musique ou arts plastiques. Dans son *Manifeste de l'Art Permutationnel* de 1962 (*in Rot* n° 8, Stuttgart), il pensait déjà pour cette raison que l'art permutationnel est la plus haute matérialisation artistique de la liberté, forçant une œuvre à devenir une *matrice* riche d'innombrables virtualités, grâce au jeu combinatoire auquel elle est systématiquement soumise. L'art permutationnel développe donc *la conscience des virtualités esthétiques*, conférant à l'œuvre d'art *une réalité idéelle* approchée de façon toujours incomplète par la série de ses variations combinatoires. La remise en question de la définition subjectiviste et romantique de l'œuvre d'art, littéraire aussi bien que picturale, conduisait Abraham MOLES à minimiser, voire à rejeter, l'art figuratif, réaliste ou sentimentaliste, qu'il considérait comme un «*art sémantique*» souvent hypocrite à force de conformisme esthétique. En revanche, l'art permutationnel découvre une signification abstraite de l'être artistique, fondée sur la loi des nombres et des rythmes organisateurs de formes linguistiques, sonores ou visuelles : il réhabilite ainsi la très ancestrale idée culturelle du *jeu artistique* malheureusement évincée par la majorité des formes d'art réalistes, religieuses, romantiques ou subjectivistes.

Cette vision objectiviste et ludique de l'œuvre d'art, à base de *structuralisme combinatoire et statistique* (comme il aimait la qualifier), ne pouvait selon lui développer pleinement ses finalités esthétiques qu'avec l'accroissement de la puissance de calcul des ordinateurs. La luxuriance du jeu des possibles de l'art permutationnel possède l'ordinateur pour allié quasi naturel, car l'algorithmique libère l'esprit d'innovation combinatoire en rendant possible la réalisation d'un très grand nombre *d'expériences* formelles correspondant à des niveaux de *complexité combinatoire* de plus en plus élevés. A cet égard, Abraham MOLES considérait que l'extension informationnelle de l'art combinatoire était le signe d'un *renouveau maniériste* de l'esthétique contemporaine, la «*résurgence d'un maniérisme moderne qui donne à la manière d'exécuter plus d'importance qu'à la matière d'exécution et, finalement, qu'au résultat*» (A. MOLES, *Art et Ordinateur*, éd. Blusson, Paris, 1990, p. 160).

Ce n'est pas l'un des moindres mérites de la théorie combinatoire et algorithmique de l'art littéraire, que d'avoir débusqué la littérature des repères idéologiques où la critique socio-culturelle prétendait l'enfermer. Désormais, l'écriture littéraire se définit d'abord comme le champ des *potentialités textuelles*, structurées expérimentalement par l'arsenal des règles et des contraintes combinatoires caractéristiques d'un niveau de *complexité informationnelle*, appliquées à tout type d'élément linguistique au sein de configurations d'échelle variable : lettres, phonèmes, syllabes, mots, groupes de co-occurrences, propositions, vers, phrases, paragraphes, chapitres. Réduire toute la littérature à un jeu combinatoire serait certainement abusif; mais la ramener à la conscience de ses virtualités ludiques inexplorées, c'est insister sur la *potentialité combinatoire infinie* qui se situe à l'origine de la valeur esthétique des choix contraignants de l'écriture littéraire.

2. LA TECHNOSCIENCE DU SON MUSICAL

La *synthèse* numérique des sons organisés et *l'acousmatique* forment deux champs de réflexion essentiels de la technoscience musicale, le premier ayant trait à la création informatique des effets sonores, le second aux multiples techniques électroacoustiques d'enregistrement, de composition et de diffusion des objets sonores de la «*musique concrète*» dont le concept fut inventé par Pierre SCHAEFFER en 1948.

2.1. Synthèse numérique

La synthèse numérique des sons exploite les concepts mathématiques qui sont au fondement de toute musique depuis ses origines. Pour les pythagoriciens, la musique était un exercice *arithmologique*, démontrant la souveraineté du nombre au même titre que la cosmologie ou la physique, et LEIBNIZ considérait que la musique était l'expression sensible d'une *arithmétique intelligible*, inhérente aux rapports physiques qui fondent tous les phénomènes sonores. Or, le codage informationnel des sons musicaux, transformés en signaux binaires, est la démonstration physique banale de l'essence numérique de la musique.

Physiquement, le son est une somme de fluctuations continues de la pression atmosphérique ; ces fluctuations sont *périodiques* dans le cas des sons musicaux, tandis qu'un *bruit* correspond à un phénomène vibratoire infiniment irrégulier et non périodique. Les attributs physiques du son, pris en compte dans la synthèse digitale ainsi que par l'acousmatique, sont principalement au nombre de quatre : a) la *hauteur*, en vertu de quoi un son est perçu comme plus ou moins grave ou aigu ; b) le *timbre*, qui distingue les qualités sonores propres aux instruments musicaux, y compris la voix; c) l'*intensité*, désignant l'amplitude ou la force d'émission du son, mesurée en décibels; d) la *durée* pendant laquelle se forme l'enveloppe sonore : depuis l'attaque (début de l'émission sonore) suivie d'une légère décroissance d'amplitude, jusqu'à la *retombée* rapide d'intensité, en passant par un *palier durable* et relativement stable. Le son musical est donc un phénomène temporel dynamique.

On peut distinguer deux sortes de sons musicaux : les sons périodiques purs, rigoureusement sinusoïdaux, formés d'une seule fréquence : créés électroniquement par un oscillateur, ou par un diapason (le la_3 de 440 Hz), ou généralement par la flûte, et les sons périodiques *complexes*, l'immense majorité, qui comprennent un spectre plus ou moins étendu de fréquences : les *harmoniques* qui créent la qualité particulière d'un timbre sonore. En synthèse digitale, *l'analyse harmonique de* FOURIER est l'instrument scientifique obligé de la création ou de la recréation des sons, tout comme en analyse d'image. Le mathématicien Joseph FOURIER démontra déjà en 1822 que n'importe quelle onde périodique, aussi complexe soit-elle, est décomposable en une somme de signaux élémentaires superposés, comprenant les composantes physiques suivantes :

– un signal constant A_0 représentant la valeur moyenne (niveau moyen) du signal complexe de période T (ou fréquence 1/T) au cours de cette période, la fréquence de ce signal constant étant nulle par définition;

– un signal sinusoïdal de fréquence F_0 : le fondamental, à l'origine de la sensation acoustique de la hauteur du son musical;

– une infinité (ou un nombre plus ou moins élevé) de sinusoïdes de fréquences respectives nF_0, multiples entiers pairs ou impairs de la fréquence fondamentale F_0; ce sont les *harmoniques* du signal, en nombre variable selon les instruments considérés (en pratique, de 10 à 30 harmoniques utiles pour reconstituer le signal avec précision); certains instruments ne créent que des harmoniques impairs (la clarinette par exemple), d'autres que des harmoniques pairs;

– en plus des harmoniques pairs ou impairs, les sons comprennent parfois des vibrations *inharmoniques* en proportion variée : mathématiquement, ces composantes du son ne sont pas des multiples entiers d'un même fondamental, mais des multiples fractionnaires par exemple; ces inharmoniques sont appelés «*partiels*» et contribuent à la couleur d'une tonalité instrumentale (les instruments à percussion sont riches d'inharmoniques).

Le *théorème de* FOURIER *généralisé* (précisé par DIRICHLET vers 1825, généralisé aux mouvements browniens aléatoires par Norbert WIENER vers 1920), armature théorique essentielle de la synthèse numérique additive, résume ainsi cette suite d'énoncés : étant donné une fonction f(t) continue, sauf, éventuellement en un nombre fini de points (donc discontinue), périodique ou quasi périodique, il existe une *série trigonométrique convergente unique* (ayant un nombre fini ou infini de termes) dont elle est la somme : c'est *la série harmonique de* FOURIER *de f(t)*. En synthèse musicale, le développement d'une fonction en série de FOURIER permet de représenter le son qui lui correspond par la série de ses *harmoniques successifs*, caractérisés par leurs fréquences, leurs phases et leurs amplitudes respectives. Le *spectre fréquentiel discontinu* du rapport amplitude/fréquence de la fonction trigonométrique de période T finie, permet de définir avec précision les propriétés physiques du son, d'après la formule générale du théorème de FOURIER :

$$f(t) = A_0 + \sum_{n=1}^{\infty} (A_n \cos n\Phi t + B_n \sin n\Phi t)$$

Dans cette formule, A_0, A_n et B_n sont les coefficients d'amplitude successifs des harmoniques de rang n = 1 à n = 133 servant à caractériser la fonction (A_0 étant la valeur moyenne du signal sur une période T), $\Phi = 2\Pi/T$ est la pulsation fondamentale en radians par seconde (harmonique fondamental) et $\Phi t = 2\Pi t/T$ est la phase à l'instant t. Le théorème de FOURIER fait pressentir qu'en synthèse musicale la masse d'information morphologique calculée, nécessaire pour la programmation et la gestion des signaux sonores, est extrêmement importante, voire dispendieuse ; aussi des algorithmes de calcul informatique rapides et économiques ont-ils été inventés pour abréger et simplifier le calcul des nombreux harmoniques composant les sons d'une musique électronique organisée. Par exemple, la représentation mathématique des *harmoniques de rang n* quelconque sous forme de somme de sinus et cosinus se réduit elle-même à la formule trigonométrique strictement équivalente mais plus simple à calculer en ordinateur :

$$f(t) = A_0 + \sum_{n=1}^{\infty} C_n \cos (n\Phi t - \Gamma_n)$$

où $C_n = \sqrt{(A_n^2 + B_n^2)}$ désigne *l'amplitude de l'harmonique de rang n*, et Γ_n *l'angle de phase* dont la tangente est égale à B_n/A_n (les autres symboles étant identiques à ceux de la formule précédente). On voit par cet exemple transformatif (composé de notions trigonométriques élémentaires) que le son numérique est en fait un objet théorique et physique manipulatoire reposant sur des symboles et des algorithmes répétitifs de calcul d'amplitudes et de fréquences abstraites, avant d'être un véritable objet acoustique possédant une valeur esthétique. De plus, pour limiter les temps de calcul des rapports d'amplitude/fréquence, on se contente d'un nombre restreint d'harmoniques, acoustiquement satisfaisant, auxquels sont parfois associés des inharmoniques ou partiels. La synthèse *analogique* du son au moyen d'oscillateurs électriques remonte au début des années 1960, tandis que la synthèse entièrement *digitale*, au moyen de *formules mathématiques* proprement dites, commence en 1973 avec les procédés par modulation de fréquence inventés par John CHOWNING à l'université de Stanford. Les valeurs amplitude/fréquence des ondes sinusoïdales digitalisées sont stockées en mémoire sous forme binaire, puis les ondes harmoniquement complexes sont générées au moyen d'*algorithmes* selon le principe de la modulation de fréquence.

Nous donnons ci-après une représentation spectrale discontinue des rapports amplitudes/fréquences (A/F) d'un objet sonore fictif, comprenant des harmoniques C_n et des partiels P_n :

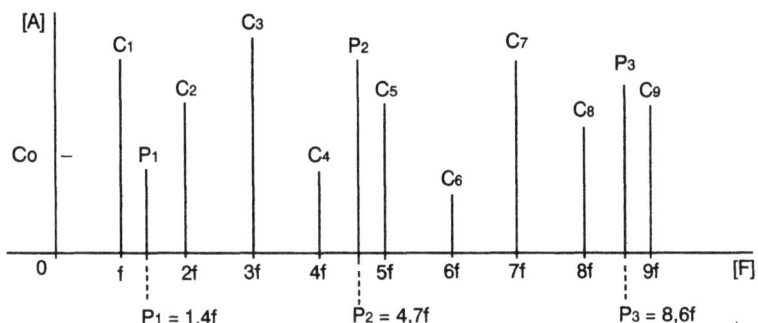

Les valeurs non entières des *partiels*, indiquées à titre explicatif, sont bien entendu, ici, complètement arbitraires, de même que leur nombre et celui des harmoniques; la fréquence f (la plus faible) est celle du *fondamental* C_1 qui donne la hauteur du son perçu, tandis que l'amplitude C_0 indique la valeur du signal constant, c'est-à-dire la valeur moyenne du signal périodique (le coefficient A_0 du théorème de FOURIER). Le spectre fréquentiel n'indique pas la dimension *temporelle* du signal : les phases relatives des différents harmoniques, qui induisent également la couleur du timbre sonore. Enfin, spécialement dans le cas du *son* vocal ou du son d'instruments à vent ou à percussion, des *formants* ou groupements prépondérants de fréquences harmoniques renforcées, entrent dans la composition du timbre. Les analyseurs électroniques d'objets sonores (*spec-

tromètres) permettent de visualiser et de quantifier la dynamique du spectre sonore qui devient ainsi *une séquence évolutive de nombres corrélés* : phases/amplitudes/fréquences. Connaissant les lois d'évolution temporelle des spectres sonores, les créateurs de musique électronique détiennent les bases expérimentales de la reproduction des sonorités instrumentales ou vocales, leur permettant d'imaginer de nouvelles combinaisons harmoniques.

Hermann von HELMHOLTZ (1821-1894), physicien et physiologiste allemand, a pour la première fois mis en application musicale le théorème de FOURIER sur la décomposition harmonique des signaux périodiques. Il décomposa des sons instrumentaux divers en leurs harmoniques producteurs du timbre sonore, au moyen de *résonateurs* commandés électriquement, un résonateur étant une sphère ou un cylindre métallique de dimension précise, présentant une petite ouverture lui permettant d'entrer en résonance avec certaines fréquences sonores particulières («fréquences propres»). HELMHOLTZ put ainsi créer des combinaisons complexes de sons musicaux de fréquences variées : il s'agissait, en quelque sorte, de synthétiseurs électroniques avant la lettre, mais de nature purement analogique.

La physique du son représente donc la base de toute musique, instrumentale, vocale ou électronique. Mais l'esthétique musicale proprement dite ne commence qu'avec l'organisation temporelle des rapports de sonorités, selon des hiérarchies harmoniques culturellement définies au cours de l'histoire de la musique. L'esthétique de la musique électronique a rompu les catégories traditionnelles de l'histoire de la musique classique, fondée sur *les gammes* régissant l'ordre des accords harmoniques et celui des successions mélodiques des notes de la partition. Les gammes sont fondées rationnellement sur les intervalles existant entre les hauteurs ou fréquences des notes représentant les sons. Par exemple, *la gamme chromatique tempérée*, utilisée depuis la fin du XVIIe siècle (WERCKMEISTER, 1691 ; Jean-Sébastien BACH, *Le Clavier bien tempéré*, 1722 et 1744), règle la succession des hauteurs sonores suivant la progression géométrique de raison «*racine douzième de 2*» ($\sqrt[12]{2}$) à l'intérieur de l'intervalle d'octave (deux sons dont la fréquence de l'un est *double* de celle de l'autre sont dits «*à l'octave*»). Il existe douze intervalles ou demi-tons mathématiquement égaux depuis l'ut de début d'octave jusqu'à celui du début de l'octave suivante, en vertu du tempérament de la gamme chromatique, défini suivant la progression $\sqrt[12]{2}$. Ainsi, dans cette gamme, qui rend aisée la *transposition* musicale, une note N_1 est déterminée en fréquence, par rapport à la précédente N_0, par le produit arithmétique : $N_1 = N_0 \times \sqrt[12]{2}$. Par exemple, entre ut_3 (261,63 Hertz) et ut_3

diésé (277,18 Hertz), ou bien entre *ut₃ diésé* et *ré₃* (293,66 Hertz), il existe respectivement le même facteur multiplicatif $\sqrt[12]{2} = 1,0594$ (valeur décimale fixée par troncature), générateur du tempérament égal des musiciens occidentaux.

La transposition (modulation) est facilitée par le tempérament chromatique, puisqu'il suffit de décaler par accroissement ou diminution des valeurs fréquentielles (plus graves ou plus aiguës), chacune des notes d'une mélodie *d'un même nombre de demi-tons*. Ainsi, toutes les fréquences des nouvelles notes sont-elles identiquement proportionnelles à celles des notes de l'ancienne mélodie, l'étendue des fréquences sonores jouées en musique instrumentale allant d'environ 10 Hz à 20 000 Hz, chaque instrument possédant son registre propre au sein de cette vaste plage sonore, l'orgue seul pouvant jouer sur la totalité de l'étendue des fréquences audibles.

Beaucoup d'autres découpages d'intervalles musicaux ont défini les règles harmoniques. Les pythagoriciens fondèrent la gamme diatonique sur *l'intervalle de quinte ascendante* (3/2) et *descendante* (2/3) qui définit la hauteur d'un son F_2 par rapport à un son F_1 selon la progression géométrique : $F_2 = F_1 \times 3/2$ ou, inversement, $F_1 = F_2 \times 2/3$. La musique était une application de la *Tétraktys*, régie par des fractions simples de nombres entiers censées correspondre aux proportions des longueurs des cordes vibrantes de la lyre. Une règle de la musique tonale associe d'ailleurs le caractère *consonant* d'un accord harmonique au rapport de proximité arithmétique qu'il possède avec une fraction simple de nombres entiers : quinte (3/2), quarte (4/3), tierce (5/4), sixte (5/3), etc. Ces sonorités consonantes engendrent une impression de repos psychologique, à l'opposé de toute tension irrésolue produite par les dissonances. Par rapport à ces fractions arithmétiques simples, il est habituel de mesurer le degré de *dureté* d'un accord dissonant d'après l'unité physico-acoustique appelée «*savart*». Etant donné deux sons de fréquences respectives F_1 et F_2, leur intervalle mesuré en savarts est défini par la formule : $H = 10^3 \log_{10} F_1/F_2$. Ainsi, entre l'*ut₃* (261,63 Hz) et le *sol₃ diésé* (392 Hz), il existe un intervalle à peu près égal à H = 175,6 savarts. Or, l'accord fractionnaire simple qui s'en rapproche le plus est celui de *quinte* (3/2), puisque sa valeur est H = 176 savarts, selon la formule du calcul de H. La dureté de l'accord *ut₃* - *sol₃ diésé* est donc égale à 176 - 175,6 = 0,4 savart, par rapport à l'accord parfait de quinte : cet accord est donc de très faible dureté, de même que l'accord *ut-fa* par rapport à l'intervalle de *quarte* (4/3), dont la dureté est de 0,48 savart.

De la formule du calcul du nombre de savarts, on déduit enfin que *l'octave*, dont le rapport de fréquences vaut exactement 2, correspond à 301,029 savarts, et que la différence de hauteur de deux notes consécutives de la gamme tempérée ($^{12}\sqrt{2}$) — *le demi-ton* — correspond à 25,085 savarts. Le savart est une unité physique, alors que l'octave est une unité musicale. Pour l'ordinateur, jouant sur des fréquences et des intervalles définis arbitrairement par le compositeur, la division en intervalles n'est plus spécifiquement une question de consonance ou d'harmonie musicale. Le synthétiseur de sons travaille sur des fréquences sonores mathématiquement déterminées, et les assemble en vertu de règles *a priori* anesthétiques. Une quasi-infinité de modes musicaux peuvent être librement engendrés : combinaisons de tons et de demi-tons, de tiers de tons et de quarts de tons, ou, entre autres, des solutions qui évitent la traditionnelle octave, avec des progressions variables. Les gammes affirment ainsi leur caractère purement artificiel, fondé sur la mathématique des *groupes combinatoires* dont Pierre BARBAUD s'est fait le défenseur dès les années 1960. Pour ce mathématicien de la musique électronique atonale, une gamme est un modèle particulier d'un groupe général de progressions du type $^n\sqrt{k}$ (pour la gamme tempérée occidentale, n = 12 et k = 2), toutes les combinaisons d'intervalles étant imaginables et applicables électroniquement au sein d'une durée d'exécution musicale donnée. Aussi écrit-il dans son ouvrage fondamental à ce sujet : «*les compositeurs souhaitent vivement pouvoir choisir n quelconque dans des limites «raisonnables», ou même varier la base des logarithmes de façon à éviter les octaves, ce qui ne peut guère se concevoir que par une généralisation des synthétiseurs de sons*» (*La Musique, Discipline scientifique*, éd. Dunod, Paris, 1968, p. 3-4).

BARBAUD remplace aussi le nom des notes de la gamme chromatique tempérée par des chiffres de 0 à 11, afin de simplifier et de radicaliser la terminologie musicale désignant essentiellement des unités de mesure de fréquences au sein d'un système de hauteurs. Au point de vue technique, l'obtention de spectres sonores inédits au moyen d'algorithmes de calcul, libère la musique de la tyrannie des conventions de la pédagogie musicale traditionnelle. La musique est un phénomène complexe selon le sens qu'attribue la science de l'information statistique au mot «complexité» : un niveau variable d'entropie lié aux structures combinatoires associant de très nombreux éléments. Quant à l'opération technologique consistant à *échantillonner* les valeurs numériques de fréquence et d'amplitude des signaux périodiques engendrés par un ordinateur, elle met en application le théorème de SHANNON selon lequel un signal quelconque dont la fréquence composante la plus élevée est égale à N cycles par seconde (N Hertz), doit être échantillonné à une fréquence minimale de 2N Hertz par seconde pour être parfaitement reconstitué. Les «notes», plus proprement dénommées «objets sonores», apparaissent donc comme *des suites* de nombres codant les caractéristiques physiques des sons et de leurs rapports mathématiques arbitrairement déterminés. La reconstitution du timbre de la voix humaine, avec ses formants, fait partie de cette technique de codage numérique du spectre sonore.

L'application électronique du théorème de FOURIER, associée à celle du théorème de SHANNON concernant la méthode d'échantillonnage, forme l'essentiel de la technoscience de la synthèse musicale. Synthèse additive ou par modulation de fréquence, dans les deux cas il faut manipuler des formules mathématiques dont les valeurs calculées sont échantillonnées à intervalle régulier, à une fréquence au minimum double de la plus haute fréquence du signal électrique converti en vibration sonore. Plus il faut gérer un grand nombre d'harmoniques et de partiels, plus croît la quantité d'information numérique échantillonnée permettant de sculpter l'enveloppe du timbre musical. L'expression musicale est filtrée par les techniques d'analyse séquentielle de l'information morphologique portée par l'objet sonore à deux niveaux d'analyse : le niveau *micro-événementiel et microstructural* de la génération physique des signaux acoustiques, de l'ordre d'une fraction de seconde, et le niveau du *temps macroscopique* de l'organisation des ensembles ou «nuages» sonores, compté en secondes et minutes, régissant la perception esthétique des *formes musicales* selon des rythmes stochastiques et des modulations continues. Les choix esthétiques déduits d'expériences concrètes souvent imprévisibles, résultent d'une sélection du niveau «supérieur» par le niveau «inférieur» des paramètres physiques décomposés en microstructures quantifiées.

Les algorithmes transformant les nombres en séquences sonores, remodèlent toute la conception classique de la composition musicale depuis 1956, date de la première composition musicale entièrement programmée : la *Suite Illiac* de HILLER et ISAACSON, à l'université de l'Illinois. La *Suite Illiac* calculée par l'ordinateur du même nom engendre statistiquement les événements sonores (hauteurs/amplitudes/durées) selon des fonctions de probabilité, entre autres des chaînes de MARKOV. Quelques années plus tard (1960-1962), la musique algorithmique et stochastique de BARBAUD et XENAKIS associait la théorie des groupes mathématiques, l'atonalité, les concepts d'entropie, de hasard et de complexité, appliqués aux paramètres musicaux physico-mathématiques. Les musiciens parlent alors de la densité des ensembles d'événements sonores régis par la loi des grands nombres et de leur transformation continue ou discontinue. Timbres, vitesses, hauteurs, intensités, durées et rythmes transformatifs remplacent l'ancien déterminisme conventionnel des notes de musique.

Lorsqu'en 1963 Iannis XENAKIS valorisait les «*causes logiques*» des sensations sonores, affirmant que la valeur esthétique de la musique est liée à «*la quantité d'intelligence portée par les sonorités*» (*Musiques formelles*, La Revue Musicale, Paris, n°s 253-254, 1963, p. 10), il s'agissait pour lui de faire reconnaître la fécondité artistique des concepts mathématiques de la théorie de l'information statistique, reléguant l'idéologie de la beauté musicale dans les oubliettes de la métaphysique et du sentimentalisme romantique désuet. L'organisation des phénomènes musicaux devenait une application informatique de la loi des grands nombres et du calcul des probabilités : à ce titre, elle offrait l'exemple d'une machinerie mentale polymorphe dont les gammes et les modes traditionnels ne soupçonnaient pas la possibilité. La musique stochastique intègre les lois du calcul probabiliste comme conséquence de la définition microstructurale des paramètres musicaux : «*Tout son est une intégration de grains, de particules élémentaires sonores, de quanta sonores*» (*Musiques formelles, ibid.*, p. 61).

La description quantique des sonorités conduit XENAKIS et BARBAUD à donner des modèles algébriques, de nature combinatoire, de tout phénomène musical pensé comme une «*algèbre temporelle*» ou une «*structure algébrique en-temps*», selon l'expression de XENAKIS. La composition informatisée implique la mise en correspondance réciproque des caractères physiques des sons et des propriétés mathématiques des nombres réels, car les paramètres sonores obéissent aux lois de composition axiomatiques des *espaces vectoriels* définis dans l'ensemble R des nombres réels, de telle sorte que les sons deviennent manipulables symboliquement et opérationnellement comme les nombres qui les représentent. XENAKIS souligne que «*les temps, les intensités, la densité (nombre d'événements par unité de temps), la quantité d'ordre ou de désordre (mesurée par l'entropie), etc., peuvent être mis en correspondance biunivoque avec l'ensemble des nombres réels R et l'ensemble des points d'une droite*», si bien qu'échelles des hauteurs, durées, intensités, densités, ordre/désordre, et autres paramètres physiques granulaires ou collectifs sont représentables «*algébriquement par une collection de nombres*» (XENAKIS, *Vers une Philosophie de la Musique*, 1968, in *Musique/Architecture*, éd. Casterman, 1976, p. 88 et 89).

Il ne s'agit pas, bien entendu, de sombrer dans un formalisme algébrico-musical qui donnerait une prééminence arbitraire aux structures abstraites de la mathématique, mais de donner corps aux projets artistiques *amplifiés* grâce à l'armature de la logique formelle des sonorités, car la combinatoire des paramètres quantifiés élargit le champ musical de perspectives qui demeureraient probablement inexplorées. Pierre BOULEZ a dénoncé l'illusion mathématicienne qui prétendrait relier arbitrairement symboles et formules numériques à des systèmes musicaux complètement arbitraires au point de vue de leurs propriétés psychoacoustiques. La technoscience musicale ne tient pas lieu de légitimation esthétique, mais elle doit au contraire inciter à «*fonder des systèmes musicaux sur des critères exclusivement musicaux*» (P. BOULEZ, *Penser la Musique aujourd'hui*, éd. Denoël/Gonthier, 1963, p. 29), intention qui implique une *modélisation* logico-algébrique des formes conceptuelles de la musique, et non leur inféodation à la logique formelle et aux mathématiques.

Faisant accéder la musique à la dimension généralisée d'art combinatoire, la synthèse digitale conduit à repenser la notion de *composition* : un compositeur qui interprète l'œuvre musicale au moyen d'instruments traditionnels ne peut créer que des arrangements harmoniques et mélodiques de sons strictement déterminés par les possibilités matérielles des instruments, tandis qu'un compositeur de musique électronique *crée intégralement ses instruments de musique* par programmation de combinaisons de sonorités inédites. Un tel compositeur-programmeur peut concevoir une quantité pratiquement illimitée «d'instruments», il n'est plus soumis aux arrangements sonores prédéterminés par les instruments traditionnels. Il génère librement des signaux acoustiques composés entre eux selon sa fantaisie créatrice, disposant ainsi de tous instruments inimaginables autrement que par analyse spectrale. L'ordinateur apparaît comme *l'instrument universel* de la musique, le domaine sonore lui étant livré en tant que champ virtuellement infini des transformations harmoniques microstructurales. La numérisation intégrale de toutes les qualités subjectives de l'expression musicale procure une compréhension de la dynamique du son qui s'apparente à une intuition suprasensible, que XENAKIS a comparée à une forme d'intuition mystique, *méta-artistique*, car la rigueur consistant à «*faire de l'art tout en géométrisant*», selon la formule de XENAKIS (*Musiques formelles*, ibid., p. 9), exprime au mieux les lois rationnelles de la pensée sous une apparence sensible pénétrée d'intelligible. D'ailleurs, en conclusion de son essai sur les *Musiques formelles*, XENAKIS réaffirme hautement que «*faire de la musique signifie exprimer l'intelligence humaine par des moyens sonores*» (*Musiques formelles*, ibid., p. 211), la formalisation et l'axiomatisation des méthodes de composition étant la base *universalisatrice de l'art technoscientifique*.

Le jeu illimité des échelles, des modes et des timbres électroniques entraîne la musique en direction d'univers émotionnels «gratuits», la gratuité étant sans doute l'essence même de l'art. Les règles de tout système musical reviennent d'ailleurs toujours à une sorte de jeu gratuit qui a tendance à oublier sa relativité culturelle; seule l'acculturation est en mesure de faire comprendre les registres sonores utilisés dans une communauté géographique. La sensation de «fausse note» à l'intérieur d'un système harmonique n'est généralement pas l'indice, pour celui qui écoute, d'une erreur technique ou d'un manque de sensibilité acoustique, mais plutôt d'un manque de familiarité intuitive avec une modalité culturelle d'association des sons au sein d'une échelle musicale particulière. Le système tonal occidental n'est pas plus «naturel» que les systèmes traditionnels orientaux fondés sur d'autres échelles de tonalité. L'apprentissage d'un système tonal commence tôt dans la vie enfantine, puisque dès quinze mois un enfant devient capable de chanter des bribes de chansons, ce qui prouve qu'il commence à différencier les intervalles de l'échelle musicale et à reproduire certains enchaînements de hauteurs. Ce n'est que vers six ans que l'organisation mélodique est convenablement intégrée. Mais un enfant habitué depuis ses premiers jours à entendre des accords et des enchaînements sonores liés à un type de gamme comprend plus vite que les autres la «langue musicale» de la culture à laquelle il appartient. Le jugement esthétique dépend étroitement de cette accoutumance de jeunesse aux règles musicales.

Or, la musique synthétique ouvre et désenclave la culture musicale, favorisant la désolidarisation de l'appréciation esthétique de l'exclusivité du système tonal classique. L'ordinateur, outil universel, est aussi une machine à repenser *par programmation interposée* les règles de la musique. Il favorise la réorganisation permanente de nos réflexes de compréhension sensorielle des sons organisés, inaugurant une culture musicale plastique, disposée à accueillir l'inédit et l'inconnu, ou bien, grâce à la digitalisation des valeurs échantillonnées des amplitudes de vibrations harmoniques produites par des *instruments traditionnels*, il permet une simulation synthétique de tous les instruments de l'orchestre, éventuellement enrichie par d'originales qualités spectrales entièrement calculées. Le STRADIVARIUS électronique pourrait alors devenir le partenaire orchestral de l'original, dans une complémentarité qui n'exclurait pas la richesse de la différence spectrale de leurs timbres.

La *discrétisation numérique* de l'objet sonore représente la véritable source d'évolution des règles musicales autant que de l'innovation des effets sonores, comme la discrétisation graphique des éléments musicaux est également la source des études de sémiologie musicale. La discrétisation de la matière sonore de l'œuvre musicale est la condition indispensable pour l'édification d'une théorie sémiologique, explique Jean-Jacques NATTIEZ : «*il s'agit alors de trouver des techniques empiriques et adéquates pour délimiter et construire des unités*», écrit-il, comparant la note de musique et les traits sonores qu'elle signifie (hauteur/durée/intensité/tempo), au phonème étudié par le linguiste (*Fondements d'une Sémiologie de la Musique*, Union Générale d'Editions, Paris, 1975, p. 116). L'analyse électronique du son radicalise la discrétisation des événements sonores, en marge de toute intention sémiologique, dans une perspective créatrice où l'esprit combinatoire l'emporte sur l'imitation des canons stylistiques.

2.2. Acousmatique

Le point de vue de *l'acousmatique, phénoménologie* (et non théorie) *de la perception structurante* (et non des sensations passives) *des formes sonores, indépendamment de la connaissance de leur origine matérielle*, est radicalement opposé à la discrétisation mathématique du son en tant qu'elle prétendrait révéler l'essence des objets sonores qui sont partie intégrante de la musique «expérimentale» (ou «concrète»). Le terme «acousmatique» est un néologisme formé à partir du grec «acousma» qui désigne l'impression acoustique, ce que perçoit le système auditif, sons organisés de la musique et du langage parlé ou bruits. L'acousmatique est donc le domaine d'étude portant sur les situations *d'écoute* des formes sonores émises à partir de dispositifs techniques, *électroacoustiques*, en même temps que la mise en œuvre de ces dispositifs ; le terme, au demeurant, est employé de façon plutôt extensive par les créateurs de musique concrète.

L'expérience de l'écoute détachée de la connaissance corrélative des causes physiques du son et de leur mise en œuvre, est également considérée comme indépendante de toute présomption intellectuelle ou cognitive concernant *le sens ou la valeur imitative* concernant les sons perçus : le son acousmatique n'est, *a priori*, ni un indice renvoyant à une cause génératrice précise (un dispositif ou corps sonore), ni un signe référant implicitement à un sens affectif (valeur sentimentale), une signification (imitation symbolique d'éléments objectifs ou subjectifs) ou une idée métaphysique (valeurs philosophiques et idéologiques). Pour désigner l'objet corrélatif de la perception acousmatique, le terme «*objet sonore*», employé par Pierre SCHAEFFER dans son *Traité des Objets musicaux* (éd. du Seuil, Paris, 1966), est différencié nettement de l'objet musical qui implique une intégration des événements sonores au sein d'un *système musical* précisément codifié au moyen des éléments d'un langage conventionnel et des concepts physico-mathématiques de l'analyse harmonique (gammes, tonalités, modes, consonance/dissonance, mesure, harmonie, échelles, tempérament, etc.). C'est la raison pour laquelle l'acousmatique se différencie radicalement de la théorie physico-mathématique de la discrétisation *ad libitum* du son, telle qu'elle est pratiquée par les ingénieurs et les physiciens. L'acousmaticien traite, par des procédés électroacoustiques, des *formes* sonores dynamiques liées dans le temps, plus ou moins complexes, destinées à la perception spontanée, et non des éléments abstraits de la substructure musicale, indéfiniment décomposable.

L'objet sonore se démarque donc vigoureusement de l'objet musical classique, comme la perception acousmatique se distingue radicalement de la représentation auditive et conceptuelle des formes de la musique codifiée, exécutée par exemple par des instrumentistes devant le public plus ou moins habitué à apprécier (positivement ou négativement) les œuvres soumises à l'interprétation concertante. Pierre SCHAEFFER parle d'écoute «*réduite*» pour spécifier la situation acousmatique réceptrice de structures sonores *méso-hiérarchisées* dans le temps de leur émergence, sans origine instrumentale ni sens assignables. Le terme allemand «Gestalt» de la psychologie de la forme conviendrait pour rendre compte de ces structures emboîtées, selon SCHAEFFER. Dans son livre sur *La Musique concrète*, il écrit à ce propos : «*Viendrait-on à analyser un objet pour lui-même, comme il arrive pour un son unique, un cri, un bruit, on s'aperçoit qu'il apparaît à son tour comme constitué d'éléments plus fins : il est lui-même une structure. On aboutit ainsi à une série de renvois de complexité croissante ou décroissante :* chaque objet constituant une structure pour des objets composants *(distingués à un niveau plus élémentaire)*, ou entrant dans une structure composée *(d'autres objets à un niveau supérieur de complexité)*» (*La Musique concrète*, éd. Presses Universitaires de France, 1re éd. 1967, 2e éd. 1973, p. 36-37).

L'acousmatique s'impose alors comme la *finalité* de la musique dite «*concrète*», créatrice de «*faits sonores*» ou d'objets sonores, produits de la technique électroacoustique. L'expression et sa réalité sont nées en 1948 dans les studios de la radiodiffusion française. La première diffusion radiophonique de musique concrète, sur l'antenne de Radio Paris, remonte au 20 juin 1948 : c'est l'*Etude Pathétique*, dite *Etude aux casseroles*, car cette musique de bruitages organisés commence et se termine par des roulements de boîtes rondes tournantes en métal. Cette étude assemblait, de façon très hétéroclite en apparence, des paroles de Sacha GUITRY et des voix transformées, des fragments musicaux enregistrés sur des disques et des bruits d'objets (dont celui d'une péniche sur un canal). Il s'agissait d'une musique diffusée à partir de sons retraités, recomposés sur des disques gravés puis au magnétophone après 1950. Ces sons réorganisés étaient fabriqués à partir de n'importe quelle source d'impression sonore : bruits naturels et industriels de l'environnement géographique, sources musicales et phonétiques (musique enregistrée et paroles) et bruits fabriqués techniquement par frottements, percussions et chutes d'objets, grincements, superpositions de bruitages divers créés par tous les moyens, même les plus élémentaires.

L'intention première était celle de capturer les sons de manière *a priori* anesthétique, sans autre intervention que celle des microphones, du potentiomètre, du tourne-disque et du disque souple, de l'amplificateur et, à partir de 1951, du magnétophone. Le 6 juillet 1951 eut lieu le premier concert public de musique concrète, au théâtre de l'Empire à Paris. *La Symphonie pour un homme seul* et *Toute la lyre*, compositions électroacoustiques nées de la collaboration de Pierre SCHAEFFER et de Pierre HENRY, furent projetées au moyen de quatre haut-parleurs : deux de chaque côté de la salle, un autre au plafond et le dernier au fond de la salle. Sons musicaux, bruits et paroles étaient enregistrés sur bande et diffusés avec des reliefs sonores inédits. *Toute la lyre* était conçue dans le style d'un opéra lyrique «concret», mêlant les timbres de voix et les bruits les plus étrangement modulés. *Les Paroles gelées* (1952), composition de SCHAEFFER, est un autre exemple de «concrétisation» expérimentale de la parole.

Il est vrai que la qualité technique du dispositif enregistreur n'est pas indifférente quant aux modalités de l'enregistrement, car il s'agit d'un procédé de *transduction*, mais le son est pour ainsi dire toujours la résultante du rapport entre la source d'émission et les qualités techniques du dispositif utilisé. Une vibration sonore reçue par un système d'enregistrement, qu'il soit physiologique (système auditif) ou technologique (microphone plus magnétophone analogique ou numérique, sillons gravés d'un disque vinylique, etc.), est toujours filtrée, donc physiquement transposée par les composantes réceptrices du système ; le son «en soi» est une utopie de physicien sur laquelle on peut effectuer des calculs, mais non pas une réalité concrète, un fait sonore confronté à ses récepteurs matériels exerçant un effet transducteur par transformation énergétique d'une pression vibratoire aérienne en énergie électrique. La transmission du son par des haut-parleurs constitue d'ailleurs une nouvelle transduction par laquelle les courants électriques redeviennent des ondes sonores qui affectent à leur tour les circuits nerveux de l'audition reliés au cerveau. Le son est par conséquent un objet *transitif* accepté comme tel en acousmatique musicale, et qui tient précisément sa richesse esthétique de ses avatars transformatifs.

En 1948, la musique électronique n'était pas encore inventée; c'est en 1950, dans les studios de la radiodiffusion de Cologne, qu'elle naîtra à partir d'oscillateurs électriques générant des sons *calculés*, mémorisables sur des matériaux magnétiques (rubans, tambours ou disques magnétiques par exemple). Herbert EIMERT en était le principal inventeur, suivi entre autres dans les années 1950 par Karlheinz STOCKHAUSEN : les *Etudes I et II* datent de 1953-1954 et les *Kontakte* pour piano, percussions et sons électroniques enregistrés sur bande, datent de 1960. Dans cette dernière œuvre, STOCKHAUSEN développe sa théorie musicale des « formes momentanées » qui surgissent telles des coupes temporelles imprévisibles, sans orientation ou direction subjectivement appréciable, donc sans aucun commencement ni fin : l'événement sonore *instantané* et quasi intemporel, généré électroniquement, devient le maître-mot de sa conception électroacoustique basée sur l'originalité du son synthétique. Plus généralement, il utilise des combinaisons sonores *hybrides* : bruits enregistrés, instruments de musique traditionnels (le plus souvent à percussion), synthétiseurs et générateurs électroacoustiques dominants; ainsi, *Prozession* (1967) est une composition avec tam-tam, piano, mais aussi instruments électriques, synthétiseur de son, quatre potentiomètres, filtres électriques, microphone et amplificateur. Aux Etats-Unis, Milton BABBITT (né en 1916) exploite abondamment dès le début des années 1960 les ressources de la *synthèse informatique des sons* et la technique de l'enregistrement sur bande magnétique (*Composition for Synthesizer*, 1960-1961; *Ensembles for Synthesizer*, 1962-1964; *Philomel*, 1963-1964).

Mais la musique concrète n'est pas, quant à elle, inféodée à la génération électronique des sonorités; Pierre SCHAEFFER et Pierre HENRY ne la regarderont qu'à titre *d'ingrédient* sonore destiné à subir des transformations électroacoustiques au même titre que la musique instrumentale enregistrée, les cris d'oiseaux, les paroles, les bruits de sources aquatiques ou les bruitages techniques créés au moyen d'objets variés en studio d'enregistrement. Le calcul des paramètres sonores n'est pas le fondement de la musique concrète, loin de là, mais seulement *l'une de ses composantes brutes*, potentiellement transformable et réassemblable par « collage », mixage, filtrage, fragmentation, répétition, transposition de la tessiture à des vitesses variables (accéléré/ralenti) et déroulement des sons à l'envers. Le son électronique fait l'objet d'un montage technique sans prédominance musicale. D'abord gravés sur disque souple, puis enregistrés sur bande magnétique à partir de 1951, les effets sonores étaient recherchés dans un esprit totalement étranger à tout calcul scientifique, comme autant d'objets sonores empiriquement dérivés : «*l'instinct qui guide l'appréciation, tout comme la fabrication des «objets sonores», est celui de l'artisan, non du calculateur. Parfaitement dégagé de tout a priori, le bon «faiseur de sons» provoque la naissance et recherche l'amélioration du sonore, ignorant, à la limite, le dispositif matériel*» (P. SCHAEFFER, *La Musique concrète*, P.U.F., 2ᵉ éd. revue 1973, p. 43). La musique acousmatique est donc une phénoménotechnique, procédant par rectifications expérimentales guidées par la sensibilité, et non pas une science. Comme le musicien informaticien, le créateur de musique concrète est généralement *l'auteur exclusif des sons* qu'il intègre dans ses compositions, mais à la différence du premier, il ne les calcule pas selon des modèles algébriques.

Les *Etudes de Bruits* (1948-1951), composées en collaboration avec Pierre HENRY, incorporent par montage fragmentaire au «*phonogène*» (nom donné au dispositif électroacoustique de Pierre SCHAEFFER) plusieurs types de sons artificiels, musicaux (musique avec instruments traditionnels) et non musicaux (bruits d'objets industriels quotidiens). Les *Etudes aux sons animés* (1958), les *Etudes aux allures* (1958) et les *Etudes aux objets* (1959) jouent sur des événements sonores composites, avec des variations rythmiques (multiplication, répétition, ruptures, expansions, contrastes d'allures, etc.), des transformations du timbre de la matière sonore (frottements, chocs, roulements, grincements, explosions, granulations, rebondissements, scintillements, résonances, etc.) et des modelages au potentiomètre de la dynamique sonore. Il s'agit essentiellement d'une musique de la fragmentation, de la coupure, de l'irruption, de l'interruption et du composite en transmutation permanente : bref, de *l'événementiel acoustique*. La musique de John CAGE, dès 1938-1939 (*Imaginary Landscape n° 1*, 1939), avec ses *bruitages aléatoires hétérogènes* sur bande magnétique et ses synthèses sonores électroacoustiques mixtes, créatrices d'événements acoustiques en rupture ou suspension de rythme, peut à cet égard lui être légitimement comparée.

L'intégration des bruits dans la musique concrète avait été précédée historiquement par *Ionisation* d'Edgar VARÈSE (composition de 1929-1931, créée à New York le 6 mars 1933). Cette composition pour treize percussionnistes et trente-sept instruments intègre *le hurlement de deux sirènes* et la résonance métallique *d'une enclume*. Ayant suivi une formation d'ingénieur électroacousticien en même temps que des études musicales, VARÈSE souhaitait ardemment réaliser la symbiose de l'art et de la technoscience, en travaillant avec des timbres sonores maîtrisés par la technologie. Son désir d'utiliser des sons pré-enregistrés fut réalisé avec le concert du 2 décembre 1954, *Déserts* (composé entre 1949 et 1954), au cours duquel alternent les instruments de l'orchestre et des séquences sonores enregistrées *sur bande magnétique*, ainsi qu'avec le *Poème électronique* (1958), diffusé par un grand nombre de haut-parleurs dans l'enceinte d'une architecture conçue par LE CORBUSIER à Bruxelles, lors de l'exposition du pavillon Philips de 1958.

L'art de la musique des bruits fut d'ailleurs exploré par le peintre futuriste italien Luigi RUSSOLO (1885-1947) dans son manifeste sur *L'Art des bruits*, de 1913. RUSSOLO inventa à partir de cette date des instruments électromécaniques originaux, générateurs de bruits considérés comme anti-musicaux : crépitements, glougloutements, froufroutements, ululements, coassements, grondements, éclatements, bourdonnements, etc. Inventeur également d'une machine à engendrer des bruits de timbre et de densité variables en fonction des bruits envoyés sur les récepteurs vibratiles de l'instrument (le «*rumorharmonium*», 1922), RUSSOLO dirigea un concert de bruits en 1914 à Milan, à partir de ses étranges machines de bruitages. Les machines de bruitages de RUSSOLO procédaient d'une étude classificatoire des bruits de l'environnement sonore naturel et artificiel, qu'il s'agisse des bruits émis par les animaux, le vent, la pluie, le tonnerre, le clapotis des vagues, les sonorités du langage humain, celles des machines et des objets industriels, et tout autre type de sonorité non musicale.

La *musique acousmatique* (expression proposée par François BAYLE vers la fin des années 1970, qui la définit comme «*l'art des sons projetés*») s'affirme d'abord comme un réinvestissement artistique, systématique et expérimental, des éléments innombrables du «*paysage sonore*» plus ou moins dense qui forme l'environnement acoustique de la vie quotidienne. La philosophie artistique de «*l'espace acoustique*» urbain, rural et domestique, est la nouvelle base d'une véritable «*esthétique acoustique*» dont le compositeur et théoricien canadien des bruits, R. Murray SCHAFER (né en 1933), s'est proposé de constituer l'écologie : «*L'écologie est l'étude des relations entre les êtres vivants et leur environnement. L'écologie acoustique est donc celle des sons dans leurs rapports avec la vie et la société. Ce n'est pas une discipline de laboratoire. Elle ne se conçoit que par l'étude sur le terrain de l'influence sur les êtres vivants de leur environnement acoustique*» (R. Murray SCHAFER, *Le Paysage sonore*, traduction française éd. J.-C. Lattès, 1979 et 1991, p. 281).

Murray SCHAFER prône donc une classification généralisée et sectorisée des bruits et des sons de toute nature, y compris musicaux, afin de constituer une véritable écologie esthétique de l'environnement sonore quotidien, de nature à influer efficacement sur la *culture acoustique* des habitants du monde. Car c'est le monde entier qui vibre de bruits et de sonorités modulées, interrelationnelles, constituant un milieu complexe de formes auditives qui donnent sens à la vie collective et individuelle. La collaboration des ingénieurs, des physiciens et des techniciens du son, ainsi que celle des musiciens, des compositeurs de musique, des psychologues, des sociologues et de tous ceux qui veulent prendre une part active au remodelage du gigantesque concert permanent qu'offre l'univers, est requise pour créer cette nouvelle esthétique acoustique de l'environnement. «*Pour comprendre ce que j'entends par esthétique acoustique, considérons le monde comme une immense composition musicale, qui se déploierait sans cesse devant nous. Nous en sommes à la fois le public, les musiciens et les compositeurs. Quels sons voulons-nous préserver, encourager multiplier?*», écrit Murray SCHAFER (*Le Paysage sonore, ibid.*, p. 281).

La musique électroacoustique, dont la finalité est d'être écoutée lors d'une écoute «réduite», sans visualisation ni connaissance des sources sonores élaborées en studio, s'inspire profondément de cette philosophie des bruits de l'univers dont elle est l'une des origines intentionnelles. La dimension esthétique de cette musique est omniprésente, car derrière les manipulations techniques plus ou moins artisanales ou scientifiques qui la définissent de façon pratique, se cachent des «*manipulations imaginaires*», selon l'expression du compositeur électroacousticien Michel CHION; les opérations techniques sur les supports magnétiques (et éventuellement digitaux) du son détiennent un rapport au son qui est analogue à celui qu'établit le peintre entre ses tubes de couleurs, ses instruments graphiques, son support matériel et le sens de sa composition picturale en gestation. Les manipulations techniques, en musique électroacoustique comme en peinture, relèvent d'un travail tortueux de l'imagination : «*Il s'agit de ce que nous appelons les* suggestions magiques *des instruments de manipulation, ces suggestions qui poussent le compositeur à s'acharner sur le son et le stimulent beaucoup plus qu'un propos raisonnable et pratique de composition. /.../ En travaillant sur le son, l'imagination du compositeur travaille sur le temps, sur le corps, sur le désir, sur les autres*» (Michel CHION, *La Musique électroacoustique*, Presses Universitaires de France, 1982, p. 63-64).

La musique concrète est donc la traduction de l'imaginaire et de la sensibilité, autant que de l'étude technique; encore la technique doit-elle être subordonnée à l'instinct d'organisation acoustique des sonorités, n'étant pas une finalité en soi. L'arsenal technoscientifique peut même s'avérer un piège pour la créativité, s'il devient trop sophistiqué ou systématiquement utilisé. Ainsi, les histogrammes des analyseurs électroniques de spectres sonores, qui sont des *images de quantifications harmoniques*, risquent-ils de faire croire que le spectre visualisé sur l'écran électronique est la norme de la composition des «*sons fixés*» de la musique sur bande, Michel CHION préférant parler de «*sons fixés*» pour désigner la musique acousmatique, plutôt que de *sons enregistrés*, afin d'insister sur le caractère *manipulatoire créatif* de l'inscription technique des détails sonores, résultant d'un travail sélectif patient, à l'opposé de tout enregistrement spontané de sons soi-disant préexistants. Se fier visuellement aux images quantifiées des analyseurs de spectres, c'est risquer d'être le jouet d'une illusion d'optique, autrement dit c'est risquer «*de croire entendre ce que l'on y voit, et surtout de ne plus entendre ce qu'on n'y voit pas. /.../ De telles visualisations équivalent, en fait, à des notations prématurées qui leurrent l'écoute*» (Michel CHION, *L'Art des Sons fixés ou La Musique concrètement*, éd. Metamkine/Nota-Bene/Sono-Concept, Fontaine, 1991, p. 45).

Au contraire, la musique concrète suppose une écoute ouverte, hyperréceptive à tous les détails sonores, absolument libre de tout préjugé intellectuel comme de toute représentation scientifique provenant d'un appareillage sophistiqué, tandis que l'électroacousticien est *l'auteur des méthodes techniques hybrides* qu'il emploie à sa convenance. Par exemple, une séquence de sons digitalisés obtenus sur un synthétiseur, peuvent être ensuite enregistrés sur bande magnétique, puis transformés en agissant sur le défilement de la bande par pression manuelle et variation de la vitesse ou du sens du déroulement ; ensuite viendront des opérations de montage (découpage aux ciseaux et collage) et de mixage, ou de filtrage soustractif de la bande des fréquences, ou encore de modulation de la dynamique et de la masse sonore. Mais la chaîne électroacoustique peut ne pas s'arrêter là : de *l'analogique* le compositeur peut retourner au *digital*, par modulation quantitative électronique des sons captés par des microphones, puis revenir à l'enregistrement magnétique, et ainsi de suite, jusqu'à l'obtention des effets empiriquement recherchés.

Le son devient la *résultante*, indéfiniment métamorphosable, de multiples processus successifs de transformations ; il n'est pas une donnée mais au contraire un objet phénoménotechnique en restructuration continue, dont l'enregistrement «terminal» choisi par le compositeur électroacousticien constitue, en fait, un nouveau matériau pour une série virtuelle de nouvelles transmutations. A cet égard, nous retrouvons en musique concrète un processus *d'idéalisation* à l'infini du son, analogue à celui rencontré dans la création des images sur palette graphique digitale et ordinateur, à partir d'images déjà constituées : dessins manuels, photographies, images imprimées en quadrichromie ou images numérisées obtenues par programme informatique. Le son tout comme l'image entrent dans un cycle illimité de transformations hybrides dont le terme morphologique *définitif* n'existe pas en théorie; c'est pourquoi il est légitime de qualifier ce pseudo-terme d'objet *idéal*, en opposition à la notion d'objet matériellement achevé, dont la morphologie serait entièrement définie et descriptible en tant qu'objet autofinalisé. La musique acousmatique des « sons fixés » n'est donc aucunement en quête de normes sonores absolues qu'il faudrait respecter; elle crée de toutes pièces ses exigences technico-sensorielles au fur et à mesure qu'elle se transforme par des reprises multiples. C'est pourquoi elle n'est en rien un art de la détermination mécanique des séquences sonores, contrairement à une opinion parfois avancée : « *tout comme le cinéma, qui est un art permis par les machines et non un art mécanique, la musique des sons fixés n'est pas une musique de machines, mais une musique permise par les machines* » (Michel CHION, *L'Art des Sons fixés ou La Musique concrètement, ibid.*, p. 46).

La musique concrète met l'accent sur la notion fondatrice de *bruit* opposé au musical, avec ses notes, partitions et échelles tonales liées aux gammes. Le concept de bruit possède en théorie de l'information statistique une signification précise : il s'agit de tout signal qui perturbe la transmission ou la réception d'un message. Le parasitage indésirable de l'information peut cependant être considéré aussi comme *de l'information imprévue*, sur fond d'information partiellement prévisible ayant un niveau de complexité ou d'entropie variable, mesuré par la fonction d'incertitude H de SHANNON. Ainsi, lors de l'écoute d'une émission musicale radiophonique, des bruits parasites peuvent recouvrir partiellement la musique, pour le grand déplaisir de l'auditeur, de même que dans la salle de concert, des craquements de fauteuils ou des chuchotements intempestifs peuvent gêner brusquement la concentration des auditeurs. Mais le bruit *contrastant* sur le fond musical représente une forme d'information « négative » par rapport à ce fond ordonné; sa valeur de contraste sonore en est précisément la raison. Un bruit de marteau-piqueur dans la rue est aussi une source de bruit gênante pour le passant, mais il informe par différence ou contraste sonore, sur l'environnement acoustique habituel ou « moyen » de la rue.

Tirant parti du fait qu'un bruit est aussi une information sonore d'un genre particulier, la *musique des bruits*, qu'il faut radicalement distinguer, dans ses intentions technico-esthétiques, de la musique concrète (bien que celle-ci soit aussi, mais pas exclusivement, un travail sur les bruits), procède d'une étude objective, de nature *informationnelle*, donc statistique, des composants spectraux du bruit, les bruits étant des signaux *non périodiques, complexes et aléatoires*, donc absolument *imprévisibles* dans leurs fluctuations temporelles, composés de toutes sortes de fréquences, amplitudes, phases et durées. La *musique fractale* est à l'origine de l'exploitation électronique entièrement calculée, de la typologie spectrale des bruits.

Les bruits, tout comme les sons musicaux traditionnels désignés par des notes, détiennent des *degrés de complexité infiniment variables*, susceptibles d'engendrer des compositions sonores aux couleurs différenciées. A ce titre, la musique des bruits peut être considérée comme faisant intégralement partie de la musique acousmatique, destinée à l'écoute «réduite». La classification des types de bruits adopte trois catégories générales selon leur *densité spectrale particulière* :

a) le *bruit blanc* («white noise») est complètement aléatoire, c'est-à-dire que les ondes qui le composent n'ont aucune corrélation entre elles; leur densité spectrale est très élevée, puisque tout type de fréquence, phase, durée et amplitude s'y retrouve. Le *modèle probabiliste* qui l'exprime le mieux est celui fourni par un générateur aléatoire de nombres (lancé de dés, roue de loterie, programme aléatoire) qui n'ont entre eux aucun lien causal au cours de leurs apparitions successives. Un exemple typique en est offert par le scintillement neigeux d'un écran de télévision en l'absence d'émission, ou par le sifflement d'un poste de radio déréglé. En physique spectrale, le bruit blanc est un bruit de densité spectrale en $1/f^0$ (estimation de l'écart moyen des fluctuations, référé à la fréquence f, durant une échelle de temps de l'ordre de $1/f$); toutes les fréquences y sont représentées selon une égale valeur proportionnelle. Des *formants* particuliers (renforcements de groupes de fréquences) peuvent être obtenus par filtrage du bruit blanc (sélection de bandes de fréquences) qui devient alors un «bruit coloré» par des timbres et hauteurs spécifiques qui ressortent de la masse spectrale informe.

b) le *bruit brownien*, ou stochastique, dont les fluctuations temporelles sont fortement *corrélées*, mais selon un processus semi-aléatoire qui conserve la mémoire de chaque étape antérieure des fluctuations. Ainsi, une séquence sonore brownienne pourrait être simulée par une roue de loterie dont chaque secteur numéroté indiquerait non pas un chiffre absolu mais une *règle opératoire* pour engendrer les sonorités de la séquence : par exemple, en supposant que l'on part arbitrairement du do_2 du piano (130,81 Hz), la flèche tournante de la roue s'arrêterait d'abord aléatoirement sur l'indication (-4) de l'un des secteurs concentriques, signifiant que le son qui suit le do_2 doit être à quatre demi-tons en-dessous de cette note, soit le *sol₁ dièse* avec sa fréquence spécifique; puis à partir de cette note, la flèche indicatrice renverrait à la note suivante par l'opération (+7), soit sept demi-tons au-dessus d'elle, puis de cette nouvelle note à la note (-1), de cette dernière à la note (+6), et ainsi de suite en fonction des indications portées par les secteurs de la roue. Une autre roue graduée pourrait aussi indiquer, selon le même principe, la *durée* de chacun de ces sons en fonction de chacune des durées obtenues antérieurement : si la note de départ est fixée arbitrairement à 2 secondes, on pourrait imaginer que la flèche indicatrice s'arrête sur le secteur (+4) signifiant un accroissement de la durée de la note n° 2 de 4 secondes par rapport à la première, soit 6 secondes; mais la note n° 3 pourrait être fixée aléatoirement à (-3) de la précédente soit une durée de 3 secondes, etc. De multiples raffinements probabilistes et électroniques sont imaginables, portant sur les paramètres spectraux : hauteur, intensité et durée, et cela même au niveau d'une *analyse microtemporelle des composantes harmoniques* du signal (analyse *multifractale* à différentes échelles temporelles dite «*analyse par ondelettes*», née au début des années 1980, une «ondelette» étant comprise comme une fraction d'onde analysée sur un micro-intervalle temporel). Un bruit brownien détient une densité spectrale, significative de ce type de corrélation aléatoire forte, qui varie selon $1/f^2$.

c) le *bruit fractal* en $1/f^d$ (où *d* est un exposant fractionnaire, généralement compris entre 0,5 et 1,5) varie en densité spectrale de manière intermédiaire entre $1/f^0$ et $1/f^2$, correspondant respectivement aux bruits blancs et aux bruits browniens. Que l'on considère le signal sur un *temps long* (plusieurs secondes, minutes, heures, etc.) ou sur un *temps court* (seconde, fraction de seconde), les éléments qui le constituent présentent une *corrélation modérée*, ni trop forte (bruit brownien), ni nulle (bruit blanc). *Statistiquement*, le niveau de corrélation des signaux (et donc leur densité spectrale) est analogue considéré aux grandes comme aux petites échelles temporelles. Nous retrouvons au plan sonore la loi fractale d'homothétie formulée par Benoît MANDELBROT dans le cas des objets spatiaux infiniment ramifiés, et d'ailleurs MANDELBROT a lui-même démontré cette loi fractale dans le cadre d'une étude mathématique des bruits. Alors que le bruit blanc présente une absence de corrélation liée à une densité étroitement regroupée autour d'une moyenne, et que le bruit brownien n'offre aucun regroupement décelable mais une dispersion spectrale dominante, le bruit fractal se caractérise par des dispersions présentant cependant des distributions spectrales scalairement «*symétriques*» (au sens fractaliste de MANDELBROT), hiérarchisées et emboîtées d'après un principe analogue d'organisation, observées à diverses échelles temporelles. Une certaine *harmonie scalante* en est donc la clé structurale, combinant la régularité scalaire avec l'irrégularité événementielle des paramètres sonores. L'organisation fractale des paramètres sonores échantillonnés et quantifiés engendre une musique à *échelle variable*, chaque *fraction* d'une séquence sonore, théoriquement aussi mince soit-elle, pouvant donner lieu à un «agrandissement» sonore autonome par transposition temporelle *autosimilaire* des fréquences, des amplitudes et des durées, mais avec des timbres différents.

C'est le physicien américain Richard F. Voss (né en 1948), du laboratoire de recherches Thomas J. Watson d'I.B.M. de New York, qui est à l'origine, de 1975 à 1979, de la théorie physique du bruit fractal en $1/f^d$ dans la musique et dans le langage parlé, en collaboration avec Benoît Mandelbrot. Il prétend même que le bruit fractal est, à des degrés plus ou moins importants, le plus courant dans la nature et l'environnement sonore, *en particulier dans tous les types de musiques du monde entier et de toute époque*, bien qu'il n'existe pas de modèle probabiliste simple qui puisse le simuler, à l'inverse des autres sortes de bruits, car son origine demeure mystérieuse, malgré la connaissance technique qu'en possèdent les physiciens depuis la seconde décennie du XXe siècle. Presque toutes les mélodies occidentales, depuis la musique médiévale jusqu'au XXe siècle, simulent (sans le savoir) de façon plus ou moins approchée, *une fluctuation sonore fractale*, le même constat étant universellement valable pour l'Inde, la Russie, le Japon, le continent européen, l'Amérique ou l'Afrique. Le rapport statistique entre prévisibilité et aléatoire événementiel y est toujours défini par une fonction de corrélation en $1/f^d$ où $0,5 < d < 1,5$ dans la plupart des cas. La musique des Beatles, en particulier, présente une corrélation moyenne en $1/f^d$ extrêmement typique, de même que celle des anciens chants populaires russes, ou, à des degrés différents, celle de Beethoven et Debussy. Certains compositeurs modernes tel Stockhausen échappent à cette caractéristique spectrale, mais ce n'est pas étonnant puisqu'ils remodèlent intégralement les lois de la composition musicale des sonorités en simulant partiellement les propriétés physiques du bruit blanc.

Richard F. Voss démontre qu'il est par conséquent possible de créer des *musiques synthétiques fractales* au moyen d'ordinateurs, comme il est possible de créer des musiques avec des bruits blancs et browniens, mais les premières sont plus agréables à l'oreille, car conformes à nos habitudes culturelles et psychoacoustiques. La musique fractale étant, pour ainsi dire, la plus «naturelle», c'est un argument scientifique à l'appui de la musique concrète, attribuant au bruit le rôle de matière sonore fondamentale. Tous les moyens électroacoustiques, aussi simples soient-ils, mis en œuvre dans «l'art des bruits», ne font que combiner empiriquement les principes physico-mathématiques dont relève la typologie des bruits, les musiques traditionnelles étant elles-mêmes en majorité, selon la théorie physique de Richard F. Voss, des simulations acoustiques inconscientes de corrélations spectrales fractales, mais parfois aussi browniennes, la musique purement aléatoire de bruit blanc étant plutôt réservée aux compositeurs modernistes qui refusent l'organisation classique des sonorités musicales. L'art de la musique acousmatique voit donc son champ sonore généralisé au maximum, puisque toute forme de musique, vue sous l'angle fractal ou probabiliste, relève d'une morpho-esthétique des bruits les plus hétérogènes.

Conclusion
Vers quelle culture techno-esthétique?

Les technosciences sont-elles à l'origine d'une nouvelle forme de culture esthétique que nous appelons, pour en marquer la spécificité, une culture *techno-esthétique*? Nous revendiquons avec conviction, comme le lecteur l'aura compris, une telle culture qui serait capable de concilier la sensibilité créatrice, la connaissance scientifique et ses applications techniques, d'autant plus que les rapports de l'esthétique et de la technoscience ne sont souvent pas plus clairement définis ni compris de manière cohérente par les artistes utilisant les techniques que par les praticiens des sciences et des techniques dont l'activité est en relation avec la pratique artistique.

L'informaticien, souvent très versé en topologie mathématique, créateur de logiciels d'images virtuelles intégrant de multiples transformations géométriques de l'espace tridimensionnel et une science très affinée des textures procédurales (c'est-à-dire des textures numériques procédant d'algorithmes mathématiques), avoue, parfois un peu naïvement, son admiration pour les paysages mathématiques en couleurs qui surgissent, comme par magie, sur ses écrans électroniques. Il n'hésite pas à dire sans ambages, dans divers livres et revues spécialisées dont le nombre est en accroissement constant, que l'invention d'un logiciel graphique, fondé sur des modèles mathématiques sophistiqués, est peut-être *la plus complexe des œuvres d'art*! Les adeptes de plus en plus nombreux de «l'art fractal» ont été sans doute parmi les premiers à reconnaître une beauté artistique aux images innombrables, infiniment complexes, qui naissent d'algorithmes dont la complexité est généralement beaucoup plus faible que celle des images dynamiques qu'ils génèrent. Benoît MANDELBROT aime lui-même considérer ses programmes itératifs comme une sorte de code génétique de la beauté des formes ramifiées en couleurs qu'ils recèlent potentiellement, et dont l'informaticien «metteur en œuvre» est incapable de prévoir la genèse morphographique à long terme. D'ailleurs, à la fois mathématicien et informaticien, MANDELBROT revendique aussi la qualité *d'artiste*, et les noms poétiques attribués à certaines de ses figures parmi les plus diffusées sont révélateurs du puissant courant d'association qui réunit l'art des images et la science des nombres dans l'espace géométrique.

Si les mathématiciens-infographistes sont transportés par une vague d'esthétisme très enthousiaste, les musiciens-ingénieurs du son n'affirment pas moins vivement la légitimité des prétentions artistiques de la physique acoustique, depuis le milieu du XXe siècle. Il est vrai que ces ingénieurs et techniciens du son ont reçu, le plus souvent, une formation musicale classique, et qu'ils ont souvent composé à la manière traditionnelle, pour des orchestres instrumentaux. Il n'empêche que passer de la note au son, c'est passer d'une théorie musicale proprement dite, fondée sur des conventions esthétiques, à un point de vue *physicaliste* sur les fondements de la musique. STOCKHAUSEN a exposé ses recherches sur les sons électriques oscillatoires dans les années 1950; XENAKIS (ingénieur et mathématicien) applique les concepts stochastiques aux masses sonores (lois relatives aux grands nombres) dans les années 1950-1960, puis utilise des appareils servant à digitaliser et à *représenter graphiquement* les paramètres sonores en 1974 (hauteurs, timbres, intensités, durées, rythmes); au début des années 1980, Gérard GRISEY et Tristan MURAIL adoptent la conception microstructurale propre à la musique spectrale, dont le matériau basique est constitué de sons complexes analysés numériquement selon les propriétés physico-mathématiques de leurs composants harmoniques. La musique fractale est à son tour, depuis la fin des années 1970, un mode d'expression artistique dépendant en partie de l'analyse mathématique des sons. Ces brefs et partiels repères de la technoscience musicale prouvent qu'électronique et acoustique se sont conjuguées intimement pour aboutir à façonner de nouvelles conceptions musicales d'essence techno-esthétique. Mais, comme dans le cas des images virtuelles, l'esthétique qui en découle doit se forger ses critères d'appréciation propres sur la base du savoir scientifique et de ses applications technologiques.

Pourtant, une esthétique qui résulterait simplement des moyens technoscientifiques de la création, de façon pour ainsi dire automatique ou nécessaire, serait-elle encore une esthétique digne de ce nom, selon l'acception *psychologique* (la perception de la beauté ou de l'agrément sensoriel) ou spirituelle (la compréhension de l'œuvre en tant que valeur créatrice) qui s'attache habituellement à ce terme? Les moyens techniques ne sont rien sans l'intention qui les dirige. Le projet artistique qui détermine l'usage adéquat des techniques contient *en lui seul* la valeur esthétique, le moyen n'étant alors qu'un serviteur de compromission voué à s'effacer derrière «l'idée» créatrice : telle est la thèse inverse de la précédente, selon laquelle seule compterait, à la limite, l'expression *intuitive* la plus immédiate, car asservie le moins possible à l'artifice industriel. Elle est défendue implicitement ou fermement par les artistes qui ignorent ou craignent l'impact des sciences et des techniques sur les manières de penser et de créer. Ces derniers affectent quelquefois même de mépriser les moyens technologiques et de leur tourner le dos, sous prétexte que l'on serait d'autant plus fortement créatif que l'on rejetterait le poids des techniques autres qu'artisanales. Créer serait d'abord, pour eux, exprimer le plus spontanément possible l'intériorité psychosensorielle de l'être, indépendamment des machines et des analyses intellectuelles programmées qui les commandent. Mais il y a également des prosélytes de la technoscience pour qui l'artifice industriel est destiné à une utilisation pratique *naïve* et spontanée, sans connaissance des principes scientifiques innervant la création médiatisée. Ces artistes de l'image ou du son ne croient pas indispensable de connaître les arcanes de la technoscience dont ils font usage ou de s'initier à la programmation informatique; il leur importe avant tout de se servir empiriquement des mécanismes préprogrammés inclus dans les machines d'assistance à la création. Bien sûr, les systèmes technologiques stimulent la liberté d'invention formelle, mais les questions liées au fonctionnement des mécanismes techniques demeurent pour eux étrangères au processus autant qu'à l'essence de la création.

Par conséquent, la techno-esthétique est partagée entre la justification scientifique et la technique triomphante ou l'usage empirique naïf, souvent même fortement allergique à la science qui sous-tend le fonctionnement des machines. Cette dichotomie trop souvent reconnue et acceptée n'est pas propice, il va de soi, à l'avènement d'une authentique culture techno-esthétique. Le travail créateur requiert toujours l'emploi de techniques et l'application de concepts scientifiques, comme le montre l'histoire des arts, arts plastiques, architecture ou musique. Il est complètement faux de décréter que la technoscience bride l'imagination, sous prétexte qu'il faut s'astreindre à mettre en œuvre des processus automatisés par programmation des formes sonores ou visuelles. Les puissances de l'imagination existent précisément dans la mesure où elles asservissent ou détournent à leur profit les mécanismes technologiques. C'est bien ce que reconnaissent d'ailleurs les plus créatifs des artistes « non naïfs » dont les œuvres sont d'origine technoscientifique, pour lesquels la technoscience est une médiatisation sans privilège ni exclusivité, mais dont les possibilités artistiques sont exploitables de manière originale, éventuellement en association avec des formes artistiques artisanales traditionnelles (compositions en relief rassemblant images électroniques, dessins, photographies, hologrammes et matériaux classiques sculptés, par exemple).

Les artistes contemporains qui pactisent avec les médiatisations technologiques ne sauraient ignorer longtemps leurs principes scientifiques essentiels sans se priver par là même d'une compréhension en profondeur des mécanismes de la création, car une utilisation strictement pragmatique de la technique équivaut, en fait, à un usage plus ou moins bien maîtrisé des techniques industrielles. Il est nécessaire, en particulier, de pouvoir *décrire et analyser* en un langage approprié — le langage interne des technosciences — ces principes qui sont les fondements logiques ou physiques des œuvres iconiques ou sonores nées de leur utilisation. Bien sûr, les technologies informationnelles évoluent dans leurs détails matériels (le « hardware »), mais les méthodes générales qui leur permettent de traiter physiquement l'information esthétique ne devraient pas être seulement l'affaire des spécialistes. A toute époque, les artistes sont entrés dans les principes scientifiques des techniques qu'ils pratiquaient, moins sophistiquées il est vrai. Mais une réelle culture techno-esthétique réclame cet effort d'assimilation intellectuelle des concepts de la science qui sous-tend une création technologiquement médiatisée. D'autre part, les techniciens et ingénieurs qui aujourd'hui se tournent vers l'art et la production artistique ou le design (est-ce le signe d'une reconversion humaniste?) ne doivent pas méconnaître non plus la nature proprement esthétique des idées ou intuitions qui devraient guider leurs projets qualitatifs. La science appliquée dans le but de tester les performances d'un matériel, et de s'en émerveiller naïvement (ce qui semble ressortir souvent des propos des artistes-techniciens), n'est pas en soi productrice de valeur esthétique. Une technoscience sèche et foisonnante d'applications artistiques tous azimuts ne représente pas vraiment ce que l'on peut appeler *la responsabilité esthétique de la technique*, dont seules les finalités culturelles et spirituelles peuvent être en mesure de révéler la dimension artistique, humaniste par nature.

Une éducation esthétique résolument ouverte sur la libération de l'expressivité imaginaire par le recours aux technosciences conduirait l'esthétique exclusivement subjectiviste ou expressionniste à porter un regard désacralisant sur l'origine de l'art, la crainte de perdre le sens intime de la matière brute et le mystère ineffable de la «présence» de l'œuvre constituant le motif principal de méfiance à l'égard des technologies créatives. C'est oublier, souvent d'ailleurs à cause d'une absence de culture scientifique et technique cohérente, dont l'éducation scolaire est principalement responsable, que les arts forment un champ culturel ni plus ni moins mystérieux ou «sacré» que les sciences et les techniques. Si l'art parle autrement que les théories scientifiques, il convient d'admettre qu'il est également un symptôme révélateur du rapport symbolique que l'homme établit entre le monde et la connaissance plus ou moins rationnelle qu'il en possède. Les médiatisations numériques de l'art, la mémoire cryptographique qui s'en empare, devraient au minimum inciter l'esthéticien à développer une culture techno-esthétique fondée sur les concepts et les méthodes analytiques de la science du traitement de l'information, car les œuvres sont des objets communicationnels autant que des stimuli sensoriels ou des présences spirituelles absolues auxquelles est souvent attribuée implicitement une sacralité irrationnelle. Cette perspective exige un décloisonnement des contenus de l'éducation intellectuelle scolaire et universitaire, trop divisionniste : d'un côté les sciences (la soi-disant pure objectivité), de l'autre les arts (la soi-disant pure subjectivité). Dans ces conditions, comment leur cohabitation harmonieuse pourrait-elle sembler normale? Comment peuvent-ils se compléter et s'enrichir mutuellement? Une culture techno-esthétique nouvelle et féconde se doit de résoudre cette incompatibilité *apparente*, qui n'est due qu'au seul fait de la division archaïque entre les facultés rationnelles et les facultés intuitives et émotionnelles de l'esprit humain.

Cette distinction apparaît précisément comme le témoignage typique d'un archaïsme culturel fondé sur la séparation artificielle de la raison objectivante et de la subjectivité qui lui serait radicalement opposée. Un tel point de vue est incapable de prendre positivement en considération une culture esthétique qui naîtrait de la symbiose de la sensibilité créatrice et de la technoscience opératoire, car ces domaines s'y excluent mutuellement comme deux forces répulsives. Il existe sans doute plusieurs façons de comprendre l'activité artistique, mais si l'approche subjective, animée par une intense spiritualité, est susceptible de pourvoir les phénomènes artistiques d'un sens hiératique en leur reconnaissant une valeur humaine exceptionnelle, l'approche rationnelle des œuvres et de leurs méthodes de création qui accepte d'intégrer dans sa réflexion les artifices scientifiques et techniques de leur médiatisation, en dehors de toute mythification fantasmatique de la technoscience, n'est pas, pour ce motif, une falsification de la valeur esthétique qu'il appartient à tout créateur de définir de manière originale selon sa sensibilité.

En définitive, le problème essentiel lié à l'usage des technosciences en art n'est pas celui de l'efficacité opératoire, ainsi que l'imaginent à tort leurs détracteurs autant que leurs thuriféraires inconditionnels. L'importance réelle des technosciences réside dans leurs possibilités spécifiques d'instaurer une relation symbolique entre l'imaginaire humain et le monde des apparences, tout comme dans les procédures artisanales de l'art traditionnel. A cet égard, l'expression «art technologique», souvent employée, révèle toute l'ambiguïté de pratiques artistiques asservies aux technosciences, dont les finalités esthétiques demeurent parfois timides et incohérentes.

Table des matières

INTRODUCTION
L'ART ET LA CULTURE TECHNO-SCIENTIFIQUE

1. Le conflit de l'art et de l'esthétique 7

2. Esthétique et technologies numériques 10

3. Culture esthétique et technoscience 13

SYNTHÈSE ICONIQUE
MODÉLISATION. SIMULATION

1. De l'art pictural à la techno-esthétique 21
   1.1. Palette électronique contre Palette chimique 21
   1.2. Recyclage esthétique des formes et des supports 29

2. Le concept de modélisation informationnelle 41
   2.1. De la mesure au modèle théorique 41
   2.2. Principes et langages de modélisation 54

3. Simulation numérique : le «virtuel» 75
   3.1. Imaginaire et simulation 75
   3.2. Esthétique du simulacre 83

ESTHÉTIQUE NUMÉRIQUE
ART FRACTAL. INFO-DESIGN

1. Du pythagorisme aux fractalismes 109

1.1. Nombres et formes 109
1.2. Fractalismes infographiques/artistiques 115

2. Le design informationnel 138

2.1. Sculpture numérique 138
2.2. Conception/Fabrication assistées par ordinateur 148

LETTRES. TEXTES. SONS

1. De l'info-calligraphie à l'info-littérature 169

1.1. Ecritures numériques 169
1.2. Littérature informationnelle 176

2. La technoscience du son musical 212

2.1. Synthèse numérique 212
2.2. Acousmatique 223

CONCLUSION
VERS QUELLE CULTURE TECHNO-ESTHÉTIQUE?

PHILOSOPHIE ET LANGAGE
Collection publiée sous la direction de Sylvain AUROUX, Claudine NORMAND, Irène ROSIER

Ouvrages déjà parus dans la même collection :

ADAM : Eléments de linguistique textuelle.
ANDLER et al. : Philosophie et cognition - Colloque de Cerisy.
ANSCOMBRE / DUCROT : L'argumentation dans la langue.
AUROUX : Histoire des idées linguistiques - Tome 1.
AUROUX : Histoire des idées linguistiques - Tome 2.
BESSIERE : Dire le littéraire.
BORILLO : Information pour les sciences de l'homme.
CASEBEER : Hermann Hesse.
CHIROLLET : Esthétique et technoscience.
COMETTI : Musil.
COUTURE : Ethique et rationalité.
DECROSSE : L'esprit de société.
DOMINICY : La naissance de la grammaire moderne.
DUFAYS : Stéréotype et lecture - Essai sur la réception littéraire.
EVERAERT-DESMEDT : Le Processus interprétatif - Introduction à la sémiotique de Ch. S. Peirce.
GELVEN : Etre et temps de Heidegger.
GUILHAUMOU-MALDIDIER-ROBIN : Discours et archives. Expérimentation en analyse de discours.
HAARSCHER : La raison du plus fort.
HEYNDELS : La pensée fragmentée.
HINTIKKA : Investigations sur Wittgenstein.
ISER : L'acte de lecture.
JACOB : Anthropologie du langage.
KIBEDI-VARGA : Discours, récit, image.
KREMER-MARIETTI : Les racines philosophiques de la science moderne.
LAMIZET : Les lieux de la communication.
LARUELLE : Philosophie et non-philosophie.
LATRAVERSE : La pragmatique.
LAUDAN : Dynamique de la science.
LAURIER : Introduction à la philosophie du langage.
LEMPEREUR : L'argumentation - Colloque de Cerisy
MAINGUENEAU : Genèse du discours.
MARTIN : Langage et croyance.
MEYER : De la problématologie.
MOUREY : Borges, vérité et univers fictionnels.
NEUBERG : Théorie de l'action.
PARRET : Les passions.
PARRET : La communauté en paroles.
SHERIDAN : Discours, sexualité et pouvoir (Michel Foucault).
STUART MILL : Système de logique.
TRABANT : Humboldt ou le sens du langage.
VANDERVEKEN : Les actes de discours.
VECK : Francis Ponge ou le refus de l'absolu littéraire.
VERNANT : Introduction à la philosophie de la logique.

A paraître :

AUROUX : Histoire des idées linguistiques - Tome 3.
FAIVRE : Antoine Court de Gébelin.
FORMIGARI : Les théories du langage à l'époque de Kant.
McCLOSKEY : La rhétorique de l'économie.
SCHLIEBEN-LANGE : Idéologie, révolution & uniformité de la langue.